中国不可移动文物保护研究·贵州系列
贵州省文物保护研究中心 策划

黔路纪行
一个文物保护工作者的田野调查笔记

Field Research Notes
of a Cultural Relic Protection Practitioner in Guizhou

娄清 著

同济大学出版社
TONGJI UNIVERSITY PRESS
·上海·

图书在版编目（CIP）数据

黔路纪行：一个文物保护工作者的田野调查笔记/
娄清著 . -- 上海：同济大学出版社, 2024.12.
（中国不可移动文物保护研究）. -- ISBN 978-7-5765
-1424-7

Ⅰ. K872.73

中国国家版本馆 CIP 数据核字第 20246Q2T82 号

中国不可移动文物保护研究·贵州系列

黔路纪行
一个文物保护工作者的田野调查笔记

娄清　著

出 品 人　金英伟
责任编辑　姚烨铭
责任校对　徐春莲
装帧设计　张　微

出版发行　同济大学出版社 www.tongjipress.com.cn
　　　　　（地址：上海市四平路1239号 邮编：200092 电话：021-65985622）
经　　销　全国各地新华书店
印　　刷　上海雅昌艺术印刷有限公司
开　　本　889mm×1194mm　1/16
印　　张　19.25
字　　数　432 000
版　　次　2024年12月第1版
印　　次　2024年12月第1次印刷
书　　号　ISBN 978-7-5765-1424-7
定　　价　198.00元

本书若有印装质量问题，请向本社发行部调换
版权所有　侵权必究

总序　立足田野调研，保存文物信息

贵州省文物保护研究中心（以下简称"文保中心"）长期关注贵州省域不可移动文物的田野调查及其相关研究，在完成繁重文物保护工程勘察设计和工程监理任务的基础上，长期坚持开展田野调查和研究工作。文保中心早期主要结合大型基本建设工程涉及的文物抢救保护工作开展文物调研，如乌江水系和沅江水系梯级电站建设的文物考古调查工作。2007年以后，持续参与5个年度的第三次全国不可移动文物普查工作，发现、考察和记录了大量重要文物。2011年，文保中心承担"贵州古代驿道线性文化遗产保护研究"任务后，又继续参与第七批全国重点文物保护单位"茶马古道"贵州省内遗存的现状调查及资料收集工作。2016年，为了调查、记录贵州地面不可移动文物影像资料，文保中心与安顺市文物局、贵州保利文物古建有限公司共同启动了"贵州传统建筑文化影像记忆工程"，该工程现仍在持续进行中。2018年以来，应地方政府邀请，文保中心每年都会就一镇、一乡乃至一村的文化遗产资源进行调查，先后完成德江县枫香溪镇、楠杆土家族乡和碧江区漾头镇茶园山村的调查任务。2020年以来，文保中心相继承担了贵州石窟寺和摩崖造像专项调查工作，以及贵州省长江流域文物资源调查工作。通过20多年辛勤的田野调查和资料整理，文保中心积累了大量不可移动文物资料，将这些调查资料整理刊布，不仅能够向社会展现贵州地面不可移动文物的主要概况，而且可以为文物保护和相关研究提供翔实的一手资料。正是基于这种考虑，2021年，在中国共产党成立100周年之际，文保中心决定对历次田野调查所获大量资料进行系统整理和科学总结，将相关成果编辑出版为"中国不可移动文物保护研究·贵州系列"丛书。

本系列丛书第一期计划出版5分册，包括《贵州省长江流域文物资源保护研究》《贵州石窟寺和摩崖造像保护研究》《贵州传统村落文化遗址保护与发展研究：铜仁遗真》《三门塘刘氏宗祠灰塑保护研究》《黔路纪行：一个文物保护工作者的田野调查笔记》。这5分册基本反映了文保中心自成立以来，20多年5个发展阶段中调查记录贵州省不可移动文物的工作历程，也是文保中心在这个领域工作和研究成果的集中体现。

《贵州省长江流域文物资源保护研究》以第三次全国文物普查结果为基础，以长江经济带国家战略发展区域为调查范围，在田野调查基础上，全面总结贵州省长江流域相关文物资源的分布、保存、利用情况，该书通过对贵州省长江流域分布区域内极具代表性的史前文化、独具特色的洞穴文化、别具一格的山地建筑文化、辉煌百年的红色文化等贵州省长江文化中特色文物资源的梳理和研究，系统提炼长江文化的核心价值，明确贵州省在长江文化中的地位和特色，形成科学全面的研究体系，阐明其对长江文化的支撑和承载作用。

《贵州石窟寺和摩崖造像保护研究》全面记录了贵州现存的25处石窟寺和摩崖造像分布状况，阐述了石窟寺和摩崖造像地理位置、地质状况、历史沿革、石窟（造像）概况。同时，对石窟寺和摩崖造像外观特征、内部细节、所面临的风险以及可能导致损害的因素进行了深入分析。该书细致梳理了其保护管理和安全防范状况，汇总与分析了调查数据，揭示了保护工作的发展态势，探讨了调查成果与文物保护事业、经济社会发展之间的相互关系。基于这些分析，进一步提出了一系列具有针对性的保护规划建议，希望这些建议能够引起相关领域的关注和讨论，从而推动实际的保护工作。

《贵州传统村落文化遗址保护与发展研究：铜仁遗珍》是文保中心对铜仁市德江县枫香溪镇、楠杆土家族乡、碧江区漾头镇茶园山村三地开展文化遗产调查的工作成果梳理。通过对三地的不可移动文物与遗存现状、非物质文化遗产形态、特色产业发展路径及自然资源作详尽记录、访谈、采样，文保中心获海量第一手图文资料，经资料整理、考辨、分类、溯源、评析等，形成该书主体内容。在此基础上，该书亦对照当地文化遗产保护现实发展需要，为不可移动文物本体保护、修缮及展示利用，传统村落文化遗产保护与利用等，提供切实可行的文化遗产活化利用实施策略，并为构建多方协调、多层联动的文化遗产保护管理系统，形成示范带动、整体连贯的村落文化遗产展示利用体系，全面提升区域性文物本体保存水准，带来具有指导意义的参考文本。

《三门塘刘氏宗祠保护研究》以刘氏宗祠建筑为研究对象，从其赋存的自然环境条件、村落缘起、建筑群的形成、宗祠的建成等进行溯源分析梳理，厘清宗祠建成的历史背景。通过对建筑的选址理念、空间布局、形制样式、结构方式、装饰手法、艺术风格、文化内涵、使用功能、外形变化、载体价值等方面的剖析性研究，解析刘氏宗祠的建筑历史文化内涵和建筑价值。通过对建筑保存状况、修缮方案制定、工程实施过程、工程后效果等描述，展现宗祠保护工作的开展过程，分享保护成果。

《黔路纪行：一个文物保护工作者的田野调查笔记》是一个在贵州从事文物保护工作40年的从业者近5年的田野调查笔记，收录的主要是作者自2017—2022年参与贵州"茶马古道""龙场九驿""丝绸之路"南亚廊道的古代西部出海通道部分，以及长江流域文物资源等专项调查工作的内容。内容涉及文献研究、实地调查、碑文识读和考证，是作者在行走贵州各地进行田野调查的基础上，对贵州文化遗产资源的所见所闻及相关历史信息的真实记录。

本系列丛书对历次田野调查所获大量资料进行科学概括，综合反映文保中心田野调查工作的学术研究成果和新发现，不仅是文物保护、管理和研究的一项重要基础工作，也是文保中心专业技术人员与基层文物保护工作者通力协作的科学研究成果。本系列丛书的出版将为科学研究工作者提供重要的第一手材料，为政府部门进行文物保护、管理和研究的长远战略决策与政策法规制定提供有益参考，为贵州省国民经济建设部门规划、选址和设计提供可靠依据，以尽可能避免在生产过程中造成对文物的破坏。

期待本系列丛书能够得到读者广泛认可，也希望文保中心今后能继续立足田野调查，持续进行贵州省不可移动文物研究的深入探索，挖掘更多珍贵且详尽的文物信息，编写出版更多专题鲜明、内容丰富的不可移动文物研究专著，进一步推动文化遗产保护研究事业的发展。

是为序。

北京大学考古文博学院教授
泉州文化遗产研究院长
三星堆研究院学术院长
2024年10月5日

前言

于我而言，田野调查工作，贯穿近40年文物保护从业经历。

因筹办"贵州侗族建筑及风情展览"工作所需，1985年春节，我深入侗族聚居的从江县和黎平县调查并体验侗族风情。年初三，我与一起从事文物建筑保护工作的二位启蒙老师"罗工"（罗会仁，贵州省博物馆原副馆长，时在贵州省文化出版厅文物处负责古建筑保护工作）和"李工"（李多扶，时任贵州省建筑设计院副总建筑师、贵州省文物保护顾问），还有六枝特区文化馆的徐美陵，为制作展览所需的建筑模型，对地坪风雨桥进行测绘。自此始，"罗工""李工"与我这个"老中青"结合的三人组，一直是20世纪80年代贵州传统建筑调查工作的标配。

1986年，国家文物局在"贵州侗族建筑及风情展览"举办后，赠送贵州的一辆北京212吉普车，贵州省文化出版厅（今称贵州省文化和旅游厅）文物处将其作为调查工作专用车辆，"老中青"三人组也在年初增加一名固定的驾驶员马启发，成为四人组合。只是那个年代贵州公路通车里程太少，在田野调查期间，马启发与我们大多聚少离多，送到通车公路尽头，一别四五日后再相见是常态。重点调查区域包括黔桂湘3省区结合部，调查重点是侗族村寨的空间分布、居住环境、传统建筑和民族风情。

"老中青"组合各有分工，"罗工"主要负责文献和记录，"李工"主要负责绘图和摄影，我初期协助"李工"进行测绘，在没有照相机的时候，只能以手绘图记录面对的传统建筑。

"老中青"组合在黎平县地坪镇水口河出省界的贵州省海拔最低处留影。自右起：黎平县文物管理所所长潘德辉（已故）、"李工"、马启发（已故）、"罗工"（已故）、娄清。[黎平县文物管理所刘康美（已故）摄]

1987年10月，率队在黎平"三省坡"和从江调查侗族建筑后，调查组成员准备自广西富禄乘三江小机船到老堡口转火车往怀化时留影。自右起：娄清、安顺地区文管会办公室李军、从江县文物管理所梁晋民（兼任民族语言翻译和向导）、镇远县文物管理所薛宇、台江县文物管理所张云生、湄潭县文物管理所张宪中、思南县文物管理所覃义波、黎平县文物管理所潘德辉（兼任民族语言翻译和向导，已故）。（镇远县文物管理所胡弘摄）

"老中青"四人组合在赫章威宁间贵州省老326国道公路海拔最高处留影。自右起：马启发（已故）、"李工""罗工"（已故）、娄清。

在 1987 年下半年为我配备照相机后，开始增加了摄影和后期洗印照片的任务。但那年月的田野调查工作，因受限于每次出行的胶片数量，面对各类建筑法式和装修手法的记录，仍以手绘为主，影像记录只是一种辅助手段。马启发则负责交通保障和后勤。

1987 年，在"老中青"组合调查外，我开始尝试带队进行田野调查工作。

"老中青"组合的最后一次任务，是因大方奢香博物馆的建筑设计工作所需，于 1990 年年初对云贵川 3 省彝族村寨及建筑进行的调查。

1993 年，为完成该馆建成后的基本陈列内容和形式设计，我率队对奢香开辟的"龙场九驿"和赤水河流域的彝族土司庄园群进行了实地调查，"龙场九驿"古道本身以及线路上留存的城镇、村寨、建筑、渡口、驿站、桥梁、牌坊及基本保存完整的古驿道，给我留下深刻的印象。

那年月，每日回到驻地，会对当日测绘的图纸进行整理，对抄录的碑刻进行誊写。

1996 年，我从贵州省文化出版厅调到贵州省博物馆工作后的 10 年间，虽然阅读历史文献的时间多了，但田野调查工作量则大幅减少。只是 2000 年，在与恩师"巴娄"（吴正光，先后任省文化出版厅文物处处长、省博物馆馆长）一道主编《贵州的桥》一书期间，对贵州古代桥梁进行过相对系统的田野调查；其余就是我个人偏好的贵州现存古代牌坊的田野调查。

2006 年 10 月，我再调至贵州省文物考古研究所和贵州省文物保护研究中心工作后，分管大型基本建设工程中的文物保护调查工作。2007 年，参与了作为中意文化遗产保护项目"贵州黔东南苗族侗族村落文化景观保护和可持续发展研究"的田野调查工作。同年，第三次全国文物普查工作启动后，着重对贵州各民族村落文化景观、乡土建筑、工业遗产，以及文化线路进行专项调查和课题研究。2009 年年底，贵州省文物保护研究中心从贵州省文物考古研究所分立。2011 年，在承担国家文物局"贵州古代驿道线形文化遗产保护研究"课题前后，持续进行了涉及线形文化遗产类保护利用研究省部级和国家社科课题的田野调查工作。2016 年，我提出的在新农村和城镇化建设背景下，以调查、记录贵州地面不可移动文物影像资料为目的的"贵州传统建筑文化影像记忆工程"启动，迄今获取了大量的数字影像资料，该工程仍在持续进行中。

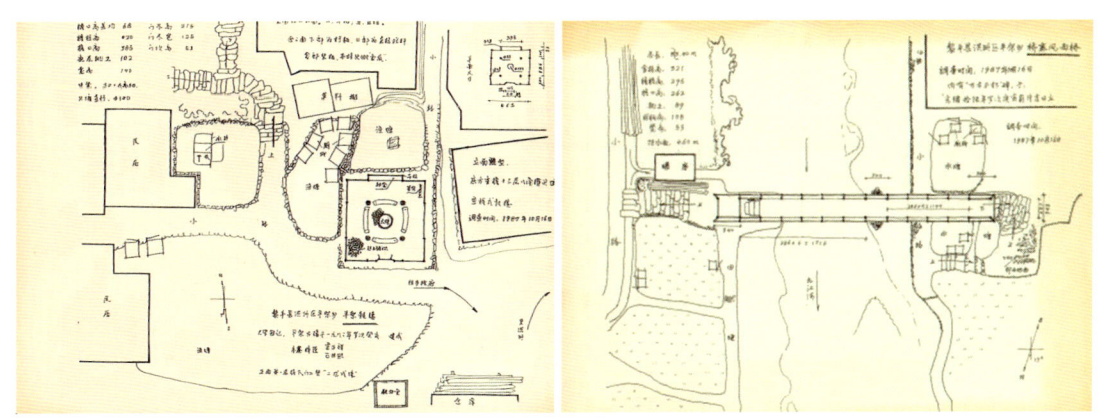

黎平县洪州平架鼓楼和桥寨风雨桥调查测绘手稿

泰安红门关帝庙（1988年参加国家文物局组织的专业培训时的作业）

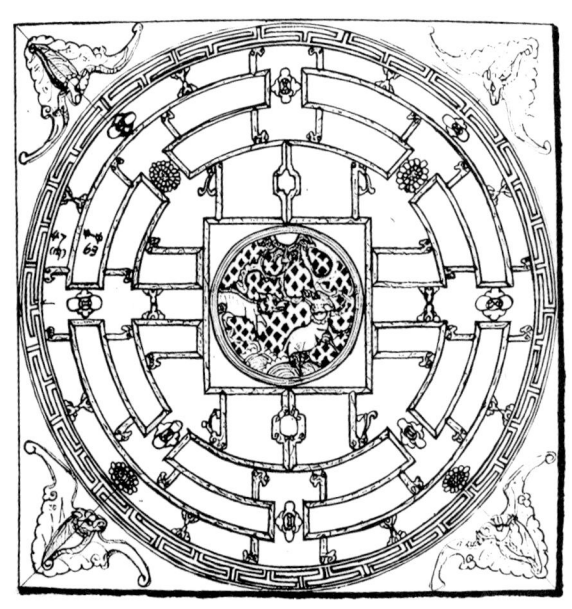

湄潭民居窗花（1989年）

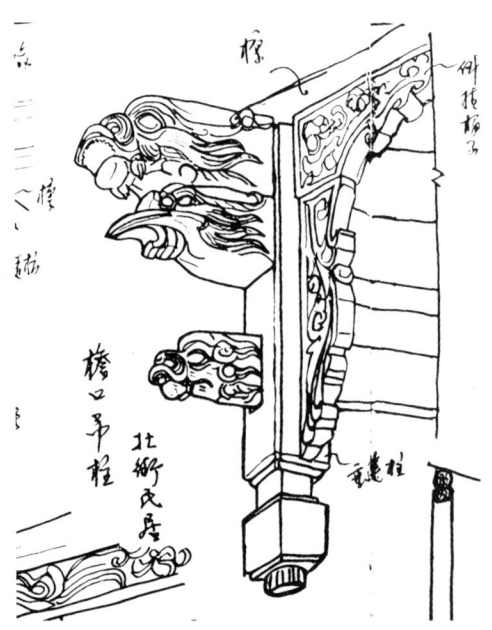

金沙罗马街民居檐口（1989年）

作者在都匀凤啭遇仙桥测量建桥碑记（巴娄摄）

2017年参与国家文物局安排和北京国文琰文化遗产保护中心有限公司受云南省文物局委托，对第七批全国重点文物保护单位茶马古道贵州境内遗存进行现状调查及资料收集工作。自此，开始尝试撰写田野调查笔记。2018年后，相继参与了德江县枫香溪镇、楠杆土家族乡和碧江区漾头镇茶园山村的文化遗产资源调查。2020年新冠疫情暴发后，持续参加了首次全国石窟寺专项调查、丝绸之路南亚廊道（贵州段）和贵州省长江流域文物资源调查等田野调查工作。由于在石窟寺和摩崖造像专项调查工作中作出突出贡献，贵州省文物保护研究中心荣获"全国石窟寺专项调查先进单位"，副主任石斌和我荣获"全国石窟寺专项调查优秀个人"，获得国家文物局通报表扬并颁发证书。

本书收录的，就是我自2017年参与贵州茶马古道遗存现状调查工作以来的田野调查笔记，是在行走贵州各地进行实地调查基础上，对文化遗产资源所见所闻及相关历史信息的记录。由于称呼习惯因素，书中个别不可移动文物的名称、地名等与其他专项调查登录名称不一致，请读者在阅读中注意辨别。

目录

总序	003
前言	005
一、长坡岭古道	013
二、从黑泥哨古道到打铁关古道	016
三、关岭的古道	020
四、盘江桥和北盘江两岸古道	025
五、蒋炳堂其人其事	032
六、马岭古道（含木桥）	036
七、花江摩崖石刻群	041
八、"千年古道"造就的青岩"古城"	044
九、赤水河的梁桥文化	050
十、二郎滩"晓谕碑"提供的赤水河盐运信息	054
十一、金沙县"盐茶马互市"文物遗存	058
十二、穿风坳古道	063
十三、"龙场九驿"考辨	066
十四、"水西十桥"今安在	075
十五、"牂牁要路"楠杆子	088
十六、赤水石窟寺和摩崖造像	092
十七、习水望仙台袁锦道祠	095
十八、测绘石鹅咀摩崖造像和调查"半壁寺"	100
十九、调查测绘石窟寺和摩崖造像	102
二十、"严登首功名坊"和茶土坪"观音堂"	105
二十一、石阡华峰寺和施秉华严洞	108
二十二、太极洞和龙塘沟摩崖造像	110
二十三、从凉风洞到红布岩	112
二十四、金沙大宝洞和观音洞	116
二十五、长顺魏家坡观音洞造像	118
二十六、惠水九龙山摩崖造像	120
二十七、花溪高坡	122
二十八、荔波水甫村	127
二十九、黔桂古道——"黎明关"古道	131
三十、黔桂古道——平塘云阳关	136
三十一、榕江脚车村	141
三十二、榕江朗洞镇和腊酉塘	143

三十三、榕江客家围屋和会馆	147
三十四、安龙县	151
三十五、"西南屏障"捧乍镇	154
三十六、绿荫古道和下坝古道	157
三十七、册亨县的古道和桥梁	160
三十八、从册亨到望谟	165
三十九、望谟和罗甸的古桥和古道	168
四十、都匀凤啭遇仙桥和摆坑寨	173
四十一、独山的古道、洞穴和桥梁	180
四十二、都匀的古道和桥梁	184
四十三、从都匀到贵定	188
四十四、惠水牛场桥	192
四十五、石阡困牛山红军战斗遗址	195
四十六、贵阳黔灵山	201
四十七、贵定了迷河古渡古道古桥	206
四十八、再走都匀	213
四十九、清镇卫城	218
五十、贵阳南明区四方河寨	223
五十一、平坝高峰镇的古道和泉井	228
五十二、清镇玉冠山	232
五十三、赶赴赫章县	236
五十四、从赫章县到六枝特区	239
五十五、六枝二塘古道	243
五十六、册亨县八渡镇	246
五十七、经望谟到广顺	249
五十八、福泉卡龙桥和高石头石刻	252
五十九、安顺西秀区肖曹祠	255
六十、务川瓮溪桥	258
六十一、务川龙潭村和桃符社区	261
六十二、务川沈家坝古建筑群	265
六十三、凤冈县天桥镇	270
六十四、凤冈县的牌坊和古墓葬	275
六十五、清镇骆家桥和明威武所遗址	280
六十六、前往仁怀	283
六十七、仁怀九仓镇和茅坝镇	284
六十八、仁怀茅坝镇	289
六十九、仁怀鲁班街道和坛厂街道	293
七十、桐梓天门河水电厂旧址	297
参考文献	303
后记	305

一、长坡岭古道

2017年8月22日，多云。

根据国家文物局"茶马古道管理现状及保护研究对策研究"工作安排及"云贵川茶马古道管理工作座谈会"精神，云南省文物局委托北京国文琰文化遗产保护中心有限公司的有关人员，拟对贵州省茶马古道进行现状调查及资料收集，该项工作于今日正式启动，长坡岭古道调查是第一站。

茶马古道，是指唐宋以来汉、藏及其他少数民族之间进行商贸往来的重要商道。它以茶马互市为主要内容，以马帮为主要运输方式，是我国西南地区具有独特历史文化价值的重要线性遗产。

2010年6月，国家文物局和云南省人民政府共同主办的"中国文化遗产保护普洱论坛"在云南普洱召开，贵州省文物部门应邀出席论坛并分别作专题发言。这次会议产生并通过《茶马古道文化遗产保护普洱共识》，这是我国文化遗产保护领域首次就茶马古道保护推出纲领性文件。贵州以此为契机，将贵州茶马古道申报全国重点文物保护单位。2013年公布的第七批全国重点文物保护单位"茶马古道"，涉及四川、云南、贵州3省。贵州行政区域内的"茶马古道"主要分布在贵阳市、六盘水市、毕节市、安顺市、黔西南布依族苗族自治州等地，涉及17个县（市、区、特区）。沿线文物包括构成茶马古道主体的古道、桥梁、渡口、烽火台、关隘、卡子，以及和茶马古道密切相关的会馆、商号、寺庙、牌坊、摩崖石刻等。

上午8点30分，调查组准时离开酒店，于9点左右抵达古道所在的贵阳白云区长坡岭森林公园，老文物员陈霖及区文旅局分管领导已在古道旁等候。

在保护标志前，陈霖向调查组北京国文琰文化遗产保护中心有限公司综合三所所长邹怡情及张依玫、崔利民，摄影师陈永恒、周伟等介绍了所见保护标志。2003年贵阳市人民政

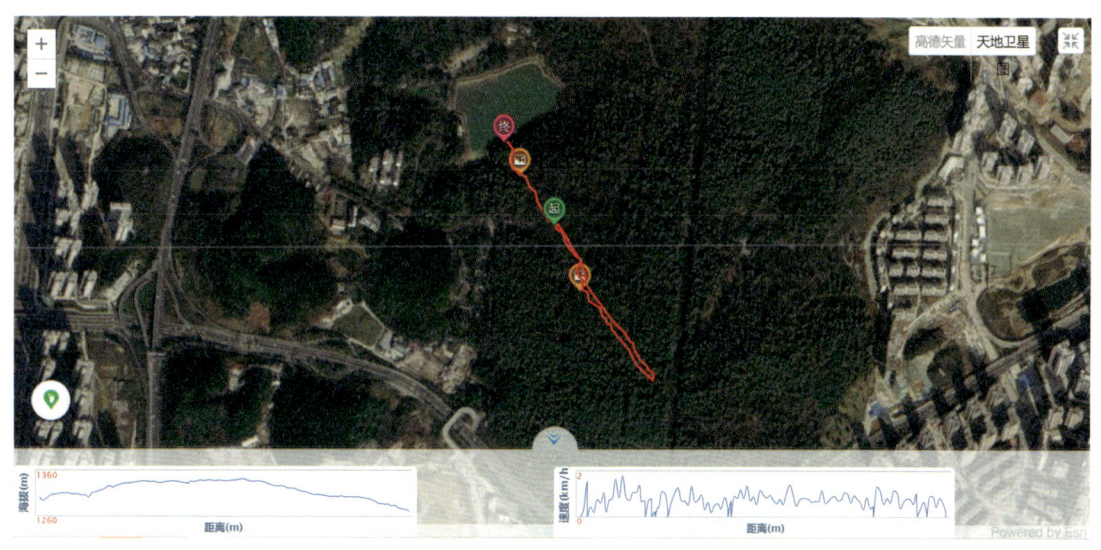

长坡岭古道分布卫星影像图

府公布为市级文物保护单位，公布名称为"长坡岭古驿道"。2005年贵阳市人民政府在长坡岭森林公园园区公路与古道交叉处竖立长坡岭古驿道保护标志碑2通。2013年作为茶马古道组成部分被国务院核定公布为第七批全国重点文物保护单位后，又重新竖立保护标志。

长坡岭古道，位于贵阳市白云区都拉营社区长坡岭森林公园南部，地貌属黔中山原区岩溶地貌类型。地理坐标为东经106°39′59.4″，北纬26°39′25.8″，海拔高程1257米。

进入古道后，我向邹怡情一行介绍该道的大致情况。

有明以前，历为水西（乌江鸭池河以西地区）与川、滇、湖广、两粤商贸通道。贵州宣慰使司于明洪武十五年（1382年）奉上谕在水西辖地内置驿开道，东起今贵阳市的修文县，经毕节地区的黔西县、大方县至七星关区，由贵州宣慰使霭翠妻奢香掌管其事。沿线置龙场驿、六广驿、谷里驿、水西驿、奢香驿、金鸡驿、阁鸦驿、归化驿、毕节驿（史学界也有认为是威清驿），史称"龙场九驿"。明洪武十七年（1384年）二月奢香还率所部进京朝贡方物并汇报置驿开道事。

明代万历间，龙场驿所领路段，日常配额马匹由二十三匹减为一十五匹，东边近贵州驿脚夫由宣慰使安疆臣手下夷目管理的花仡佬（今花溪一带）苗民承担，驿馆铺陈由安疆臣所置馆田计息供给。

清代裁驿后改设塘汛。原贵州驿至龙场驿路段，自省城六广门出，从老鸦关分路，经鸡场塘、麦家桥、朱官堡、中哨、木阁箐进修文境，过鹁鸽铺、三足铺、三脚山铺，达修文县。长坡岭古道为老鸦关（今称雅关）经凤凰关（亦称大关）至鸡场塘（今艳山红社区）之一段。

"龙场九驿"是贵州史上在特定自然环境和社会环境下形成的复杂的交通体系的组成部分，不仅让驿道贯穿水西，连接川、黔、滇、湘、桂各条驿道，更促进了水西地区的开发。这条由贵州宣慰使司奉旨开设，自行出办和管理的驿道，是奢香的伟大历史功绩，可谓"功过唐蒙"。明王士性在其《黔志》称赞贵州道路，"惟西路行者，奢香八驿，夫、马、厨、传皆其自备，巡逻干撤皆其自辖，虽夜行不虑盗也，彝俗固亦有美处"。作为中央政府和内地人民与西南各民族之间的重要联系通道，在促进民族团结和边疆经济社会发展方面具有重要价值。

长坡岭古道呈东南西北向分布于今长坡岭森林公园内，古道中因公园道路修筑被截为两段。现存路段长1千米余，宽1.5米，路面用大小不等的青石块铺砌而成，大者宽1米余。毕竟在森林公园内，古道路段整体保护不错。

结束长坡岭古道调查后，调查组将继续赴修文蜈蚣坡古道（含蜈蚣桥）、黔西谷里古道、大方甘棠古道和阁雅古道、金沙渔塘河古道与渡口、清池江西会馆、清池节孝坊、金沙义盛隆商号、毕节陕西会馆、七星关古道与摩崖石刻、赫章鹦哥嘴古道、威宁四堡古道、威宁六洞桥长堤、威宁营洪古道和摩崖石刻进行调查。

因本人作为《中国文物志》贵州受聘撰稿人和省级执行总编纂，明日得参加省文物局组织的第一次编纂工作会议，不能陪同调查组参与全程调查，中心将由唐秀成、徐艳慧、陈会、杨柱学继续参加调查。

长坡岭古道保护标志

长坡岭古道现状

交流

二、从黑泥哨古道到打铁关古道

2017 年 12 月 5 日，阴。

贵州茶马古道现状调查工作第二阶段调查于今日启动。按计划在龙洞堡国际机场接到调查组北京国文琰文化遗产保护中心有限公司综合三所所长邹怡情一行后，于正午时分到达黑泥哨古道。

古道位于贵阳市代管的县级清镇市巢凤社区黑泥哨村北，西距清镇市区 3 千米。地理坐标为东经 26°33′03.1″，北纬 106°29′03.5″，海拔高程 1260 米。该区域一直是布依族及其先民的世居地，自春秋战国以来，就不断同中原发生密切的联系。今清镇、平坝一带，20 世纪 50 年代为配合猫跳河水电厂建设，发掘过一批两晋南北朝时期和隋唐时期墓葬，出土一批中原习见、十分精美的鸡首壶、莲花纹罐、蛙形水注等青瓷器，以及玛瑙、琥珀、银质、铜质装饰品。

黑泥哨古道东西向分布。现存路段保持明初格局。黑泥哨古道现存路段总长为 1820 米，宽 1.2 至 1.5 米，路面以青石铺砌。除牌坊西约 150 米处用水泥砂浆砌补路肩，其余路面保存较好。

刘氏贞节坊东西向立于黑泥哨古道坡顶处，建于清道光十六年（1836 年）。为旌表熊刘氏贞节而建。牌坊为白云石质，当地称"白绵石"。现存牌坊形制看似四柱三门冲天夹楼式，残高 5.75 米，宽 9.4 米。二冲天楼柱上部未见天吼。正脊透雕花卉。长方体净面基座带葫芦瓶形夹柱抱鼓石，基座间无石槛。但经过对牌坊楼柱遗存卯口分析和判断，该坊应该是清代贵阳地区常见的四柱三门牌楼式。其形制是四柱三门三楼，正楼和边楼均以坐斗承重，正楼五斗、边楼三斗。正楼下依次为定盘枋、上额枋、字碑、下额枋、大额枋和雀替（无云墩）。边楼下依次为额枋、花板、小额枋和雀替（无云墩）。楼柱和边柱均为方柱，抱柱石前后对称，下置方整石基座，基座间无石槛。

黑泥哨古道分布卫星影像图

黑泥哨古道和牌坊

从东西两侧牌坊花板上现存文字记载看，"节妇熊刘氏，系大学生刘彬之女，处士熊孔珍之妻。于道光十二年奉巡抚部院嵩题""时道光十六年五月十六日，男熊天香奉敕谨建"。其中东侧南向花板上还记录有"匠人陈有美"。正楼字碑和下额枋分别横向阴刻"巾帼流芳"和"瑶池冰雪"等。整坊风化严重，三副对联已经模糊不清。除正楼上额枋双狮子戏绣球图案为高浮雕外，边楼上、下额枋均为浮雕植物图案。2007年，因刘氏贞节坊石构件出现脱榫和部分构件产生裂隙，对其进行过加固处理。

该坊西侧100多米处，还有一座清代牌坊遗址，仅存基座石构件。

当征求怡情对清镇利用古道南北两侧山地，正在建设的茶马古镇和文化园项目的看法时，她说："如果是在有效保护前提下的利用，可以认同。"

中午1点30分在清镇吃饭，饭后旋即赶往六枝特区郎岱镇打铁关。于下午5点抵达X03县道打铁关山垭口停车，六枝同志已等候多时。

打铁关至罐子窑古道是一条由商贸通道改设为驿道的古道，自六盘水市六枝特区郎岱镇，经黔西南布依族苗族自治州晴隆县，至普安县止。今天调查的打铁关古道路段，在六枝特区郎岱镇上寨村与牂牁镇半坡村，打铁关地理坐标为东经105°17′02.19″，北纬26°05′18.39″，海拔高程1599米。晴隆和普安境内路段是后几日再行调查的计划。

这条历为滇黔之间的商贸通道，直至清雍正七年（1729年）发生重大改变。是年，清廷批准云贵总督鄂尔泰《请另开上游新路六驿疏》，将原滇黔驿道自安庄驿至湘满驿间路段，改经郎岱厅（今六枝特区郎岱镇）所属的毛口渡过北盘江，至普安州蒿子卡与旧路相接后，成为驿道。毛口渡也因鄂尔泰姓氏"西林觉罗"改为"西林渡"。全线改道后驿递商民皆称便捷。乾隆十八年（1753）年，再次开老鹰岩新路。迄于清末，贵州驿道干线未变，但递铺增多，滇黔驿道设11驿53铺。以皇华驿（今贵阳）为中心，有清镇、平坝、普利、安庄、

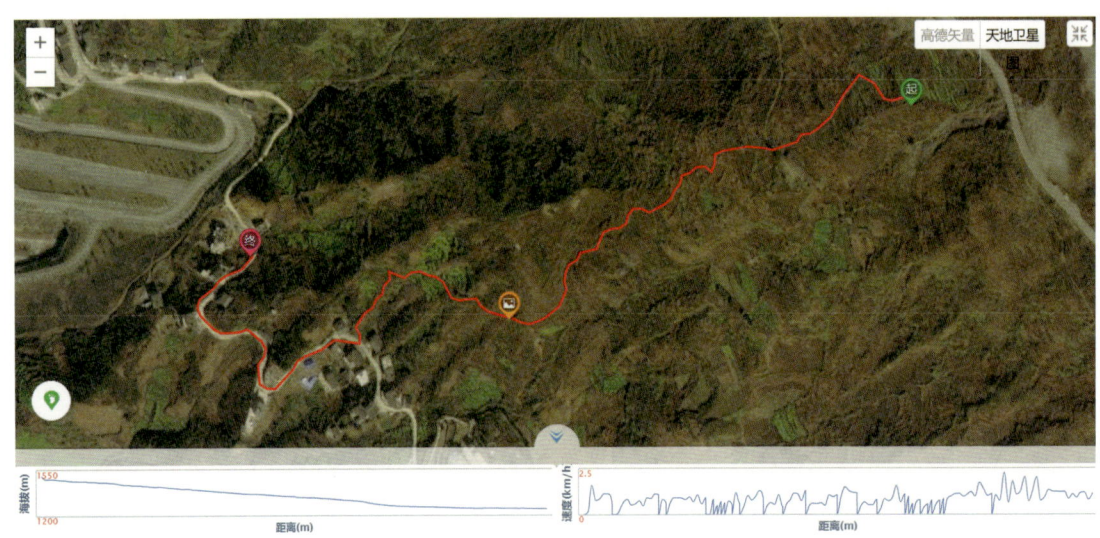

打铁关古道分布卫星影像图

打铁关古道现状

坡贡（今关岭布依族苗族自治县坡贡镇）、郎岱、阿都田（今晴隆县花贡镇都田村）、白沙（今普安县白沙乡）、上寨（今盘县大山镇上寨村）、刘官屯（今盘县刘官屯镇）、亦资孔11驿。清代贵州仅在滇黔驿道和湘黔驿道设立驿站，其余的道路仅设递铺，由此可见清廷对该道的重视。光绪十九年（1893年），蒋炳堂捐资倡修自安庄（今镇宁布依族苗族自治县）之黄果树起至普安之滇南胜境（与云南交界之胜境关）止，打铁关至罐子窑古道得到修缮。

古道整体东西向分布。自郎岱镇上寨村打铁关一路西下，经半坡村至毛口，渡北盘江西林渡后，经原河塘、五里碑、都田、花贡、纳屯、黄厂、过老鹰岩出晴隆县境入普安县，再经铁厂村、白沙社区、卡塘村至罐子窑新光村到松岿村。现存古道全长26千米，其中六枝段6千米、晴隆段10千米、普安段10千米。古道保存较好路段，六枝段3千米、晴隆段5千米、普安段5千米，道宽2~3.2米，块石铺墁。其中六枝毛口与晴隆都田部分路段因光照水电站蓄水后淹没。

下午5点15分，调查组从垭口下保护标志旁开始沿古道下行，晚上6点到达半坡村，耗时 45 分钟，行走 2.3 千米，行走路段高差 240 米左右。因天色已晚，加之半坡村以下路段由于长期无人行走，多被植物覆盖，决定放弃。返回途中，车辆爬升至打铁关垭口，现今山下的牂牁镇毛口社区已是华灯初上。

晚上 7 点，在郎岱镇上品尝很有特色的牛肉火锅后，调查组辞别六枝的同志们驱车赶往关岭，当晚住关岭。

古道局部路段

临近半坡村

古道现状

回望打铁关

三、关岭的古道

2017年12月6日，阴有雨雾。

早餐时，领队邹怡情向我了解昨天黑泥哨古道和今天关岭几条古道的相互关系，我便将滇黔古道在清初改驿前的大致情况作了说明。

滇黔古道至迟在宋代，已经成为茶马互市的市马重要通道，元代形成的以大都（今北京）为中心的驿道（站赤）网中，是经湖广通过贵州抵达云南的驿道组成部分。线路由顺元（今贵阳）、罗甸（今安顺）、普安（今盘州）而达云南中庆路（今昆明）。

有明以降，为了加强对西南地区的统治，特别是为了巩固云南边防，大力整治元代所开驿道，增设驿、站、递铺，并屯军保护、维修，令沿途土司及府州供养驿道，从而形成以贵阳为中心的稳定的驿道干线。重中之重，为湖广通往云南的驿道，滇黔驿道就是其中一部分。由贵阳始，有十驿、十二站西出云南。据明洪武二十七年（1394年）九月书成的官修地志《环宇通衢》记载，滇黔驿道所经，自贵州驿始，"六十里至威清驿，五十里至平坝驿，六十里至普利驿，六十里至安庄驿，七十里至查城驿，六十里至尾洒驿，七十里至新兴驿，八十里至相满驿，六十里至亦资孔驿"，七十里至云南平夷驿。昨天调查的黑泥哨古道就是西出贵州城（今贵阳）后临近威清驿（今清镇）一段。今天即将调查的关岭几条古道为安庄驿至查城驿之间的一段，其西南"过关索岭，即关顶黄土巡司"，万历间设关山岭驿（今关岭布依族苗族自治县）。

至清代，贵州其余道路均裁驿，改设递铺和塘汛，仅在滇黔驿道和湘黔驿道设立驿站，足见清廷对该道的重视。只不过驿道出今镇宁后在白水转今关岭坡贡镇走郎岱，就是昨天我们走的打铁关那段。南走关索岭方向仍作为商道使用。20世纪20年代南京至昆明"京滇公路"相继通车后，古道仅供周边村民生产生活使用。今天要调查的鸡公背古道、关索岭古道、北口古道和水关头古道，这4条古道，包括昨天的黑泥哨古道，都属于我刚才说的这条线路。

上午9点一过即出发，到鸡公背古道时还不到9点30分。

鸡公背古道位于关岭布依族苗族自治县白水镇乌拉社区鸡公背，今划归黄果树景区代管。古道东北临近G60沪昆高速公路处的地理坐标为东经105°38′52.71″，北纬25°58′09.05″，海拔高程995米。

崇祯十一年（1638年），徐霞客游历此地，在其游记中记曰"西上入坞，有聚落一区在东山下，曰鸡公背"。

1929年农历四月十四日，时任国民党贵州省主席、二十五军军长、第九路军总指挥周西成率领"黔军"和李燊率领"滇军"进行"鸡公背之战"，因周西成中流弹负伤，致使黔军溃败。战前还准备打到关岭吃午饭的周西成，也因伤重，死于黄果树瀑布下游"冒水塘"，年仅36岁。1930年元月20日全省公祭后，在其战殁地鸡公背修建衣冠冢。墓碑上对联曰："以死勤事，如史阁部遗爱长存，抔土葬衣冠，二分明月扬州路；对宇望衡，此关将军大名

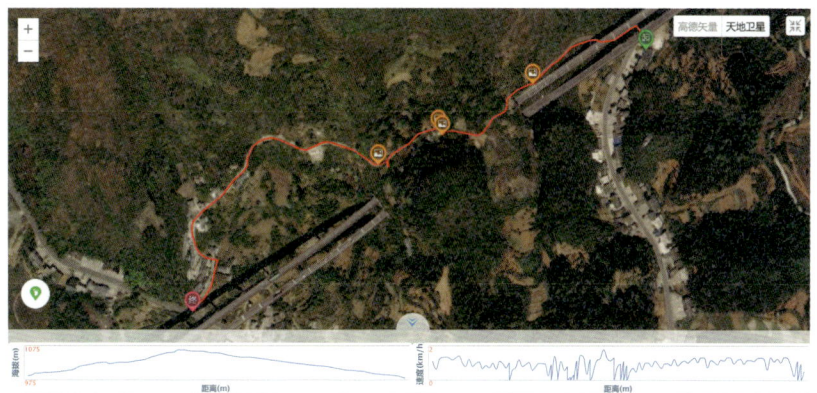

鸡公背古道分布卫星影像图

关索岭古道分布卫星影像图

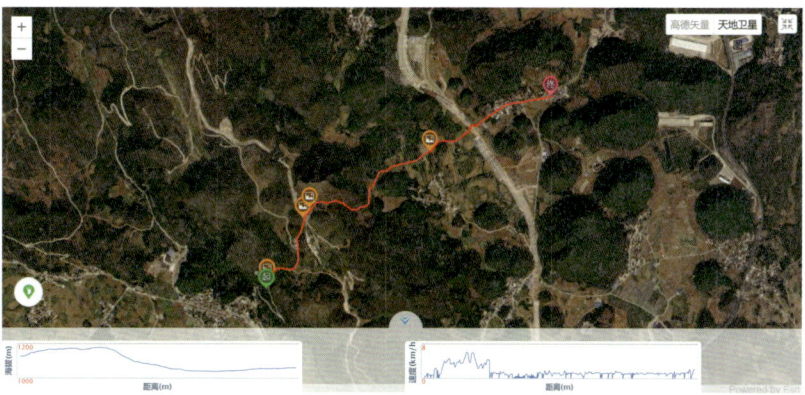

北口古道分布卫星影像图

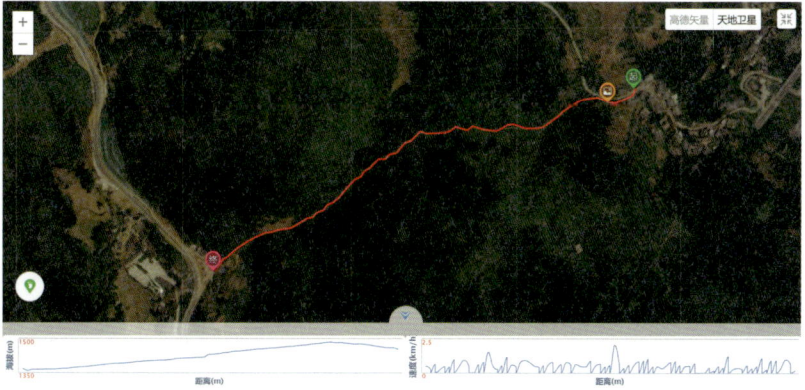

水关头古道分布卫星影像图

不朽，河山留姓氏，千秋风雨灞陵桥。"相传为黔省著名书法家严寅亮撰书。另建有石亭，柱上对联云："此间与关索岭共争高，世印功德崔巍，丰碑矗矗河山寿；斯人与赵刚节同不朽，我向沙场凭吊，故垒萧萧芦荻秋。"碑、亭和墓表毁于20世纪60年代后，墓尚存。

全长1.2千米的古道，东北西南向分布，关隘两侧古道起伏均60余米，保存现状较好者仅中段300余米，其余路段表面已铺设为水泥砂浆。尚存的关隘为鸡公背所在村民捐建于1947年腊月。

于中午10点乘车折返回关岭县城，10点50分由关索岭西侧向东开始关索岭古道的调查。

关索岭古道位于关岭布依族苗族自治县关索街道大关社区。与鸡公背古道一样，均地处典型的喀斯特山区，关索岭与鸡公背两段古道间为南北走向的坝陵河峡谷。

关索岭古道东西向分布，自县城越关索岭后下至坝陵河。古道全长2.5千米，道宽2至3米。依山就势，以毛石砌筑，保存完好。沿路尚存顺忠祠、御书楼及关台、二道关、双泉寺和灞陵桥等遗址。御书楼，因清康熙二年（1663年）御书"滇黔锁钥"匾额悬于城楼得名。双泉寺在关索岭东麓驿道旁，为关帝庙和大佛殿的总称。因附近有"马刨井""刀把井"称双泉寺。灞陵桥跨灞陵河，即徐霞客《黔游日记》所称"关岭桥"。据《安顺府志·关路津梁》载："一名关索桥，以在关索岭麓也。又名八里桥，以关索岭关口至桥八里也。桥左右各植黄果树，盖千百年物。"至清"道光丙戌夏，桥古树倒于河，桥圮其半"。道光十五年（1835年），"知州黄培杰捐廉，绅士彭上卿、张□德暨州士民助之补修"。东西向的四孔石拱桥，现中间两孔已坍塌。

鸡公背古道

关索岭古道

灞陵桥遗址

调查组在灞陵桥遗址旁合影

此行耗时 1 小时 20 分，西侧出城路段爬升不大，不足 70 米，但东侧下行河谷路段则下降了 400 余米。记得还是在 1985 年 7 月，我随同简家奎兄到关岭调查马马岩岩画时，关岭的曾方镛老师就带我从灞陵河左岸山腰的"龙爪树"下车，穿过河谷，翻越关索岭，感受一阵御书楼关台的习习凉风后，赶到汽车站时，我们乘坐的那趟班车仍未到达，只好坐等因照顾所带摄影器材而没有下车的简家奎兄。

中午 1 点，调查组在灞陵桥遗址旁合影后，到灞陵河断桥附近享受美味可口的青椒鱼。

下午调查位于龙潭街道北口村的北口古道和永宁镇团圆村的水关头古道。先行的北口古道余 2.75 千米，累计下降 130 米。最后所行"安隆舖"至"胡家凹"的水关头古道，现存路段虽仅 800 余米，但坡度较大，爬升了 106 米。《徐霞客游记》对上述古道有过记载："西

北口古道

水关头古道

南七里，上北斗岭。一里，西逾其脊，有亭跨其上。西望崇山列翠，又自北屏列而南，与东界复颉颃成夹，夹中亦有小水南去。从岭西下二里，抵夹坞中，有聚落倚其麓，是为北斗铺（关岭为中界高山，而北斗乃其西陲。二界高岭，愈西愈高）。由铺西截坞横度二里，乃西向拾级上。迤逦峰头，五里，踰一坳，东眺关岭，已在足底。有坊跨道，曰'安普封疆'，是为安庄哨（自关岭为镇中、永宁分界，而安庄卫之屯，直抵盘江，皆犬牙相错，非截然各判者）。又西上峰峡中三里，崖木渐合，曰安笼铺（又永宁属）。"虽周遭人居环境变化过大，但山形地貌倒是依然如故。现在的道路交通，已是村村通、户户联，古道仅存"碎片"。

当晚仍住关岭。

四、盘江桥和北盘江两岸古道

2017 年 12 月 7 日，阴有雾。

茶马古道现状调查组由安顺市关岭布依族苗族自治县进入黔西南布依族苗族自治州晴隆县，计划调查"盘江桥石刻群"和北盘江两岸的"关晴北盘江古道""半坡塘古道"。其中盘江桥石刻群，镌刻年代最早者为明崇祯元年（1628 年），最晚者为 1931 年，内容以反映盘江桥建桥历史和盘江桥形胜为主。

据明洪武二十七年（1394 年）九月书成的《环宇通衢》记载，滇黔驿道所经北盘江两岸，分别有查城驿和尾洒驿。万历间郭子章《黔记》卷二十二邮传志所载，滇黔驿道贵州境包括：威清驿（今清镇市）、平坝驿（今平坝县）、普利驿（城南外，今西秀区）、安庄驿（今镇宁布依族苗族自治县）、关山岭驿（今关岭布依族苗族自治县）、查城驿（城南八十里，今关岭布依族苗族自治县永宁镇）、尾洒驿（今晴隆县）、新兴驿（今普安县）、湘满驿（治北，今盘县）、亦资孔驿（今盘县亦资孔镇）共十驿；威清站（城南）、沙作站（城东，今平坝县头铺村）、普定站（城西一里，今西秀区）、安庄站（城南二十里）、查城站（城西八十里）、尾洒站、新兴站、湘满站、亦资孔站共九站；界首铺（今平坝县夏云镇西）、在城铺（今平坝县）、沙作铺（今平坝县头铺村）、龙窝铺（确地待考）、饭陇铺（今平坝县天龙镇）、罗德铺（今西秀区七眼桥镇二铺村）、阿若铺（今西秀区头铺村）、普定铺（今西秀区）、杨家桥铺（今西秀区幺铺镇杨家桥村上头铺）、马场铺（确地待考）、龙井铺（今镇宁布依族苗族自治县大山乡龙井铺村）、哈马章铺（今晴隆哈马村）、尾洒铺、乌鸣铺（今晴隆县西乌云铺）、腊茄铺（今晴隆县沙子镇）、泥纳铺（今普安县江西坡镇白石村泥拉铺组）、芭蕉铺（今普安县江西坡镇白石村芭蕉关组）、新兴铺、板桥铺（今普安县三板桥镇）、革

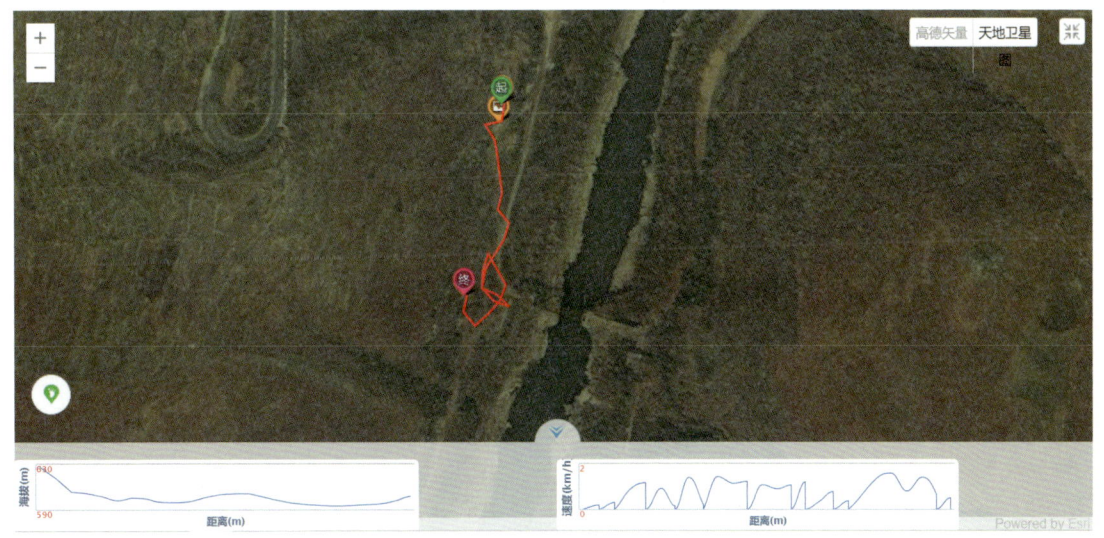

盘江桥石刻群及关晴北盘江古道分布卫星影像图

刺铺（今盘县英武乡）、牛场铺（确地待考）等。其中威清驿、威清站由威清卫管理，平坝驿、沙作站、在城铺、界首铺、沙作铺、龙窝铺、饭陇铺由平坝卫管理，普利驿由安顺军民府管理，普定站、普定铺、罗德铺、阿若铺、杨家桥铺、马场铺、龙井铺由普定卫管理，安庄驿、关山岭驿由镇宁州管理，安庄站、查城站由安庄卫管理，查城驿由永宁州管理，尾洒站、尾洒铺、哈马章铺、鸟鸣铺、腊茄铺、牛场铺、泥纳铺、芭蕉铺、新兴铺、革刺铺、板桥铺由安南卫管理，湘满驿、亦资孔驿、新兴驿、尾洒驿由普安州管理，湘满站、新兴站、亦资孔站、亦资孔递运所由普安卫管理。

道路在该段经过北盘江，初为舟渡。明万历十一年（1583年）建木桥，十三年（1585年）成，未十年坏。三十一年（1603年）建浮桥，次年成。崇祯元年（1628年）参政朱家民捐廉倡建铁索桥，三年（1630年）告竣。桥面使用30根铁索以承重，每边3根共6根铁索作桥栏起围护作用。

明崇祯十一年（1638年）农历四月二十五日，徐霞客自鼎站（今永宁镇）往盘江，过新铺、白基观后，"西向直下三里，有枯涧自东而西，新构小石梁跨之，曰利济桥。越桥，度涧南，又西下半里，则盘江沸然，自北南注"，继续"循江东岸南行，半里，抵盘江桥"。其对盘江桥的映像是"日过牛马千百群，皆负重而趋者""望之飘渺，然践之则屹然不动"。当时"桥两端碑刻、祠宇甚盛"，只是"暮雨大至，不及细观"，过盘江桥后，"已入新城门内"。

清顺治十五年（1658年）九月毁于兵燹；十六年（1659年），云贵总督赵廷臣、贵州巡抚卞三元，经朝廷批准，动用税课维修；十七年（1660年）"加建木梁"为单向伸臂式木梁桥，与铁桥并存。康熙二年（1663年）九月毁于特大山洪，旋修旋圮；六年（1667年）重建木桥；十九年（1680年）毁于兵燹；二十三年（1684年）重建木桥；二十五年（1686年）被水冲坏，加修如故；四十三年（1704年）倾圮后重修；五十年（1711年）木桥圮，同年贵州巡抚刘荫枢重建铁索桥，"过江大铁索一十九根"，尾部嵌于山崖内。

清雍正七年（1729年），因该路"险且玗"，清廷批准云贵总督鄂尔泰《请另开上游新路六驿疏》，将原黔滇驿道自安庄驿至湘满驿间路段，改经郎岱厅（今六枝特区郎岱镇）所属的毛口渡过北盘江，至普安州蒿子卡与旧路相接。驿道改线后，关晴北盘江一段老驿道只作为商道使用。

20世纪30年代初，京（南京）滇抗战公路建设选址经过盘江桥，对铁索桥进行加固后满足汽车空载通过，公路于1936年竣工通车。在1938年5月，因超重导致铁索断裂，坠于江中。后改建钢桁构桥，于1939年5月建成通车。抗日战争期间，盘江桥因其战略重要性成为侵华日军的重点轰炸目标，多次被日军派军机轰炸，中国军民和援华美军工程兵投入巨大的人力物力参与"抢险护桥保通畅"工程，为确保抗战胜利作出了巨大贡

关晴北盘江古道（残段）

献。在1941年，铁索桥被侵华日军飞机炸毁。中国军民和援华美军工程兵用了不到1年时间，新建起一座钢索吊桥，于1942年4月9日通车。

此前，我们对上述文献记载深信不疑，但该河段下游北盘江马马崖水电站建设期间的新发现，改变了我对历史文献记载的认知。那是在2013年10月下旬，我们到现场指导盘江铁桥正在进行的原址抬升保护工程，在东岸开挖基坑时，发现"嵌于山崖内"的铁索和固定铁索的"牛鼻子"做法。更为惊喜的是，清理发现铁索北侧一原生岩石上镌刻的阴刻楷书"磁石"铭文，款识是"康熙乙未年冬"。据此证明，该遗址为清康熙年间重修之铁索桥遗存，建筑年代为清康熙五十四年（1715年），而非文献记载的五十年（1711年），此发现具有重要的史证价值。

自此，在以后的田野调查工作中，我更为留心和关注摩崖石刻和碑刻类遗存的信息。

10点40分，调查组抵达北盘江右岸盘江桥西侧桥头时，周局长和文管所小陶已经到达。

我们调查的盘江桥石刻群，就分布于清代盘江桥遗址北盘江东西两岸，多为摩崖石刻，有少量碑记、造像。东岸保存摩崖石刻4方，其中1方摩崖石刻"盘江桥记"为连山碑；西岸今保存摩崖造像1尊、摩崖石刻5方、碑记1通。

东岸遗存有"力挽长河"摩崖石刻，位于东岸崖壁上，离地1.5米许，横长方形，高0.5米，宽2米，横向楷书阴刻，每字0.4米见方，施钻鲁题于清同治十三年（1874年）；"盘江飞渡"摩崖石刻，位于东岸崖壁上，离地1.5米许，横长方形，高0.8米，宽2米，横向楷书

盘江桥石刻群（局部）

阴刻，每字 0.3 米见方，施钻鲁题于清同治十三年（1874 年）；"桥横云汉"摩崖石刻，位于东岸崖壁上，离地 2 米许，横长方形，高 0.8 米，宽 2 米，横向楷书阴刻，每字 0.3 米见方，吴用宾题于 1931 年；盘江桥碑，实为刻在崖上的连山碑，位于桥东 25 米处，高 3.5 米，宽 1 米之天然崖壁上。碑高 0.8 米，宽 0.8 米，厚 0.2 米，碑文行书阴刻 13 行，满行 16 字，每字约 0.04 米见方。字迹模糊不清，刻于同治十三年（1874 年）。

西岸遗存有朱家民摩崖造像，位于西岸崖壁上，离地约 20 米，竖长方形，高约 2 米，宽 1.5 米，作端坐状，开凿于明崇祯三年（1630 年），现头部受损；"朱氏鼎钟"摩崖石刻，位于西岸古道旁崖壁上，横长方形，高约 1 米，宽 2.1 米，横向楷书阴刻，每字 0.4 米见方，刻于明崇祯元年（1628 年）；"在德"摩崖石刻，位于西岸崖壁上，离地约 4 米，横长方形，高 0.5 米，宽 1.5 米，横向楷书阴刻，每字 0.4 米见方，刻于清康熙九年（1670 年）；"一线缝空"摩崖石刻，位于西岸崖壁上，离地约 30 米，横长方形，高 0.5 米，宽 2.5 米，横向楷书阴刻，每字 0.5 米见方，刻于清同治十三年（1874 年）；"铁锁盘江"摩崖石刻，位于西岸崖壁上，离地 1.5 米，横长方形，高 0.5 米，宽约 2 米，横向楷书阴刻，每字 0.4 米见方，刻于清同治十三年（1874 年）；"一派别景"摩崖石刻，位于西岸崖壁上，离地约 30 米，横长方形，高 0.6 米，宽约 2 米，横向楷书阴刻，每字 0.4 米见方，刻于清同治十三年（1874 年）。"重修盘江铁索桥碑记"碑立于清顺治十七年（1660 年）。

清康熙重修盘江桥东岸桥台遗址

清康熙重修盘江桥东岸桥台遗址的"磁石"铭文

朱家民摩崖造像和"铁锁盘江""一线缝空"摩崖石刻

"朱氏鼎钟"摩崖石刻（明）

从盘江桥石刻群现状看，风化极为严重，许多文字因为色彩消退，不仔细观察很难辨识。

站在已经抬升保护的盘江铁桥上，我向调查组介绍了关晴北盘江古道的情况。

关晴北盘江古道呈东北西南向分布，至北盘江沿岸后南北向由盘江桥折返。起于左岸大盘江村柏鸡冠，止于右岸盘江桥石刻群上部半坡。柏鸡冠即《徐霞客游记》记载的"白基观"。徐霞客当年从新铺直下"五里，过白基观。观前奉真武，后奉西方圣人，中颇整洁。时尚未午，驼骑方放牧在后，余乃入后殿，就净几，以所携纸墨，记连日所游；盖以店肆杂沓，不若此之净而幽也。僧檀波，甚解人意，时时以茶蔬米粥供。下午，有象过，二大二小，停寺前久之。象奴下饮，濒去，象辄跪后二足，又跪前二足，伏而候升。既而驼骑亦过，余方草记甚酣，不暇同往。又久之，雷声殷殷，天色以云幕而暗，辞檀波，以少礼酬之，固辞不受"。今白基观遗址不存，仅留下地名。往下一段古道大部路段被 1936 年修建的公路覆盖。现存古道均在江边，全长约 3 千米，保存较好路段不足 1 千米，青石砌筑。只是长年无人行走而多被植物覆盖。

应周局长和小陶邀请，我们再增加对一段新发现的"石丫口古道"的调查。古道位于光照镇孟寨村顶同寨西北隅，西北东南向分布，现存路段平缓，长度不足 500 米，路面块石铺墁，保存较好。就眼前所见，我只能初步判断古道主要为当地村民生产生活出行所需。但从古道所处区位看，向南经光照镇可连明代驿道，向北往花贡镇都田村能接清代新辟之驿道。

中餐后已是下午 2 点，调查组驱车 20 分钟到达哈马关，调查位于黔西南布依族苗族自治州晴隆县光照镇东方红村半坡塘组的半坡塘古道。古道地处北盘江 V 形峡谷右岸半山。因清代于半山台地设塘，故名半坡塘。起点是今赵光明宅东南侧 10 米的哈马关关台处，地理坐标为东经 105°21′，北纬 25°51′，海拔高程 802.59 米。

半坡塘古道在明代属哈马章铺管理。徐霞客于明崇祯十一年（1638 年）农历四月二十六日过此。因驮运行李的"驼马"刚在路边坡上吃草。他先行几步，由于一路上行较累，便"坐坳下石间少憩"，见有人背着小口大腹的陶罐从他面前经过，往南去汲水，他赶紧

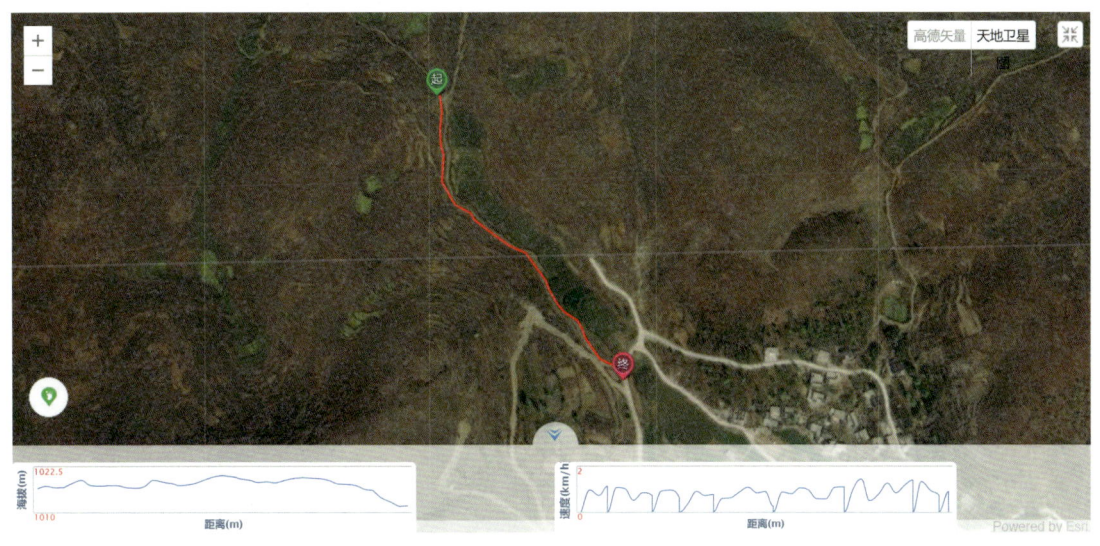

晴隆石丫口古道分布卫星影像图

调查组在石丫口古道合影

跟随前往。"抵崖下，则穿然巨洞，其门北向，其内陷空而下，甚宏。其人入汲于石隙间，随处而是，皆自洞顶淙淙散空下坠，土人少凿坯承之。水从洞左悬顶下者最盛，下有石台承之；台之侧，凿以贮汲者。洞从右下者最深，内可容数百人，而光明不阕，然俱无旁隙别窍，若堵墙而成者也。"此洞就是现在的狮子山哈马洞。徐霞客出洞后，按原路上大道，"登坳即海马嶂，有真武阁跨坳间"，"海马嶂"即"哈马庄"。

半坡塘古道呈东西向分布。沿线文物点包括构成半坡塘古道主体的道路，和半坡塘古道密切相关的"哈马关"关隘，以及古道沿线的哈马洞摩崖石刻和"哈马庄"摩崖石刻等代表性文物。

半坡塘古道分布在北盘江西岸晴隆县光照镇东方红村半坡塘组与哈马村哈马庄组之间，现存较好路段不足2千米，由青石砌筑。

哈马关，关隘始建于明洪武年间。万历四十五年（1670年），永宁州知州毛宗长捐银维修关台时，在其上建真武阁。关隘门额上嵌石匾，横向双钩楷书"玄天宝殿"4字，款识为"永宁州知州毛立""万历戊午年吉日造"。石砌拱门高2米，宽2.4米。是目前贵州已知保存最好的关隘之一。关内明代设哈马章铺。遗址现存东、北两面墙体，保存较差。

哈马洞摩崖石刻，位于哈马关南狮子山。洞高约20米，宽约60米，深约150米，洞口东北向。洞中阴泉汩汩，曾是当地村民汲水饮用之地。有摩崖石刻1方，镌刻于洞北壁，离地2米，高1米，宽0.4米。竖向双钩楷书"咸池洞天"4字，每字0.2米见方。落款为"泉川阁闵尚友书"，无年代。

"哈马庄"摩崖石刻1方。位于半坡塘古道北侧烟灯坡脚。系时任国民政府西南公路局局长曾养甫于京（南京）滇抗战公路竣工之际镌刻。摩崖石刻高1.5米，宽3米，离地2米。"哈马庄"3字横向阴刻，每字0.55米见方，款识为"民国二十五年夏"。

下午4点离开哈马关，驱车前往"二十四道拐"抗战公路。

哈马洞

明万历"哈马关"关台及"玄天宝殿"遗址

民国"哈马关"摩崖石刻

五、蒋炳堂其人其事

2017 年 12 月 10 日，阴。

昨日，永周兄因痛风发作，由肖丽萍所长陪同我们考察。好在我于 2015 年 1 月中旬应盘县（今盘州市）文物管理所邀请，对该县境内现存古道进行考察，为编制全国重点文物保护单位"茶马古道"文物保护规划立项报告作准备时，走过茶马古道相关文物点，不会找错道。出发时发现天气与前日迥异，又开启阴雨模式。

考察路线从胜境关滇黔交界处开始，一路行走至平关，在村口附近已经对路面进行硬化的古道旁，找到上次发现的那通碑记。清晰记得，上次由于时间关系，仅拍摄了照片，至今

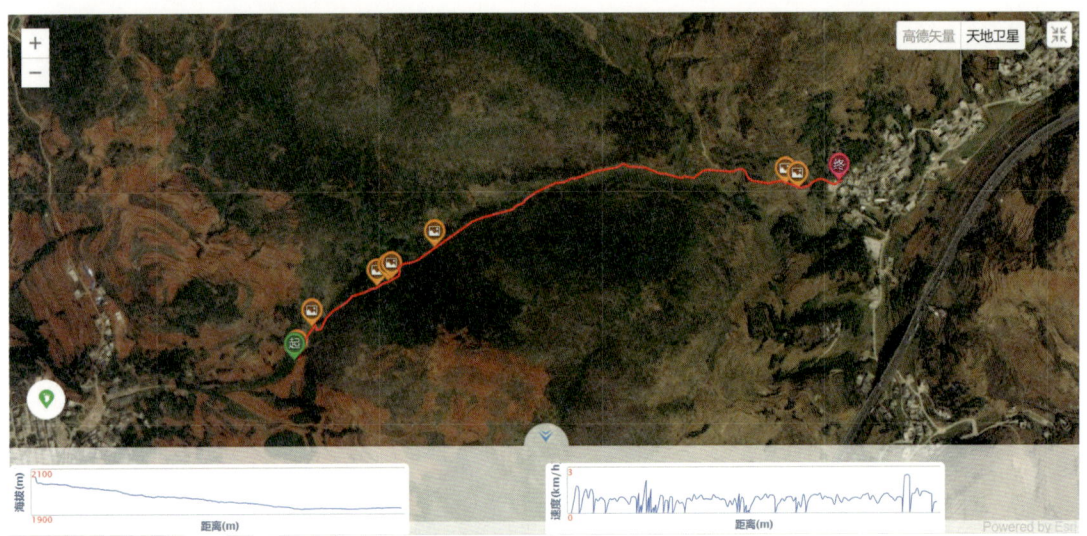

平关至胜境关古道分布卫星影像图

古道出云南胜境关路段

平关至胜境关古道（局部）

未及详读。一路走去，小街子古道、火铺古道。等临近今天考察的最后一段哨上古道时，车辆油底壳破损，不但要放弃该段古道，还影响明天计划。当晚收到永周兄所赠《盘县石刻木刻拓片集萃》一书，甚为开心，晚餐时喝些酒解乏，酒后洗洗睡了。凌晨不到4点起床，开始整理前日拍摄的照片，这样的起居习惯已经是我出门在外特别是田野调查时的生活常态。

整理到那通碑刻照片，细读碑文。该碑圆首方座，额题"整修路碑"4字，首题镌刻"钦赐双眼花翎黄马褂，头品顶戴，记名提督军门，镇守贵州安义等处地方，总统中普长安册等营练军，图桑巴图鲁，世袭云骑尉，随带加五级，蒋炳（堂）公添修自白水河至滇

"整修路碑"

南胜境路□碑记"。蒋炳堂，跃入眼帘的是一个熟悉名字，此公不就是捐建花江铁索桥且留下"炳堂蒋军门行乐图"之人吗？旋即取出所带硬盘，经查，2009年6月12日中午拍摄的花江铁索桥摩崖石刻照片，果是此君。

为更进一步了解蒋炳堂其人，利用酒店该时间段给力的网速，查阅到赵尔巽主编的《清史稿》卷459为其所立之传，《世世昌》家谱、《蒋姓合族会议录》等也有记载。蒋宗汉（1838—1903年），字炳堂，云南鹤庆县辛屯乡大福地人。出身贫寒，因行六，别名绞阿六。清咸丰六年（1856年）由武童投效军营，同治初归于清军滇池营守备杨玉科麾下，杨玉科曾为和耀曾麾下将领、获代理云南布政使岑毓英赏识。蒋炳堂每战皆充先锋。因军功官至副将，

相继赐"著勇巴图鲁""图桑阿"等勇号。又代理腾越镇总兵、授顺云协副将，于清同治十一年（1872年）擢升代理提督，赏穿黄马褂。光绪五年（1879年）赐头品待遇、任贵州安义镇总兵。据清绿旗营制，贵州设有安义镇、古州镇、镇远镇、威宁镇，其中安义镇置总兵官一人，驻扎兴义府（时已经移驻今兴义市）。统辖本标中、左、右三营，兼辖永安一协（驻扎安顺府郎岱厅），长坝（驻扎贞丰州）、普安（驻扎普安厅）、安南（驻扎安南县）、册亨（驻扎册亨汛）四营。光绪二十年（1894年）赏双眼花翎，二十六年（1900年）调云南任代理提督，二十八年（1902年）实授提督还贵州，二十九年（1903年）卒于任上，获赐祭葬，谥壮勤，准予建祠。

碑文记载的正是蒋炳堂任贵州安义镇总兵期间整修黔滇驿道事。起因是光绪十五年（1889年）春，炳堂从兴义出普安（今盘州市）迎接并拜见履新的云贵总督王文韶时，王见面便指出："他一路往云南行来，自安庄（今镇宁布依族苗族自治县）以上路段，路面残破崎岖的情况远超其他路段十倍，你是否应该尽快改变这种状况，以方便商贾行旅。"炳堂当即承诺，称实际上早有打算，只是因为工程费用过于浩大而未能实现。转眼间到了光绪十八年（1892年）春，炳堂利用赴省会贵阳拜见贵州巡抚崧蕃的机会，在返回驻扎地兴义时绕道郎岱查勘道路形势，以便兴工。经过近一年的准备，总长五百余里，从黄果树至胜境关的新、老道路整修工程，于十九年（1893年）春开工，至二十年（1894年）夏竣工。工程总造价"约三千□百金"，其中95%"取于军门之廉俸"，其余捐助者仅占5%。不仅整修道路，还增修了盘江铁索桥。具体工程措施是，对所有路面"规其旧制，阙者补之，断者续之，危者安之。凡路之崩颓而破坏者，咸甃筑使完固"。承担该工程任务的项目负责人是代理永安协镇吴永超，技术负责人有永安协都司赵连贵、安南管带池有莲、册亨管带曾广胜，参与决策者有安义镇中营管带马定邦、长坝营管带蔡起坤、普安营管带陶春廷和哨长欧有科。该碑由"知贵州兴义府事二品衔补用道昆明石廷栋"撰文，"楚南昭陵士芷庭赵毓骅书丹"立于"光绪二十年岁在甲午暑月二十日"。

事实上，蒋炳堂在贵州期间不止整修此路，还创建了花江铁索桥，并整修连接桥梁的道路，那是后话。

附："炳公添修自白水河至滇南胜境路□碑记"碑文

钦赐双眼花翎黄马褂，头品顶戴，记名提督军门，镇守贵州安义等处地方，总统中普长安册等营练军，图桑巴图鲁，世袭云骑尉，随带加五级，蒋炳（堂）公添修自白水河至滇南胜境路□碑记：

黔南山多而径险，凡由黔之遥道入滇者，莫不畏其阻隘。而山径之险，尤莫甚于郎岱、普安。自安庄之白水河，迤逦而至滇境，万岭千峰，联□交错，或起或伏，或秀或顽，森如剑戟，簇如营垒，未□名状。涉身其地者，巉崖密箐，层过垒经，而羊肠一线，委折中□。其高也如扳重霄之上，其下也如没层渊之深，峻险崚嶒，真有得之心目而难罄于形容者。曾经□道，何尝危如是也？特值冬夏，冰雪冻江、雨水□□□者，每翻肩行者恒折足，前跋后疐，进退维艰。迨春秋稍适，而历险攀危，迈□非易。盖行役之人，□早起每裹足而不欲前者，垒垒矣。旧虽凿有石路，而岁久倾圮。光绪己丑（按：即光绪十五年，1889年）春，军门蒋公炳堂因道出普安，迎谒制军王公，适承王公面谕曰："余观黔南之道，自安庄以上，残破崎岖，十倍他处。君盍亟图新之，以利行人乎？"军门自承谕后，誓欲修复，因工费浩烦，不果亟

"整修路碑"拓片

行。越壬辰（按：即光绪十八年，1892年）春，军门复赴黔谒抚军崧公，遂于返旆即假道郎岱，查勘形势，以便兴工。抵镇后即谋于将佐，咸对曰可。于是乃饬令官弁克日鸠工，沿途伐石，自安庄之黄果树起，至普安之滇南胜境止，计程五百余里，均规其旧制，阙者补之，断者续之，危者安之。凡路之崩颓而破坏者，咸凿筑使完固焉。至是而仕宦商旅之众，舆马交鞯，负□络绎，无不如登坦途矣。夫斯路为滇黔□会险隘，界两省之交，军门鼎力增修，则其殚心边徼，奠利斯民者，为功良非小也。忆余庚寅之岁，□守普安，尝往来于老鹰崖、拉邦坡间，目击残破，屡欲修复，而有志未逮。军门勇于为善，一旦更新，□□令人心折乎哉！第凡物久而必坏，虽山陵且有迁□，何况于路？所望乐善君子维持于后，见坏即修，勿须军门今日苦心。是则余之厚望也。斯役也，与盘江之铁锁桥，军门并先后增修。程其工，署永安协镇吴君永超。董其事者，永安协都司赵君连贵、安南管带池君有莲、册亨管带曾君广胜。与其谋者，安义镇中营管带马君定邦、长坝营管带蔡君起坤、普安营管带陶君春廷、哨长欧有科。工役之费，约三千□百余金，皆取于军门之廉俸，其有输金以助者，仅二十之一耳。计工兴于光绪癸巳（按：即光绪十九年，1893年）之春，讫于甲午（按：即光绪二十年，1894年）之夏，越年余而告竣。落成之日，军门属记于余，余既嘉军门之勇于为善，且幸余之获与斯举，□至军门之大善举，吾乡尤多，未能缕述，就此一斑，□□而为之记。

光绪二十年岁在甲午暑月二十日
知贵州兴义府事二品衔补用道昆明石廷栋谨撰
楚南昭陵士芷庭赵毓骅书丹

六、马岭古道（含木桥）

2017年12月12日，小雨转阴有雾。

因车辆故障而延迟1天的茶马古道现状调查得以继续，考察组沿开通近1年的盘兴高速往兴义出发，一路笼罩在浓雾之中。对于第一次行经该路段的我来说，要感受沿路山形地貌，只有留待下次了。因雾，由盘州到兴义比常日晚了30分钟。下高速与兴义同仁罗松、中心的刘多山等会合后，直奔考察目的地马岭古道。

马岭古道因穿越马岭河命名。马岭河，始称马别河，珠江流域盘江水系南盘江下游支流之一，发源于贵州省盘州市老厂，流经普安县、兴义市、兴仁市，于芭皓注入南盘江。古道所经，选择河段峡谷区域，谷宽50至150米，谷深120至280米，马岭河峡谷是一条在造山运动中剖削深切的大裂水地缝。

马岭古道，宋代为市马之路的重要通道，明清以来是往来贵阳、兴义二府的必经之路，自黄草坝（今兴义），十五里幺塘，十里纳福桥（即木桥），二十五里顶效塘后，一路二十里经万屯、新城（今兴仁）、关索岭（今关岭）、安庄（今镇宁）、普定（今西秀）、平坝、威清（今清镇）后抵贵阳，共七百二十里。一路二十里过郑屯、龙广抵兴义府（今安龙），共一百九十五里。

至于木桥，初名"纳必"，后称"纳福"。据咸丰《兴义府志》记载："木桥建于康熙年间，后圮，唯存石基。"道光中，知县汪自珍捐建续修，易名纳福桥。咸丰三年（1853年）五月，知县胡霖澍改建，并立建桥碑记于东北桥头，其上记载："纳福桥两山夹水、一线中流，上有马别桥，下有踩水渡，由委溯源，其绵亘不知几。"并说明由县城经马别至顶效，"通行相距六十里""经踩水渡三十余里"，而该桥"居中道，约四十里许，远近得中"，后再毁。光绪癸巳年（1893年），邑绅刘显世倡议复修。

马岭古道（含木桥）分布卫星影像图

"木桥"

马岭古道和"木桥"（局部）

据文献记载，刘显世（1870—1927年）就是兴义人。早年曾参加镇压广西会党起义。辛亥革命后，曾一度赞成共和，但随即拥戴袁世凯称帝，1916年，在王文华和王伯群的劝导下参与护国运动，通电全国，讨袁护国。民国成立后任贵州护军使。于1916年1月27日任贵州都督、督军兼省长。次年参加孙中山领导的护法运动，任川滇黔三省护国联军副总司令。1925年因军阀派系之争隐退，于1927年10月14日病逝。

贵州茶马古道遗存中，还有一处与其有关，那就是矗立在大方甘棠古道中段，幸福组和庆脚组交界处的李春华之妻节孝坊。牌坊建于1918年，原为四柱三门，现中楼和南侧边楼于20世纪60年代倒塌，仅存北侧边楼。牌坊中楼就镌刻有民国初刘显世任贵州督军和省长时所撰对联。

中午10点40分，我们从距离古道最近的马岭街道光明村那白组下那白寨旁下车，计划沿古道徒步往同属马岭街道的团结村红星组黄桷树寨。

"茶马古道·贵州省·马岭古道（含'木桥'）段保护工程"项目，经国家文物局《关于茶马古道—马岭古道段保护工程立项的批复》（文物保函〔2014〕1157号）同意立项，贵州省文物保护研究中心编制的勘察设计方案于2015年获得批复和核准，今年开始实施。方案根据古道存在或可能的损毁情况，对古道完整性和连续性的影响程度，就古道维修提出的技术措施主要包括，清除古道面层覆土，清除古道及周边影响古道安全的树木、灌藤植物和杂草，清理原有排水涵洞、排水涵桥、排水沟，部分路段加设排水沟，再根据清理后的文物本体状况，考虑是否补配佚失的铺路石，是否恢复损毁路段，以及如何修复木桥东北侧古道垮塌边坡等。

清理出的桥面排水孔

清理出现状勘察时未发现的古道

江底河古道

出土的东汉铜车马

沿古道一路行进发现，经过清理后的古道，虽然部分路段铺路石确有佚失，但整体保存状况远比想象中的好。针对木桥本体局部垮塌的修缮尚未实施。而特别令人欣喜的，是桥面排水方式经过清理后得以完整呈现，且可继续发挥有组织排水的功能。桥东北部分路段清理出现状勘察时未发现的线路走向，因此，当初确定的古道总长度约1800米，宽度为1.3~2.4米不等，有待通过此次保护工程最终确认。

下午增加了江底河古道考察和参观黔西南州博物馆。从州博物馆展出的东汉铜车马，还有现藏贵州省博物馆的东汉铜车马，以及刘氏庄园内的石马，不由心生感叹，谁曾想，20世纪70年代中期，会从推倒的茶园树下的东汉墓中出土铜车马，与现在茶马古道的保护，是一种怎样的机缘巧合。

永康桥畔的马店遗址

永康桥

调查组在永康桥上合影

七、花江摩崖石刻群

2017年12月13日，阴。

茶马古道现状调查组进入第二阶段最后一天的调查行程，考察目的地包括花江摩崖石刻群和青岩古道。车辆上高速公路不久即进入浓雾之中，由兴义到贞丰比常日晚了45分钟。抵达北盘江泮的小花江村时已是正午。此前几十年间我数次到过花江铁索桥，而此行得益于已经修至河边的乡村公路，是最为便捷的一次。

相传，珠江上源之一的北盘江流经黔西南布依族苗族自治州贞丰县与安顺市关岭布依族苗族自治县的河段，因贩马马帮自古以来在下瓜、汉元洞、牛角井、后头湾、白崖脚、大洞背后、曾家屋基等处穿行于河谷地带的古道旁崖壁上，以赭色涂绘大量人人马马的岩画，遂得名"花江"。小花江村附近历为兴义府所属各地去省城的大道之一，商旅往来，络绎不绝。

花江摩崖石刻群几乎都分布在南岸古道旁，内容基本上以反映花江铁索桥的前世今生为主。保存较好的有20余方摩崖石刻，包括清光绪二十六年（1900年）的《建修花江铁索桥记》，光绪二十七年（1901年）的《重建花江铁索桥记》《重修铁索桥功德碑记》《炳堂蒋公军门大人新建花江桥成纪石》《拟筹花江铁索桥岁修规程记》《计开章程条例于左》，光绪二十八年（1902年）的《补修花江路序》，民国《培修花江铁索桥记》，1986年《维修花江铁索桥记》等，以及"炳堂蒋军门行乐图"和摩崖造像；还有"履道坦坦""万缘桥""彩虹双映""飞虹""贞丰县北界""花江桥""功成不朽""屹然大观"、1952年"贵州

花江摩崖石刻群（局部）

蒋炳堂摩崖造像及石刻

"履道坦坦"摩崖石刻

省人民政府交通厅改建"等摩崖石刻。另有"普陀真境""龙王宫"和"山神祠"及圆雕石龙等已经淹没于北盘江梯级电站之一的董箐水电站库区。

通过留存的摩崖石刻，可以清晰地梳理花江铁索桥的历史沿革。

建桥前，均为舟渡。一遇夏秋水涨之时，一切停摆。光绪十九年（1893年），昆明人石廷栋任兴义府知府伊始，就有修建桥梁的打算，只是因建桥费用过大而作罢。后听说安义镇总兵蒋炳堂自己出资曾经在云南修建过十余座桥梁，立即找其商量，双方一拍即合，且蒋炳堂承诺担负一半建桥费用。于二十四年（1898年）五月，选址于上游滩口处兴建石桥，次年四月，正当合龙交尖之时，却在十七日半夜，因突发山洪，将即将建成之桥冲毁，功败垂成。事后，蒋炳堂根据他在云南修建金龙桥的经验，以及上游他曾修补过的盘江铁索桥的案例，力主修建铁索桥。经商石廷栋同意后，另选址于二十五年（1899年）秋兴建铁索桥，经过10个月的努力，花江铁索桥建成，"桥长二十四丈，创铁索十有六根，上铺木板。计工数万，其费万余金"，这些费用均为蒋炳堂"独立而成"。该工程总监修是代理安义镇右营都司何其荣，负责铁链监造的是代理水城营游击赵连贵，负责各分项工程的有代理长坝营千总（普安世职）陈尧廷、镇标中营狗场汛把总曾凤祥、镇标中营存城汛把总陈华勋、长坝营分防定头把总胡秉心和许应发、水城营监管铁炉张吉武、永安协左营存城把总汪文惠、普安营（云骑尉世职）高庆鹏、镇标效用把总胡玉胜、镇标效用军功马发荣、镇标中营外委徐荣轩，财务总监是兴义府僧纲谌灯等，还包括石匠4人、铁匠2人。

谁知工成之后又被冲塌，不得已，只好将桥址"移上数丈"，于二十六年（1900年）十一月之朔日再次兴工，采取就石崖系铁索的方法，将原坍塌之石料移砌崖脚，并用绳索将沉入水中的铁链捞起，这样会"省费过半"。终于二十七年（1901年）四月建成。花江铁索桥建成后，蒋炳堂又捐资修理两岸道路，当年八月即完成。为确保花江铁索桥的维护，还制定了专门针对铁链、桥板、木栏杆、道路，以及守桥兵丁薪资和桥头神像的香灯银等岁修规程。所需费用均从经过该桥的各商号驮马队抽取，"凡六匹以上者，每马抽银八厘"，统归修桥中捐一袋盐的"同济公"盐号核收，岁修所需一应开销均从中列支。

蒋炳堂的乐善好施，需要强大的经济支撑。早在光绪二年（1876年），他就与腾越商人明树功、董益三合股开设"福春恒"商号，其分号遍布昆明、保山、腾冲、成都、汉口、香港以及缅甸的曼德勒、仰光等地，主营丝绸、珠宝玉石、名贵药材、地方土特产品等国际贸易。后兼营钱庄、汇兑及鸦片税捐业务，一度成为云南实力最强的商号。如今，他捐建的金龙桥为第六批全国重点文物保护单位，记录他捐建花江铁索桥功绩的花江摩崖石刻群也是第七批全国重点文物保护单位"茶马古道"的组成部分。

调查组全体队员在异地迁移保护的花江铁索桥合影后驱车赶往贵阳青岩镇。

桥头古道

调查组在异地迁移保护的花江铁索桥合影

花江铁索桥桥台遗址

八、"千年古道"造就的青岩"古城"

2017年12月13日,阴。

因高速公路限速及沿路不时出现的雨雾,抵达青岩时已是晚上6点30分。在南门外吃了晚饭后,由"定广门"进入青岩古镇,道路两边的铺面虽灯火辉煌,但阴雨天使得游客稀少,反倒显得我们调查组一行声势浩大。不过夜游青岩,徒步丈量古道,还真是一种别样的体验。一路行走间,可慢慢和大家聊聊青岩的过往。

青岩,是布依族及其先民的世居地。

布依族先民自春秋战国以来,就不断同中原发生密切的联系。汉代,汉族大姓率众迁入并逐步与布依族先民融合。汉魏六朝以后,包括青岩在内的今黔中一带布依族先民已为谢氏所掌。此说法出于布依族简史编写组编写的《布依族简史(修订本)》。

唐贞观四年(630年)为庄州治所石牛县,领石牛、南阳、轻水、多乐、乐安、石城、新安7县,隶黔中道。十一年(637年)以庄州为都督府,景龙二年(708年)罢都督。初为下州,开元中降庄州为羁縻州。

由贵阳市地方志编纂委员会办公室校注出版的,周作楫辑《贵阳府志》中转录《唐书》所载,羁縻州黔府诸蛮州五十一,庄州为其一。庄州,本南寿州,贞观三年以南谢蛮首领谢强地置,四年更名,十一年为都督府,景龙二年罢都督。故隋代牂牁郡地,南百里有桂岭关,县七:石牛、南阳、轻水、多乐、乐安、石城、新安。贞观中又领清兰县,后省。清道光《贵阳府志》认为,"庄州所治之石牛县,当在今定番北青岩、上马之间也"。又据谭其骧《中国历史地图集》第五册(2)的唐时期图组说明,以内属部族首领为世袭都督、刺史、县令的羁縻都督府、州、县,"限于资料,图中表示方法不能一致,只有少数府州画出辖境、治所,多数府州不画界,只标出大致方位或治所",庄州治所标注点在今贵阳市花溪区青岩镇。

至于庄州都督,据《贵阳府志》卷六职官表记载,高宗朝为谢万岁,于唐高宗"永徽元年任。《唐书》高宗本纪、南蛮传皆作梓州都督。《通鉴》注云,梓州当作牂州。按此时牂州无都督,惟庄州设都督府,当是庄州之讹。注尚有未尽也,况谢氏世长南寿,则为庄州都督无疑"。但根据国家图书馆藏拓本、千唐志斋藏石的《唐故庄州都督李府君志铭并序》,庄州都督除谢氏外,还有朝廷派任的,该都督姓李,"讳敬,字守礼,陇西成纪人也。项因官徙而为雍州人焉。府君雁门郡守弼之曾孙,东阁祭酒威之元子。十八应制,八科举擢第,解褐鄜州洛川尉,次迁司仆丞,又徙城父令,寻改洪州司马,无何移洪州长史,有不空之裕而获佩刀,怀半刺之材而居别乘。授随州刺史,又除庄州都督、陈茂白刺史。王之使者,国之外台,不易其人矣。君锐于坟典,博于经史,家藏万卷,君览八千,缘使部人写书,廉停务,晏如也。尤精内典,该练氏族,至于解连环、诵悉谈,河汉无极,注而不最。晚年焚香加趺,修菩提法,苦心自练,菜食而已。子奂,年十九,未冠而夭。府君哀毁逾节,寝疾弥留。开元十七年七月卅日,不禄乎洛阳县通远坊私第,春秋七十四。粤十二年十二月十一日葬河南

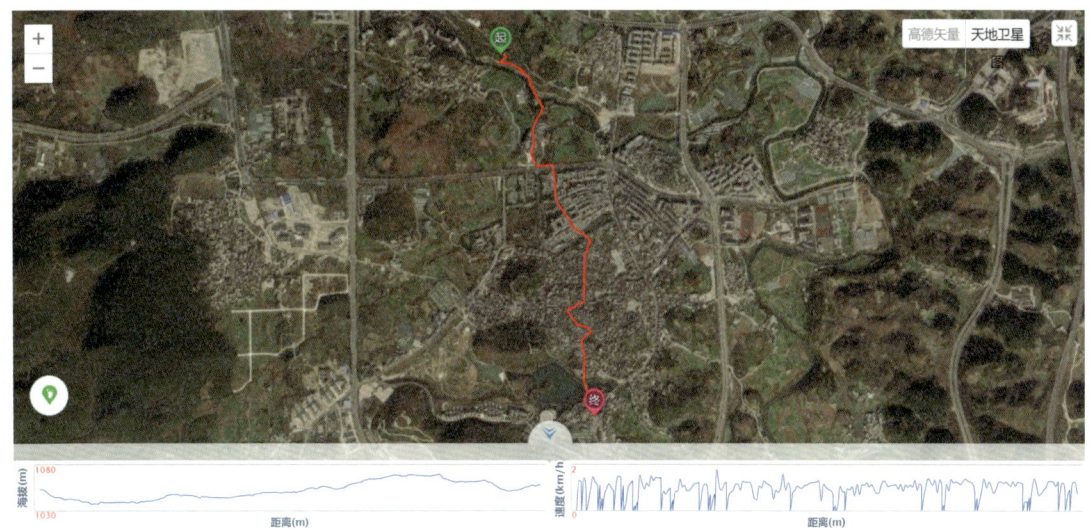

青岩古道分布卫星影像图

府河阴乡原礼也。夫人柳氏，痛失所天，哀深改堞，望夫立石，破胆销魂。寡妻悬窆（按：音biǎn，泪尽继血。铭曰：讨论众妙，□道之突，良二千石，唯君是籍，宜升台傅，地居旦奭，俾我丕基，永永遐邈……"该君死于景龙二年（708年）罢都督21年后的开元十七年（729年），且晚年"焚香加趺，修菩提法，苦心自练，菜食而已"。

青岩古道的历史也因此可以上溯到唐初。贞观三年（629年）底，南谢首领谢强入朝，次年，其领地更名庄州。此次朝贡，谢强是与东谢蛮首领谢元深一同前往，据《旧唐书·南蛮西南蛮传·东谢蛮》记载："元深入朝，冠乌熊皮冠，若今之髦头，以金银络额，身披毛帔，韦皮行縢而著履。中书侍郎颜师古奏言，'周武王时，天下太平，远国归款，周史乃书其事为《王会篇》。今万国来朝，至於此辈章服，实可图写，今请撰为《王会图》'。从之。"由阎立本绘成。

庄州既可北行或西北行入朝长安，同时，"唐都长安，自牂牁而外通交桂"，这在《贵阳府志》中也有记载。黔州都督府也可西南经庄州南下或西行。《太平寰宇记》对这条线路的描述是这样的：南宁州（今惠水东南）本青溪镇，在黔州西南二十九日行，从南宁至罗甸王（今安顺市辖地）八日行。也就是自今酉阳，南下思南、石阡、施秉，经黄平、炉山、福泉、贵定、龙里、贵阳、青岩而至惠水。

宋沿唐制，庄州仍为羁縻州，后又称化外州。

宋代"牂牁诸羁縻州多仍唐旧"，在"今贵阳境内者，为矩州、蛮州、功州、清州、今州、勋州、庄州、乡州、南宁州，咸黔中都督府旧州也"。

青岩古道从宋代以后，逐渐形成茶马互市重要通道。"宋广西市马路，自邕州横山寨至自杞国三十二程，至罗甸十程"，而南宋之道，"咸自田州而西北通泗城，而东北至广西罗平"。宋《岭外代答》卷五"经略司买马"记载，"产马之国曰大理、自杞、特磨、罗甸、毗那、罗孔、谢番、膝番等"，其中膝番与谢番"均属西南番，地与牂牁接，当在今贵州中部"，且"皆有径路，直抵宜城（今广西河池宜州区）"，因此，黔中庄州和南宁州所经成为市马要冲。黔中今清镇、平坝一带，20世纪50年代为配合猫跳河水电厂建设，发掘过一批两晋南北朝时期和隋唐时期墓葬，出土一批中原习见、十分精美的鸡首壶、莲花纹罐、蛙形水注等青瓷器，以及玛瑙、琥珀、银质、铜质装饰品。《黔南识略》所记"由上马司经青岩，可通广顺之党武"，所指及此道。第三次全国文物普查期间，于唐宋时属矩州的今花溪区久安乡发现巩固村大沙土墓群、小山村林家山墓群等宋元时期墓葬。久安乡地处矩州至庄州通道上，自古就是茶乡，有着丰富的古茶资源，该乡共有古茶树54000多株，最早树龄900余年，平均树龄大约600年。以久安古茶为代表的"贵州花溪古茶树与茶文化系统"，被农业部认定发布为第三批中国重要农业文化遗产。至今久安古茶树附近靠阿哈水库（1960年建成的贵阳市城市供水的主要水源地之一），仍保留有南北向古道一段。

《贵州通志·前事志》言，元至元二十年（1283年），讨平九溪十八洞，定其地立州县，置贵州等处长官司，听顺元路宣慰司节制。九溪十八洞即"唐宋之庄、今、乡、勋州及应、憨、邦、逸、南平诸州"。二十六年（1289年）置金筑府，属顺元路。青岩分属贵州等处长官司和金筑府所辖。

明洪武四年（1371年）置贵筑长官司，隶贵州宣慰司同知，次年置金筑长官司，十年（1377年）改安抚司。青岩分属贵筑长官司和金筑安抚司。二十六年（1393年），设"青岩堡"，为贵州都司统领的贵州前卫之中千户所第九个百户所，即《贵州图经新志》所言"贵州前卫屯田其下"。万历十四年（1586年），贵筑长官司和金筑安抚司分别改置新贵县和广顺州，青岩分属新贵县和广顺州。

因此，元、明时，道路仍旧。但元之顺元、明之贵州，即今之贵阳，成为"通滇之要害"。《方舆纪要》记载的贵阳，"当四达之郊，控百蛮之会，一旦有警，则滇南隔绝，便成异域。故议者每以贵阳为滇南之门户，欲得滇南，未有不先从事贵阳者。自滇南而东出，贵阳其必争之地也。盖应援要途，临抚重地矣"。贵阳南面的定番（今惠水县），则"北屏贵阳，东接龙里，控制蛮僚，粮援所资也"。因此，为保障交通，贵州前卫于故庄州地设"青岩堡""余庆堡""杨眉堡"等，并"屯田其下"。原为茶马互市重要通道的青岩古道，同时成为扼控贵阳生命的粮道。

成化间修建青岩桥、济番桥，南北交通更为便利，青岩古道周边路网已经较为完备，战时可以"会兵"。据《明史·白圭传》记载，"天顺二年，贵州东苗干把猪等僭号，攻劫都匀诸处。诏进右副都御史，赞南和侯方瑛军往讨。圭以谷种诸夷为东苗羽翼，先剿破百四十七寨。遂青崖，复破四百七十余寨，乘胜攻六美山。干把猪就擒，诸苗震慑（按：音zhé）"。闲时满足商旅交通，仅设点布防。万历间设新贵县防守青岩一哨，哨兵（实行"班戍"，即换防）只有15名。

但天启间，奢崇明举兵反明，安邦彦率众响应，史称"安奢之乱"。安邦彦于天启二年（1622年）在切断官军援路及滇黔通路，曾使该道梗阻。《方舆纪要》记载："'青岩堡，府南青岩下。天启中，安邦彦攻贵阳，使其党李阿二督四十八庄兵围青岩，断贵阳粮道。抚臣王三善使别将王建中救青岩，焚贼寨四十八庄，定番路始通，是也。'今按，贵阳南五十里有青岩司"。而《王三善传》则描述："天启三年，诸苗见王师失利，复蜂起，土酋何中尉进据龙里，而安邦彦使李阿二围青岩，断定番饷道。三善遣游击祁继祖等取龙里，王建中、刘志敏救青岩，继祖焚上、中、下三牌及贼百五十砦，建中亦燔贼四十八庄，龙里、定番路皆通。"

"安奢之乱"对贵阳的影响，还可从周思稷墓碑碑文得到一些信息。周思稷为青岩思潜人，万历己酉科举人，致仕返乡，曾为贵阳巡城长官的周思稷，协助守城。因粮道被断，城中先"升米二十金"，后"谷糠、草木、败革尽食"；先"食死人肉，后乃生食人，至亲属相啖"，其状甚惨，周思稷因此自杀以飨军。事后被明廷追封为诚意伯，收其骨归葬思潜（今青岩镇思潜村）。

其时，青岩外委土舍班麟贵，竭诚向贵阳输米，因"从解贵阳围，有功，授指挥同知"。天启四年（1624年），班麟贵"自建青岩城，控制八番十二司"，被"即用为土守备，准世袭"。青岩城于天启六年（1626年）竣工。承袭土守备的麟贵次子斑应寿，在崇祯四年（1631年）"征平高坡苗，以开花、甲定、蒋呆"后，改建青岩城。徐霞客于崇祯十一年（1638年）农历四月十四日初夏游经青岩时，日记中的青岩"其城新建，旧纡而东，今折其东隅而西就尖峰之上，城中颇有瓦楼阛阓街市焉"。时青岩"是贵省南鄙要害，今添设总兵常驻武官驻扎其内"。

清顺治十五年（1658年），斑应寿"率十二司归顺，仍受指挥同知职"。康熙三年（1664年），改贵州卫、贵州前卫为贵筑县，青岩属之。康熙二十四年（1685年）降为外委土舍。雍正四年（1726年），移贵阳同知驻长寨，分定番、广顺二州，设青岩土千总，仍委班姓"管辖苗民"。后又改青岩土弁。作为外汛土弁所驻的青岩城，于嘉庆三年（1798年），由武举袁大鹏重修。道光时为定广协青岩汛把总所驻。其时，青岩毗连中曹、白纳正副四司，交错于龙里、定番、广顺、贵筑界中。城内西门属广顺协汛地，其余属贵筑县。城外西南为广顺州首善里，东北为贵筑县南下里。青岩管甲定、牛滚坡、虎落、蒋台、竹林、小马场、半边街、龙海、拐树、上板桥、下班桥、大马场、弓腰、开花、栗木、桐木岭、大摆肘、小摆肘、甲赠、批摆、水部龙、大塘、孙家、下黄汤、上黄汤等二十七寨。

清代，青岩古道是省会所在贵阳府属驿道之外的几条大道之一，称"南道"，该道"历定番、大塘南通都匀牙舟汛路"，其线路"自省城次南门出，西南十里甘堰铺，南五里大水沟铺，有塘，又南十五里花仡佬铺，有塘，又西南五里杨柳铺，有塘，又西南五木铺堡，有塘，又西南十里青岩城汛，有塘及铺，又西南五里小山塘，入定番境，又西南五田塘，又西南五里土桥塘，又西南五里洞口塘，又西南五里赤土塘，又西南七里姚家塘，南八里入定番州城东门。又出南门，东南十里鸡窝塘，又东南十里打华塘，又东南十五坝塘，又东南十里幺雪塘，又东南十里方番汛，入大塘境，又东南二十里摆榜塘，又东南二十五里入大塘城北门，有定番右营。又出大塘南门，西南十里高寨塘，又西南十五里塘，又南十五里藤茶塘，又南十五里牙舟汛、王宋塘，都匀平州司地矣"。在定番州接"定番西南通泗城凌云路"，其线路"自定番南门别于南道而西南出，八里大坡塘，又西南十里三都塘，又西南十里龙洞铺，有塘，又西南十里犀牛塘，又西南十里黄瓜铺，有塘，又西南十二里阿思塘，又西南八里青藤塘，又南十二里至断杉铺，有汛，又西南二十五里至小里箐塘，又南二十五里罗路塘，入罗斛境，又南二十里巴羊塘，有铺，又西南三十里板庚铺，有塘，又西南四十里入罗斛城北门，城中有罗斛汛及斛城铺。又出南门，东南十里渌降亭，又东南十里罗呆亭，又东南十里罗球亭，又东南十里渡巨抹河之纳亚渡至那关塘，又南十里板零亭，又南十里巴索亭。从此分路，南行渡双江渡可达广西天峨县丞境内之百毫塘，又西南十里至八达塘，又西渡蒙江朵将渡，六十里至捧亭塘。从此分路，南行渡洪水江之八毫可至凌云境；又西五里至怀亭，又西十里至八让渡，从此渡洪水江，即凌云县之雅里塘；又西四十五里杨里亭塘，渡洪水江之把扬渡，入凌云县之百色"。

贵州人称集市为"场"，以"十二支所属名其贸易之所，如子日为鼠场，丑日为牛场是也"。青岩开场设市，最早见诸于清康熙《贵州通志》，据其卷之第六"山川（关津桥梁附）"记载，赶场地点在簸箕山，"其侧为羊、虎二场，四方军民贸易于此"。山在"青岩"旁，岩临河。羊、虎二场为大场，还有"巳、亥日集"的小场。至道光年间，"青岩司户一千三百二十六，口七千八百九十六"，其中青岩城有"居民八十余户"、青岩堡有"居民千余户"，加上周边杨梅堡"居民二百余户"、余庆堡"居民六十余户"，以及二十五里远的"百七十余户"上马司上马堡，也就是说，今孟关改毛以南，惠水高镇上马村以北，历史上分属贵筑县南下里、青岩司、定番州上马司等，以及毗邻的广顺州首善里、中曹副司、白纳正司、白纳副司等辖地军民，均"市青岩场"。

乾隆四十三年（1778年），江西客民选择青岩城西门内修建江西会馆万寿宫。道光二十年（1840年），四川客民选择北门内西隅修建四川会馆川主庙。湖广客民也相继修建了寿佛寺。

清代青岩分别由驻扎省会的贵阳城守营和驻扎定番城定广协左营进行分防，防区以城内十字街交界，东北为贵阳营分防新城汛汛地，安兵3人。西南为定广协分防青岩汛汛地，把总一员，驻城内把总署，步战兵4人、守兵6人，共10人，在汛者6人，安塘者4人。乾隆三年（1738年）于青岩设急递铺，铺兵2人。

咸丰四年（1854年），青岩团务总理赵国澍对青岩城进行全面整修。其中该城北门一带委托龙泉寺僧昰老和尚监理。昰老和尚于咸丰三年（1853年），受"诸山启请主刹黔灵，币至一载，见四方盗贼蜂起，辞任还寺。时遇本乡慰三赵老大人补葺城墙，重修楼郭，派监北方一带。竭一二年之精力，鸠工垒砌，城郭完固"。

清咸丰六年（1856年），青岩城墙修葺不久，"发匪（即被清廷污名的太平军）忽侵，苗徒重起，均未遭害"。至此，青岩古道形成现有格局，且一直保存至今。

光绪三年，四川总督丁宝桢以商运疲敝，奏准革除引商，改官运商销。为了让涉及盐业的"官商灶户"遵守奉行而颁发《盐法志》。此法先于运销贵州的黔边岸推行，"设总局于泸州，四岸各设分局，檄道员唐炯为督办"。其后接办川盐行滇至昭通、东川两府的滇岸，于张窝、南广两局分行大滇边、小滇边。官运实行之后，当年全省销盐27792.5万公斤，以后不但销足每年额引，还带销历年积引，取得成效。至光绪末，"各计岸亦多改官运"。青岩古道是贵州边岸"綦岸"的运销区域。具体线路是：从綦岸运销贵州，经三溪（今重庆市綦江区三江街道）、盖石洞（今重庆市綦江区篆塘镇盖石居居委会）、赶水铺（今重庆市綦江区赶水镇）、松坎（今贵州省桐梓县松坎镇）、蒙渡（今贵州省桐梓县新站镇蒙渡村）至新栈（今贵州省桐梓县新站镇），再分行走桐梓县（今贵州省桐梓县）、南溪口、四朱栈、遵义县（今遵义市红花岗区及播州区部分区域）、懒板凳（今遵义市播州区南白街道）、刀把水（今播州区三合镇刀靶社区）、乌江河（今播州区乌江镇乌江社区）、美竹箐（今播州区乌江镇乌江社区）、息烽（今贵州省息烽县）、扎佐（今贵州省修文县扎佐镇）至沙子哨（今贵州省白云区沙文社区），又分行经贵州省（今贵州省贵阳市）、青崖（今贵州省贵阳市花溪区青岩镇）、定番州（今贵州省惠水县）、大塘（今贵州省平塘县大塘镇）、都匀府（今贵州省都匀市）、独山州（今贵州省独山县）至荔波县（今贵州省荔波县）。至此，青岩古道又增加行销川盐的重要功能，成为"川盐行黔"的重要通道之一，主要行销富顺县商引行黔口岸及荣县商人提供的富顺厂所产之盐。

1000多年来，经历朝觐之路、市马之路、省会粮道、行盐通道，青岩古道承载了黔中发展的历史，见证了贵州古代交通发展的轨迹。这条一直以商贸运输为主的陆路交通要道，虽四通八达，但自唐宋设庄州后并无建置，直至民国后才分别设有建制乡、区、镇，却在明天启四年（1624年）建青岩城。其目的是利用青岩城"控制八番十二司"，确保道路商运畅通。因此，青岩古道带动青岩的城镇化进程，青岩城是贵州古代非建制城镇建设的特殊案例。

对现有道路遗存的保护并结合历史文献的研究，可填补唐宋时期贵州交通发展信息的空白。与古道共存的相关文物，充分展示贵州交通发展的历史可读性。

针对文化遗产保护的基础研究正在进行。前路漫漫，仍值得继续一路探寻，应该会有新的认识。

上述对青岩古道历史的认识，得益于今年4月中下旬，在承担编制全国重点文物保护单位"茶马古道—青岩古道"文物保护利用规划任务时，有机会利用一周时间沉浸于青岩，静心梳理关于青岩的历史。

至青岩止，已完成茶马古道保护现状调查第二阶段任务，昨晚回到贵阳送客人们入住酒店时已近凌晨。此文为14日送走邹所长一行后补记。

青岩古道上的"赵理伦百岁坊"

九、赤水河的梁桥文化

"行盐古道",即"盐道",是以运销食盐为主的通道。

与优势资源的茶叶和马匹不同,贵州不产盐,完全依赖川、滇、淮、粤等外阜之盐供给。如元代亦奚卜薛养马,需每月寅日给盐喂马。以茶、马易盐的互市很早就已经形成。至迟在明洪武年间,贵州就能以一匹马或一百斤茶叶换取或一百斤盐、或三十匹布、或三十两银子。随着养马规模扩大,造成滇盐供应量不足而改用川盐。至清末,除黔东南局部地区食用粤盐外,川盐已经基本取代滇盐和淮盐行销贵州大部分地区。

可以想象,千百年来,贵州高原上,一队队马帮赶着马群,背夫背着茶叶或食盐,经久不衰地往返奔走于崇山峻岭间的条条山路,是一派多么繁忙的商品交流景象。

贵州古代形成的道路交通网络,基本上都具备运销食盐的功能,迄今遗存下来为数不多的古道,也基本上可以视为盐道。至少,由四川泸州、合江和重庆江津、涪陵,以及广东经广西往贵州方向的道路,多可称盐道。这些以运销食盐为主要内容的行盐古道,水陆并进,以船运、纤夫和马帮为主要运输方式。

由于"盐道"相关遗存在贵州覆盖面太大,因此一直未能系统地进行过专项调查,甚为遗憾。2014年11月下旬,因参与的"西南地区线形文化遗产保护与利用"课题研究所需,为深入了解川盐入黔四大口岸之一"仁岸"行盐古道,专程前往赤水。

18日,专门考察赤水河沿岸的古桥,包括夹子口附近的长春桥、丙安的丙滩桥、陛诏沟古家擂的天恩桥。

建筑年代最早的是位于丙安的丙滩桥。据光绪《增修仁怀厅志》记载,系"古桥。后经罗、艾、仕、洪等四姓修建。再后,光绪十七年又倾圮二洞,王理奉札培修"。该桥建在大丙滩上丙滩河口,为九跨石墩石梁平桥,长36.8米,宽1.7米,石梁规格均长4米,宽0.85米,厚0.5米。桥墩迎水面做分水尖,由东向西第三和第五桥墩上有圆雕石龙各一,迎水昂首,龙头高出桥面1.1米。原第二、第四和第六桥墩上有圆雕石狮,20世纪60年代晚期被人为破坏后弃于河中。

其次是建于清道光二十八年(1848年)的夹子口长春桥,为三跨石墩石梁平桥,桥墩迎水面做分水尖,上有圆雕石龙各一,迎水昂首。

建筑年代最晚的是建于光绪六年(1880年)的陛诏沟古家擂天恩桥,为四跨石礅石梁平桥。桥长22.19米,宽1.65米。桥面每跨由3块石梁构成,自东南往西北,石梁长度分别为5.38米、4.62米、5.6米、5.78米,石梁宽度0.55米、0.54米不等,石梁厚度均为0.55米。桥墩迎水面做分水尖,顶部与桥面平,每跨均有圆雕石龙,迎水昂首。现东南桥墩仅存顺水面龙尾,迎水面龙头不存,其余两跨则保存迎水面龙头,顺水面龙尾不存。

天恩桥东南桥头6米许的一座四柱三楼石牌楼引起我们极大兴致。牌楼正楼下有横向

赤水河畔的丙安镇

丙安滩上丙安桥

丙安桥石雕龙首

赤水夹子口长春桥

赤水元厚天恩桥

天恩桥石雕龙首

"天恩桥" 3 字横匾，行楷阴刻。定盘枋高浮雕"二龙抢宝"图。中柱悬"事关国计民生，一片公忠投帝听；功同山平水治，四方沾被颂神明"抱对，行楷阴刻。左右边柱，竖向楷书阴刻志文各 3 行。柱间镶碑。中柱间竖向行楷阴刻"与天地同流" 5 字，碑首楷书阴刻"头品顶戴，太子少保，都察院右都御使，四川总督部堂丁功烈碑"。左边楼间竖向楷书阴刻"君子人也" 4 字，碑首楷书阴刻"二品顶戴，布政使衔，四川分巡建昌兵备道唐仁爱碑"。以上二碑落款均为"光绪庚辰秋月，黔蜀绅商士庶公立"。右边楼间竖向楷书阴刻"有君子之道四焉" 7 字，碑首楷书阴刻"光绪庚辰秋月，黔蜀绅商士庶公颂：赏戴花翎，督办仁岸河工，前署雅州府正堂罗德政碑"，落款处竖向楷书阴刻"委办仁岸河工蓝翎同知衔四川即用知县鲁、前署平越直隶州学正委办仁岸河工张、委办仁岸河工四川即选府经历罗劳绩碑"。据建桥志称："初，张经略广泗请修赤水河未竟。戊寅夏，总办官运唐以运道维艰，详咨川督丁出奏，钦奉上谕，准其发帑疏修。酌派干员罗太守莘耜、张广文翰园、鲁大令寿庄、罗参军乐九，率同盐商绅团，就地分修，水陆并作。庚辰秋，大功成竣，毫无派取民间财力，诚盛事矣。是役也，河山坦荡，舆梁统成。上裕国课，下通商贾。非丁唐二宪诚通丹陛，弗克有此。且非有与事诸君洁己奉公，亦未易臻。此食其德者，不没其善。爰集《论》《孟》语，勒石颂之。亦见民无能名，不敢妄谮云尔。旨在光绪六年庚辰秋仲，黔蜀绅商士庶□手谨志，以垂不朽 。"

这一天考察的收获颇大。除了通过天恩桥了解光绪间川盐行黔的一些历史物证，还对作为川盐入黔重要航道的赤水河流域，特别是下游盐运古道上的桥梁建筑有所了解。此次调查发现，不管是水路还是陆路，这种选择石梁平桥结构形式的桥梁很多，除上述长春桥、丙滩桥和天恩桥外，还有天台兴隆桥、四洞沟乐善桥等，不一而足。水路上的桥梁多顺江河航道分布，架设在河口处，以跨越支流为主。陆路上的桥梁多以跨越溪流为主。普遍选择石梁平桥结构形式，主要是考虑与道路平行衔接，便于纤夫拉纤和人力背盐。即使采用拱桥形式的，桥面也以平面为主。由于多为盐商投资修建，普遍雕刻精美，特别是迎水昂首的圆雕石龙，已经形成盐运古道上独特的桥文化。

据赤水市文广局袁江副局长介绍，四川泸州市泸县境内始建于明代的龙脑桥，去年3月，该桥保护修缮工程才刚刚竣工，"也是这种样式"。也就是说，同为石墩石梁平桥。网上查阅信息得知，该桥呈南至北走向，全长54米，高约5.3米，宽1.9米，共有桥墩12座，由四层灰沙岩石条垒砌而成。看来，赤水河流域雕凿龙首的石墩石梁平桥，有明以后，随着川盐行黔口岸的开通，因盐运而形成风气，有机会一定造访泸县的龙脑桥。

十、二郎滩"晓谕碑"提供的赤水河盐运信息

2018年5月初。

参与首批51个传统村落保护和展示利用项目评估之际,在古蔺县二郎镇乡贤朱瑞生先生指引下,得见1通反映赤水河盐运的碑记。因时间关系未能细读,仅拍摄了照片。后邹怡情问及该碑情况,竟一时语塞,只得赶紧补课。对朱瑞生先生的谈话录音和所拍照片进行整理时发觉,由于碑下部一部分埋于土中,不能完整识读。庆幸的是,在查询"四川通省盐茶分巡成绵兼管水利道林儁"的信息时,意外获得署名小乔的"古蔺乾隆年间二郎古盐茶告示碑抄录及其说明"一文,得知他们是2018年9月8日拓的片,9月15日发的博文,天佑我也。

该碑无座,碑身左右有夹柱,上置四阿顶碑帽。碑身看面尺寸高2.08米,宽1.08米,四周剔地浮雕卷草纹。碑文竖向楷书阴刻,正文凡8行,满行60字。初立于清乾隆四十八年(1783年)三月十三日,道光六年(1826年)九月,玉贵号、丰盛号、成玉号、成金号、玉金号、世昌号、玉森号、大有号等捐建重立。

碑文提供了赤水河盐运的重要信息。

晓谕碑

碑刻拓片中——古蔺小乔提供

一是运销线路。元代至顺（1330—1332年）时期，川盐开始行销贵州。明切以马易盐，既不经常，数量也不大。至清雍正七年（1729年），川陕总督黄廷桂、四川巡抚宪德奏行计口授盐之法，即根据全省人口，确定销额，再按行盐路线，确定对口供应。九年（1731年）将此行盐制度推行于贵州、云南、湖北、湖南等食川盐的州县。这项川盐专商引岸制度维系了百余年。（四川省志盐业志）"川省引盐有例行黔省之贵阳安顺平越都匀思南石阡大定威宁并改隶黔省之遵义等处发卖者"。

雍正时期川商只能运到川运口岸，由黔滇两省的商人购买后运销各地，自此黔滇边岸即成川盐的传统销区。川盐运往黔滇两省，多为水引，配盐以犍为、富荣为最。

碑文反映，乾隆四十八年（1783年）时，"叙永正收行永宁边盐"转运贵州，盐商"于黔界毗连二郎□分店起贮"，并在土城纳税。说明其运销路线是从永宁走双桥子、天池、三门桥、天星桥后在大同场下船，经由赤水河过土城于二郎滩起贮。查遵义府知府四十七（满洲人）所撰《开赤水河道说》记载，乾隆十年（1745年），因"滇黔铜铅，每岁由陆路转输，节节皆崇山峻岭，鸟路羊肠，驼载艰难，脚费浩大。且黔省不产盐，需从川肩挑背负运至猿猴转贩。议赤水河道疏凿开通，使入京之铜铅、客商之盐货俱由水运。上可节省国帑，下亦利济民生"。贵州总督张广泗具疏，经部议准，于清乾隆十年（1745年）十月初一日至次年闰三月初一日，对赤水河道进行疏凿。却因"河道初开，商船畏缩不前。官为试运，节省无多"。贵州巡抚钮祜禄·爱必达委派遵义知府四十七（满洲人）率毕节知县凌均前往勘验后，提出"极险之处须行盘运，次险及不险之地，仍用舟载"的方法，其中顺水之运铅船和上水之载盐船，于新龙滩至二郎滩一段极险之处，均采用陆运，计程三十里。而"渔塘河至新龙滩三百余里河宽水平，舟行无碍"据统计。乾隆十一年（1746年）至十四年（1749年）三月底，共顺水"运铅三百四十七万斤"，按每艘鳅船"载铅一千余斤"，合用鳅船3470艘。上述与碑文记载二郎滩起旱剥运到新龙滩下船，"仍由水运赴黔，历今三十余年，商民交便"，时间上契合。同时证明，直到清道光年间，川盐行黔过程中，"永岸"和"仁岸"的运销线路都充分利用了赤水河的航运之便。经朱瑞生先生介绍得知，从二郎滩起旱剥运到新龙滩下船的路线是，经惠川槽坊、石坟杠、黄金坝，以上现在均为郎酒厂区，再经桥沟、鸡公岭、凉水井、塘头、火烧岩后至蜈蚣岩渡河到贵州的沙千、马桑坪后起贮。

一是税课。从《四川通志》卷十四盐法志记载看，初"富顺彭水云阳潼川射洪中江蓬溪乐至犍为荣县资州内江等州县分行各府州属沿边州县转运各土司及云贵各府州属共原额水引六千六百九十七张共征税银二万二千八百零三两二钱八分五厘共原额陆引一千一百五十六张共征税银三百一十四两八钱九分四厘四毫以上原额水陆引税共银二万三千一百一十八两一钱七分九厘四毫"。再从咸丰《叙永直隶厅志》和光绪《续修叙永厅县合志》记载看，清光绪前盐法定例，永边岸直隶叙永厅"每年行黔边引一千九百零八张，系犍为县边商由五通厂配采，运永住店。由永宁县截换引纸，转运黔省销售。每引一张，载盐五十包。以盐二千斤作马盐十驮，征过道税银二两一钱；以一千五百斤作牛盐十驮，征过道税银一两三钱；以二千五百斤作引盐，征落地税银一两四钱。共合征银四两八钱。每年约行一千一二百张、八九百张不等"。而永宁县"每年行黔边引一千九百零八张，边陆引八十三张。在永截换引纸，转运黔省销售。其引课系由犍为征收，批解在永掣收引张、引根汇缴"。而该碑即因盐商行盐中"籍差逃查诈称漏税"，甚至"私行发卖"被举报，四川通省盐茶分巡成绵兼管水利道林儁，为"严行申禁，以杜弊端，以防透漏事"而立，并明确边盐虽运经叙永厅所辖地方，但"纳税自在土城"。这在光绪《增修仁怀直隶厅志》记载中得到印证，土城确系仁怀直隶厅4处征收关税的场所之一，每年征收的关税为"三千四百七十八两八钱七分"，包括书巡、饭食、灯油、纸笔等开支，"遇润加征银一百二十九两七钱六分"。为逃避税课，也确有"贩商作弊，以重报轻"而偷逃关税之事。林儁于乾隆四十一年（1776年）二月，因功特调四川通省盐茶分巡成绵兼管水利道驻成都，在任18年，经理盐茶，商民感戴最深。

一是盐商。收录在与独山莫友芝并称"西南巨儒"的郑珍《巢经巢诗抄》前集卷六里"吴公岭"，有一句黔人耳熟能详的诗句"蜀盐走贵州，秦商聚茅台"。

有明以来，陕西商人就形成了以泾阳、三原为中心，以西北、川、黔、蒙、藏为势利范围，输茶于陇青、贩盐于川黔、鬻布于苏湖、销烟于江浙，名震全国，以财雄势宏被尊为"西秦大贾"或"关陕商人"，曾长期名列我国明清时期十大商帮前茅。随着黄廷桂川盐专商引岸制度的推行，盐运所经，大批陕西盐商立足四川，汇聚贵州。从清乾隆元年（1736年）在自流井釜溪河边龙凤山下修建西秦会馆开始，相继在毕节、大定瓢儿井、仁怀厅、茅台等盐道必经之地地修建了为数众多的陕西会馆。据民国《叙永县志》记载，直至清光绪初四川总督丁宝桢整理盐政改官运商销后，在"永岸"所定岸商十三家中，"尽陕、黔人充之，陕人充商者六家，黔人充商者七家，各设字号于东街"。以乾隆十一年（1746年）至十四年（1749年）三月底共用3470艘鳅船运送京铅，并按等量鳅船上水载盐的话，以"每艘可载九千六百斤"盐计，共合33659000斤盐。正如郑珍诗中所言，"三代井法废，大利归贾魁"。从碑文反映的情况看，到清道光六年（1826年），陕西盐商在二郎滩设立的商号仍有玉贵号、丰盛号、成玉号、成金号、玉金号、世昌号、玉森号、大有号8家。而这"八大盐号"，连二郎镇健在的90岁老人都不知道，仅对晚清的德谦裕号、德华龙号、天益号、千秋号以及兴隆滩的集大成盐号有印象。经朱瑞生先生介绍得知，在该碑周围有二十几座陕西人的坟墓，其中一座还是他的外祖父耿仕选的墓。现当地仍居住有不少祖籍陕西富平、三元里、泾阳的耿、秦、惠及童姓的后人。

附：碑文

特授四川通省盐茶分巡成绵兼管水利道加十级纪录二十次林

为严行申禁以杜敝端以防透漏事，照得行盐各循定岸纳税，自有专归，不容搀越混清，致滋紊乱。查定例：叙永正收行永宁边盐，落地□□权银□行□□边盐，虽运由该厅地方，而纳税自在土城，毫无相涉。乃近有书□万□事等因□商于黔界毗连二郎□分店起贮，辄敢籍差逃查，诈称漏税。当据富□□□□□辉□控，经本道批饬严提委员查讯究止，意图□索，并无朦耸滥征□□，分别究惩在案。复查二郎滩起旱剥运原因，吴公岩险阻石□□得□店分贮剥运，新龙滩下船，仍由水运赴黔，历今三十余年，商民交便，自应仍循其旧。惟是界连黔地，困聚日多，虽□无书役盘查，而日久混淆，诚恐□兹挽越。公行出示晓谕，为此仰该边商等知悉：□后行黔仁怀边引配运盐□，仍照旧例由二郎滩起岸转发黔地，至新龙滩仍复船载挽运贵州毛台地面分发销售。但该处本系贮店起剥地方，不得籍此私行发卖，致滋侵越。其差查人设应敢稽逃，如吏胥人等敢有勒索□难情弊，许就地鸣官严加究报。本道□厘盐法于□□之中，仍复严为防范，该商役等务各禀遵，毋稍滋弊。特示。

依前，先第二十四号始商远年捐建，后续八号建修：玉贵号、丰盛号、成玉号、成金号、玉金号、世昌号、玉森号、大有号。乾隆四十八年三月十三日。道光六年九月重立。

张永昌撰

匠士陈玉春

十一、金沙县"盐茶马互市"文物遗存

2013年被国务院核定公布为第七批全国重点文物保护单位的"茶马古道",贵州省金沙县清池镇渔河村的"渔塘河古道""渔塘河义渡石刻",罗坪社区的"清池江西会馆""罗祁氏梅氏节孝坊",鼓场街道罗马社区罗马路的"义盛隆"商号是其重要组成部分。

清池,古名鬼箐沟。宋元以来就是盐茶马互市重要通道。明代更名清水塘。自清乾隆以后,以盐运为最大宗。俗称"三尺盐道"。

清雍正五年(1727年),属叙永岩上岩下地区,隶四川。乾隆元年(1736年),割四川叙永岩上岩下地区归贵州黔西州辖,编为平定里。

贵州、四川交界处的渔塘河渡口,咸丰九年(1859年)始设义渡,后因兵燹,变为私渡。同治五年(1866年)重振义渡。九年(1870年)再度募化,新造船只,恢复义渡。

渔塘河古道南北向分布。起自渔塘河渡口,经现清池镇、石场苗族彝族乡、平坝乡后抵城关镇。全长约70千米,宽1米许。以毛石砌筑。现存古道主要是临渔塘河渡口约1千米路段。

今渡口已废,尚存黔西州和叙永府的晓谕碑、设置义渡碑、"酌拨逆产设立义渡"碑、保护义渡碑等碑记4通,"川黔立渡"摩崖石刻1方。

晓谕碑,青石质。歇山顶碑帽。碑高1.76米,宽0.8米,厚0.22米。碑文楷书阴刻,记"贵州大定府黔西州正堂"与"四川叙永直隶军粮府事"据黔西州贡生周凤鸣等建议,于渔塘河设置义渡事,并开列"渡夫现已筹议工食,即不得妄取分文","往来客商无论多寡、早晚,随到随渡,毋得迟延,如水泛涨,渡夫自当酌量,不得妄行开渡,客商亦不得任意估渡"等"义渡条规"。立于咸丰九年(1859年)。

设置义渡碑,青石质。歇山顶碑帽。碑高1.36米,宽1.53米,厚0.22米。碑文楷书阴刻,17行,满行22字,共计360余字。记同治九年(1870年)"合议八人为首,复为募化,

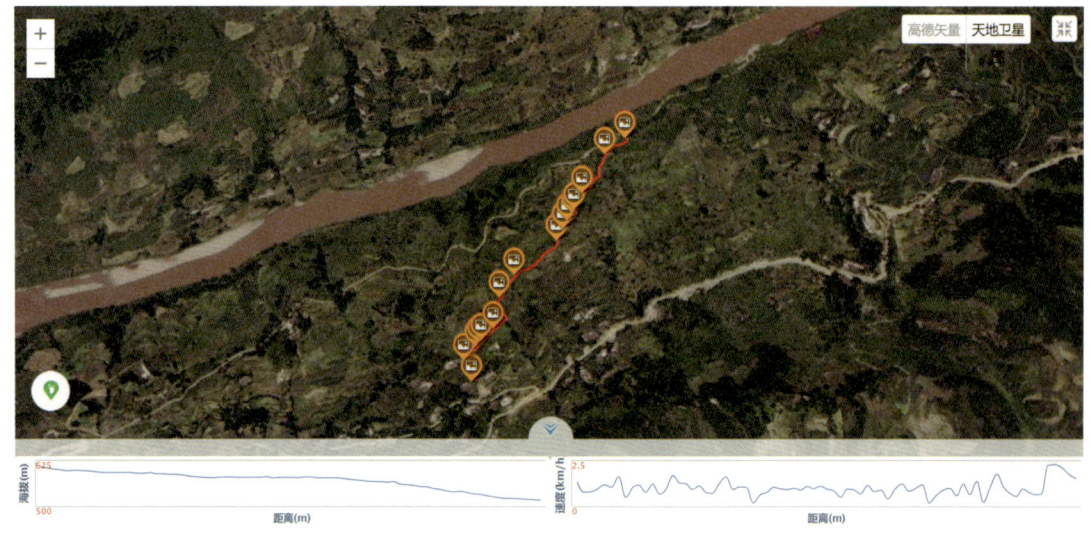

渔塘河古道分布卫星影像图

渔塘河古道

新造船只，复置渔塘河义渡事""自兹以往，不但渡夫之费用有资，船只之损坏有赖，而往来商贾无有关津阻隔之叹矣"。康敬曦作序，罗洪基书丹，"总理首人罗洪甲、曾开达"等8人同立于同治九年（1870年）。

"酌拨逆产设立义渡"碑，青石质。歇山顶碑帽。碑高1.73米，宽1.55米，厚0.20米。记黔西知州"查得该处有沙福生逆产土七块，现饬团首罗源清踩明界址，即将此业拨给渡业等耕管，以作每年食用之费"事。"嗣后该渡夫不准向过往客商索取钱文，亦不准将此业私行当卖。倘有船坏，该渡夫随时修整，不得借此需索丝毫"。立于同治九年（1870年）。

保护义渡碑，青石质。歇山顶碑帽。高1.53米，宽1.53米，厚0.22米。记黔西州知州"为永禁勒私索侵"，确保义渡顺利进行晓谕事："渡夫工食即在沙姓田土所出""不得再行

渔塘河义渡石刻

勒索行人钱文，其归公田土并不准诸色人等稍行侵占，并饬首士等即行刊碑，以垂久远"。立于同治九年（1870年）。

"川黔立渡"摩崖石刻，位于渡口南岸崖壁上，离地3米许。竖长方形，高2.45米，宽0.74米。竖向楷书阴刻"川黔立渡"4字，每字0.4米见方。罗洪基刻于同治九年（1870年）。

清池江西会馆

江西会馆系江西籍客商修建于清光绪十九年（1893年）九月，由盐茶商会统筹管理并组织修缮。民国年间进行过修缮，并将其作为地方政府办公用房。20世纪50年代，维修并局部改造后作为清池区公所办公用地。20世纪80年代，清池区公所迁出，作为文化站和广播站办公用地，也作电影院放映电影。部分建筑作为当地政府工作人员住房。

江西会馆坐西向东，轴对称四进合院式布局。占地面积2000平方米。坐东北向西南。建筑面积1468平方米。由万寿宫大门、石桥、戏楼、两厢、杨泗殿、两厢、许真君殿、两厢和文阁组成四进轴对称合院式布局，封火山墙围护。其中杨泗殿和文阁山墙做"观音兜"，戏楼和许真君殿为马头墙。

牌坊建于清道光五年（1825年），为旌表"生员罗荫桂之妻祁氏""处士罗荫槐之妻梅氏"节孝而建。牌坊为四柱三门三楼，青石质，高8.9米，宽6.2米。

清池节孝坊

正楼和边楼分别以五个座斗和三个座斗承托楼顶，其中正楼中间座斗做圣旨牌。正楼座斗下为定盘枋，置于楼柱上，枋下柱间依次为字碑、额枋、字板、下额枋，无雀替。边楼座斗下为平板枋，枋下为字板、额枋、花板、下额枋，无雀替。边柱柱顶前后均安圆雕石狮。楼柱和边柱均为方柱起海棠角，前后有对称夹柱抱鼓石，柱下为方形基座，基座间无石槛。

正楼、边楼均为石雕四阿顶，置于看面浮雕莲花的座斗上。正脊为板脊，戗脊为浮雕仿瓦脊，翼角起翘。正楼正脊中部置葫芦宝顶，边楼正脊中部浮雕十字花，脊上宝珠位置做成鼓形，寓意祁氏、梅氏之美德"旗鼓相当"。正楼和边楼正脊脊端置鳌鱼吻，头部高昂，身体呈S形，鱼尾舒展，造型生动。仿青瓦屋面，檐口置扇形瓦头、无滴水，沟瓦座中。圣旨牌外形为如意云纹座，浮雕云龙五条，中间竖向行楷"圣旨"2字为剔地阳刻。

定盘枋、平板枋、字碑、额枋、字板、花板、坊柱及夹柱抱鼓石均有雕刻，是牌坊的核心。

正楼定盘枋，西北东南两面均浮雕缠枝莲纹，莲花居中。正楼字碑，东南面横向剔地阳刻行楷"纯孝双辉"4字，西北面横向剔地阳刻行楷"清□济美"4字，均无款识。正楼额枋，西北东南两面均浮雕人物故事，东南面额枋正中立一牌坊，左右共立七位官员，其中一位手指牌坊，似乎在诉说请旌经过。正楼字板，两面分别雕刻牌坊请旌人员和事由，以及书写人、匠士和立坊时间。

正楼下额枋，西北面因风化和部分崩裂脱落，未见文字和图案。东南面横向阴刻楷书"罗祁氏梅氏节孝坊"8字，字迹风化较严重，且有断裂痕迹。

边楼平板枋，净面无雕刻，石质风化。边楼字板，东南面左右分别横向剔地阳刻行楷"徽媲""崔卢"各2字，西北面左右分别横向剔地阳刻行楷"芳侔""钟郝"各2字。边楼额枋，分别以喜鹊、仙鹤、牡丹、莲花组成"富贵喜庆""喜上眉梢""喜见祥瑞""同贺高洁"浮雕吉祥图案。边楼花板，分别以鲤鱼、飞龙、古松、仙鹿、山羊、喜鹊、凤凰、麒麟组成"鱼化龙"（鲤鱼跃龙门）"喜乐会""姐妹欢喜""三羊开泰""凤舞呈瑞"浮雕吉祥图案。边楼下额枋，分别浮雕以人物为主的"渔樵耕读"等图案。

楼柱和边柱为方柱起海棠角，其中楼柱西北和东南看面位于对联下部、夹柱抱鼓石上部之间浮雕莲花，边柱柱顶西北和东南看面均有圆雕石狮。楼柱和边柱柱身镌刻楹联五副。

楼柱与边柱夹柱抱鼓石，抱鼓为净面无雕饰，抱鼓上部和抱鼓石基座均浮雕如意卷草纹。楼柱与边柱基座为净面方整石基座，直接安置于地面，基座间无石槛。

金沙县城关镇，原名打鼓新场。自古是盐茶马互市的重要通道和物资集散地。清乾隆年间，打鼓新场开设有"泰源""泰平""义和""义兴"四大商号，多为陕西籍盐商开办，以经营盐业为主。咸同年间，战乱频仍，道路梗塞，盐运受到严重冲击。同治末年，仁岸的六家盐号相继歇业。光绪三年（1877年），四川总督丁宝桢整饬盐政，确定"官运商销"后，获得仁岸川盐运销专属权的商号有"协兴隆""义盛隆""永隆裕"和"永发祥"四家。"协兴隆"和"义盛隆"为陕西盐商开设，"永隆裕"和"永发祥"为贵州盐商华联辉开办。华联辉因贵州人四川道员唐炯推荐，进入丁宝桢幕府，协助丁宝桢整饬盐政。因其熟悉盐业经营，盐运新政推行之际，取得仁岸川盐运销专属权，这既有带头示范作用，也算丁宝桢对他协助整饬盐政的酬谢。四家商号均在仁怀厅（今赤水市）设总店，在产盐地设分店，办理销售和纳税事务。各商号均在官运终点茅台村（今茅台镇）接手川盐后再行转运销售。因此，各商号在仁岸转运销售所经的茅台村（今茅台镇）、打鼓新场（今金沙城关镇）、鸭溪（鸭溪镇）、遵义（今播州区）、团溪（今团溪镇）均设置趸售站进行批发，沿途还开设有分站。盐运所兴，打鼓新场商贾云集，商贸繁荣，商旅络绎，成为黔北四大市镇之首。

"义盛隆"商号为陕西籍盐商王相容建于清光绪初。后被华家"永隆裕"商号购并。20世纪30年代末，"永隆裕"更名"鼎升恒"并收缩业务，将其购并的原"义盛隆"商号沿东西轴线分割，分别将南侧卖给了齐家，北侧卖给了雷家。20世纪40年代末，齐、雷二家又将其作为住房进行分租。还于二进院正房三间开染房。20世纪50年代中期，金沙县进行土地改革时期，将南侧分配给当时住户永久居住，北侧收归政府并划拨给金沙县盐业公司作存盐仓库和办公用地。1958年，金沙县盐业公司搬离后划拨给金沙县商业系统。先后被改建为金沙县孤儿院、金沙县第二小学、金沙县化工厂、金沙县防疫站、金沙县财政所。

义盛隆商号一角

义盛隆商号轴对称三进合院式布局。占地面积2400平方米，坐西向东，平面呈长方形，东西长72.43米，南北宽34.22米，由一进朝门、南厢房、北厢房、天井、过厅，二进南厢房、北厢房、天井、正房，三进厨房、天井和后花园（已毁）组成合院式布局，封火山墙围护。封火山墙外侧多有"永隆裕"铭文砖。朝门，占地面积为159.81平方米。穿斗式木结构小青瓦顶，面阔七间，通面阔33.20米，通进深3.10米，通高6.37米。其中北稍间及尽间为盐仓。一进南、北厢房，均面阔三间。南厢房原为盐仓。过厅，占地面积为347.27平方米。穿斗式木结构小青瓦顶，面阔七间，通面阔31.30米，通进深9.72米，通高7.40米。二进南、北厢房均面阔三间。二进正房，占地面积364.16平方米。穿斗式木结构小青瓦顶，面阔七间，通面阔29.70米，通进深8.5米，通高7.94米。

金沙清池和"打鼓"新场，自古是盐茶马互市的重要通道和物资集散地，上述遗存是现存不多的历史见证。

十二、穿风坳古道

多次失之交臂，一直心心念念去看一看的"穿风坳"，不曾想在长征国家文化公园的一次调研中得偿所愿。2019年12月12日，己亥年冬月十七，一个适宜出行的日子，驱车出贵阳，午时抵丙安。在赤水河右岸半坡一个地名"田邦上"农户家的庭院里就餐后，迫不及待地向那条翻越"穿风坳"的古道进发。

行前查阅过相关文献，因此知道历史上这条道路的走向，大致是从西门出，沿赤水河左岸南行。经夹子口过长春桥、灯台寺、复兴场后，至风溪口过渡，沿赤水河右岸再经狗嘶子、丙滩场（丙安），至柏香林，离开河岸沿药溪沟至瓦店子，再沿长田沟至陈家店，折向东南，过半坡头后翻越穿风坳，再沿堰塘沟下古家垒，过天恩桥沿陛诏沟出陛诏后再沿河经石梅寺、观音岩后可过渡抵元厚（猿猴场），也可沿河行径土城。我们选择从药溪口开始，因为这里保留了古道离开赤水河岸后至柏香林一段，一里路左右。柏香林至陈家店已经修通公路，沿路两侧裸露的红砂岩岩石上种满金钗石斛，偶有独株桫椤分布，在柏香林东南另有2处瀑布，是因荔枝树得名的"荔枝瀑布"，瓦店村旁的称龙塘瀑布，瀑布往南上游一线是长田沟。陈家店在古代是商旅陆路行走必驻之地，准备翻越或已经翻越穿风坳者都在此"打尖"。真正的徒步行走是从陈家店开始的，道路坡度远不如想象陡峻，反倒是缓缓地向坳口延伸，一路竹林遍布，种类虽多，但仍以楠竹为主。沿途溪流蜿蜒，与古道交会处多架有简支梁桥，也有汀步（石跳蹬）。此时正是采挖竹笋旺季，楠竹林间的土均留下采笋人采挖冬笋的痕迹，在穿风坳上就遇见满载而归歇脚的采笋人，他们都是附近堰塘沟的村民。坳口上的卡门已损毁10来年，究其原因并非战乱，而是其中一姓人家认为风水独不利己而推倒。好在所有建筑材料均在，修复倒不是难事。翻越穿风坳后，下行一段是堰塘沟，开始相对陡峻一些，

穿风坳古道

063

陈家店

瓦店子龙塘瀑布

穿凤坳卡子门遗址

竹林密布的古道

后逐渐平缓。堰塘沟有村民居住的地方已经修通公路。我们乘车下相对陡峻的古家垒，在天恩桥稍事停留，至陛诏天已黑。

此行总计 15.6 千米，但真正徒步路段不足 11 千米，体验下来，感觉全然不像文献记载那般"甚为陡险"，只不过"路狭如线"确是贴切的。通过调查，实际上丙安至元厚，沿赤水河岸也是有路的，只是从柏香林走穿凤坳出陛诏比沿河要节约将近一半行程。而沿河路段更多是纤夫拉纤所用，因为出丙安后至元厚一段赤水河上，就有新开滩、荔枝滩、欢喜滩、弥陀滩、扶木滩、挂钩子滩、大别滩、小别滩、大横梁、阿蔺滩、上横梁、葫芦脑滩、大螃蟹滩、小五里滩、大五里滩、牛边滩、火燕子、鸡心滩、碓窝滩、山牯庄、小金驿滩、牛背滩、斑鸠滩、金鼓子滩、下雷钵滩、上雷钵滩、孔雀滩、小石梅滩、小猿猴滩、猿猴滩共 30 滩。时至今日，出丙安沿河上行处路段还保留有不少纤夫石。

穿凤坳古道（局部）

陈家店红军烈士墓

今日之赤水市也好，古代之仁怀厅也罢，历史上是有驿道的。据道光《遵义府志》卷二十六兵防之驿递条记载，明万历平播后，仁怀有三驿，但没有驿丞，由"官置管驿"。后因"安奢之乱"，驿递废弛。清初恢复，仁怀县有儒溪、永镇、永定、山盘四驿。康熙六十一年尽裁诸驿及夫马人役，增设铺夫铺兵。其道路走向大致是从东门出，东南行。经大碑、天台五桂桥、黄陂洞、旺隆场，至小关子后沿赤水河左岸向上游行，再经胡市大金沙、小金驿（即儒溪驿）、元厚（即猿猴场，设有汛塘）至土城，再行沿赤水河，过淋滩后离开河岸东南行，翻越仙人坳，下鸡扒坎到顺江场（设有铺、塘）后，又离开河岸，经大湾（永镇驿）、翁坪、二郎坝后，过河向东南经三合坝、五岔坝（永定驿）后往仁怀、遵义，也可向东北可由永安往桐梓和重庆。

此次调研的重点就是红军长征期间红一军团在赤水的活动情况，当徐红恩老师和旺隆镇赵中良书记分别在丙安陈家店和旺隆鸭岭讲述这段历史时发现，红一军团活动区域，均为历史形成，分布于赤水河两岸的交通要道上，不管是驿道还是商道，明清川盐行黔、宋明采办皇木，赤水河流域都是重要通道。再之前，以习水土城黄金湾遗址和赤水复兴马鞍山崖墓为代表的历史遗存，诉说了新石器时代、商周、汉晋等不同时期人类不断开发赤水河流域的情况，那时的赤水河两岸，没准是南方丝绸之路和西南出海通道之一。

十三、"龙场九驿"考辨

2018年11月2日。

面临即将启动的"龙场九驿"古道现状调查研究及资料收集工作做了必要的准备。想象中本是一件轻松事体，因为此前就先后参与过教育部课题"古代邮驿文化线路物质与非物质文化遗产保护研究——以贵州喀斯特地区为例"和国家社科基金项目"西南地区线性文化遗产保护研究"，还主持过国家文物局"贵州古代驿道线形文化遗产保护研究"课题，实际不然。直至行前，花了5天时间，也仅仅对"龙场九驿"有了一个自认为相对靠谱的肤浅认识。

关于历史文献。就目前已经查阅到的历史文献看，"龙场九驿"最早出现在明嘉靖三十七年（1558年）成书，田汝成所著《炎徼纪闻》卷三。

> 奢香者，贵州宣慰使霭翠之妻也。霭翠之先火济者，蜀汉时左丞相亮刊山通道擒孟获有功，封罗甸国王。唐阿珮、宋普贵、元阿画，皆以历代开国时纳土袭爵，居水西，号大鬼主。霭翠仕元四川行省左丞兼顺元宣慰使，洪武四年与其同知宋钦归附。高皇帝嘉之，以霭翠为贵州宣慰使、钦为宣慰同知，得各统所部，而霭翠兵独强盛，分四十八部，每部以大头目领之。时都督马烨镇守贵州，以杀戮慑罗夷，罗夷畏之，号马阎王。霭翠死，奢香代立。烨欲尽灭诸罗，郡县之。会奢香有小罪当勘，烨械致奢香，裸挞之，欲以激怒诸罗为兵兴，诸罗果欲欲反。时宋钦亦死，其妻刘氏多智，谓奢香部罗曰：无哗，吾为汝诉天子，天子不听，反未晚也。诸罗乃已。刘氏遂飚驰见太祖白事。太祖召讯之，刘氏对曰：罗夷服义，贡马七八年，非有罪，马都督无故骚屑，恐一旦靡沸反谓妾等不戢，敢昧死以闻。太祖然之，还宫以语高后，且曰：朕故知马烨忠洁无他肠，第何惜借一人以安一隅也。命高后召刘氏宫中讯之曰：汝能为我召奢香乎？曰：能。即折简奢香，令速入见。奢香遂与其子妇奢助飚驰见太祖，自陈世家守土功及马烨罪状。太祖曰：汝等诚苦马都督乎？吾将为汝除之。然汝何以报我？奢香叩头曰：若蒙圣恩，当令子孙世世戢，罗夷不敢生事。太祖曰：此汝常职，何言报也？奢香曰：贵州东北间道可入蜀，梗塞久矣，愿为陛下刊山开遗传，以供往来。太祖许之，乃召烨入朝议事。烨初不知所以，出境乃知之，大恨曰：孰谓马阎王乃为二妮子坑耶，悔不根簪赭为血海也。既入见，太祖数其罪状，烨一无所答，第曰：臣自分枭首久矣。太祖怒，立斩之。以其头示奢香，曰：吾为汝忍心除害矣。奢香等叩头谢。乃封奢香顺德夫人、刘氏明德夫人。高后赐宴谨身殿。遣归，赐赉甚厚，命所过有司陈兵耀之。奢香既归，以威德宣谕罗夷，罗夷皆怗然慑服。奢香乃开赤水、乌撒道以通乌蒙，立龙场九驿，马匹廪饩世世办也。

成书于明万历二十五年（1597年），王士性所著《广志绎》卷五之西南诸省条（《黔志》一卷即出此，后被曹溶收入《学海类编》中）。

贵州古罗施鬼国。自蜀汉夷酋有火济者，从诸葛武侯征孟获有功，封罗甸国王，历唐、宋皆不失爵土，洪武初，元宣慰使霭翠与其同知宋钦归附，高皇帝仍官之为贵州宣慰使司，隶四川，其思州宣慰使为田仁智，思南宣慰使为田茂安，暨镇远等府隶湖广，普安、镇宁等州隶云南。霭翠死，妻奢香代立，宋钦死，妻刘氏代立。刘氏多智术，时马烨以都督镇守其地，欲尽灭诸罗酋，代以流官，乃以事裸挞奢香，欲激怒诸罗夷为兵端，诸夷果怒欲反，刘氏止之，为走愬京师，上令招奢香至，问曰：汝诚苦马都督，我为汝除之，何以报我？奢香曰：世戢罗夷不敢为乱。上曰：此汝常职，何云报也？奢香曰：贵州东北有间道可通四川，愿刊山通道，给驿使往来。上许之，谓高后曰：吾知马督无他肠，然何惜一人以安一方。乃召马斩之，遣奢香归。诸夷大感，为除赤水、乌撒道，立龙场九驿达蜀。今安氏即霭翠后。

成书于明万历三十六年（1608年），郭子章所著《黔记》卷五十六宣慰列传之霭翠传。

霭翠，阿画之后，仕元为四川等处行中书省左丞兼顺元等处宣慰使。洪武四年与其同知宋钦归附，高皇帝以霭翠为贵州宣慰使，钦为宣慰同知，得各统所部，而霭翠兵独强盛，分四十八部，每部以大头目领之。五年八月霭翠上言部落有陇居者连结仡佬负险阻兵，以拒官府，乞讨之，上以陇居反侧不从命由霭翠所激，谓大都督府臣曰：蛮夷多诈，不足信也，中国之兵岂外夷抱怨之之具邪，谕蛮中守将，慎守边境，霭翠所请不从，将启边兴宜预防之。时都督马烨镇守贵州，以杀戮慑罗夷，罗夷畏之，号阎王。霭翠死，妻奢香代立。烨欲尽灭诸罗，郡县之。会奢香有小罪当勘，烨械致奢香，裸挞之，欲以激怒诸罗为兵兴，诸罗果勃勃欲反。时宋钦亦死，其妻刘氏多智，谓奢香部罗曰：无哗，吾为汝诉天子，天子不听，反未晚也。诸罗乃已。刘氏遂飚驰见太祖白事。太祖召讯之，刘氏对曰：罗夷服义，贡马七八年，非有罪，都督无故骚屑，恐一旦靡沸反谓妾等不戢，敢昧死以闻。太祖然之，还宫以语高后，且曰：朕故知马烨忠洁无他肠，第何惜借一人以安一隅。命高后召刘氏宫中讯之曰：汝能为我召奢香乎？曰：能。即折简奢香，令速入见。奢香遂与其子妇奢助飚驰见太祖，自陈世家守土功及马烨罪状。太祖曰：汝等诚苦马都督乎？吾将为汝除之。然汝何以报我？奢香叩头曰：若蒙圣恩，当令子孙世戢，罗夷不敢生事。太祖曰：此汝常职，何言报也？奢香曰：贵州东北间道可入蜀，梗塞久矣，愿为陛下刊山开遗传，以供往来。太祖许之，乃召烨入朝议事。烨初不知所以，出境乃知之，大恨曰：孰谓马阎王乃为二妮子坑邪，悔不根篦赭为血海也。既入见，太祖数其罪状，烨一无所答，第曰：臣自分死久矣。太祖怒，立斩之。以其头示奢香，曰：吾为汝忍心除害矣。奢香等叩头谢。乃封奢香顺德夫人、刘氏明德夫人。高后赐宴谨身殿。遣归，赐赉甚厚，命所过有司陈兵耀之。

奢香既归，以威德宣谕罗夷，罗夷皆贴然服。奢香乃开赤水、乌撒道以通乌蒙，立龙场九驿，马匹廪饩世世办焉。

到了清初，顺治十五年（1658年）成书，谷应泰所著《明史纪事本末》卷一十九开设贵州篇。

初，洪武中止设贵州、思南州诸宣慰使。思州所辖二十二长官司，思南所辖十七长官司。仍设都指挥使司镇守其地。及霭翠死，妻奢香代立。宋钦死，妻刘氏代立。刘氏多智术，时马煜以都督镇守其地，政尚威严，欲尽灭诸罗代以流官。乃以事裸挞奢香，欲激怒诸罗为兵端。诸罗果愤怒欲反，刘氏闻止之，为走愬京师。上召问，令入宫见高皇后，复令折简，招奢香至。询故，上曰：汝诚苦马都督，吾为汝除之，然何以报我？奢香叩头曰：愿世世戢诸罗令不敢为乱。上曰：此汝常职，何云报也？奢香曰：贵州东北有间道可通四川，梗塞未治。愿刊山通道，以给驿使往来。上许之，谓高皇后曰：吾知马煜忠无他肠，然何惜一人不以安一方也？乃召煜，数其罪斩之。遣奢香等归，诸罗大感服，为除赤水、乌撒道，立龙场九驿达蜀。后安氏即霭翠后也。

全书告成于清康熙二十八年（1689年）的顾祖禹《读史方舆纪要》（《顾祖禹年谱》，也说康熙十八年者，一书两说，存疑）。

奢香驿府西北二百六十里。奢香者，明初水西酋霭翠之妻也。霭翠死，香为贵州都督马烨所辱。香诉于朝。太祖为诛烨，而封香为顺德夫人。香归，开贵州西北赤水、乌撒道以通蜀乌蒙，立龙场九驿，世办马匹廪饩以报德。故驿因以名。又水西驿，在奢香驿东五十里。又东五十里为谷里驿。又东南五十五里即陆广驿也。《志》云：自奢香驿而西北，又经金鸡、阁鸦、归化三驿，而至毕节。驿去府城四百二十里。

毛奇龄撰《蛮司合志》十五卷，叙述明代湖广、贵州、四川、云南、广东、广西等省各土司始末，为《明史·土司传》蓝本。

奢香，霭翠妻。霭翠与蒙古歹同归附，而蒙古歹死，其妻刘赎珠袭宣慰使，朝贡赐锦绮。霭翠美之，于其再朝则遣妻奢香随赎珠后率土酋十五人贡方物、马匹，太祖大悦，杂赐文绮、织锦、珠翠、如意冠、金环、绣衣。遂于霭翠之死，奢香亦得循例赴阙，袭宣慰使，顾香处事上而傲于待物，既袭，颇自大。都督何福讨罗罗还，奏香桀骜不用命，当亟致讨不报。而香感上意，于其年冬急遣子妇率把事头目允则陇罔入贡，则赏赉尤厚。时都督马华者，开普定驿传，役以官兵将尽驱诸罗为郡县地而苦无其间会香而他罗所讦，华故恶香傲，至是欲辱香激诸罗怒，然后俟其反而加之以兵，乃骤檄香至责簿香不胜，叱壮士裸香，笞其臀，香怒甚，断所佩革带，誓必报。而四十八部罗咸集香军门夏颡愿扫境反，香曰：反非吾分，且反则人得借天兵以临，我中歹计矣，我之杀歹者有在也。谋之赎珠，赎珠曰：盍见上愬之乎？曰：愬则何以杀之？赎珠曰：

夫上之所以重华者，以其能开邮驿恢边境耳，今四川道梗曾未通达，我能助蛮兵为上开思南、镇远、陇笮、羊场诸道以达邛蜀，上方倚我之不暇，何惜此区区启边兴者。香曰：然。遽邀赎珠行，而巴与奢助率各部把事随之入贡，具言晔激变及诸罗欲反状，愿效力开西鄙，世世保境以乞除此害。上且惊且喜，曰：吾故知此奴妄，果然微若言，几败乃事矣。乃责香开道而中华，以事杀华。香遂开偏桥、水东以达乌蒙、乌撒，及容山、草塘诸境，且立龙场九驿，岁岁供马匹、廪积以通往来，而西南益辟。

清乾隆四年（1739年）正式刊行的张廷玉《明史》卷三百十六列传第二百四贵州土司。

自蜀汉时，济火从诸葛亮南征有功，封罗甸国王。后五十六代为宋普贵，传至元阿画，世有土于水西宣慰司。霭翠，其裔也，后为安氏。洪武初，同宣慰宋蒙古歹来归，赐名钦，俱令领原职世袭。及设布政使司，而宣慰司如故。安氏领水西，宋氏领水东。八番降者，皆令世其职。六年诏霭翠位各宣慰之上。霭翠每年贡方物与马，帝赐锦绮钞币有加。十四年，宋钦死，妻刘淑贞随其子诚入朝，赐米三十石、钞三百锭、衣三袭。时霭翠亦死，妻奢香代袭。都督马晔欲尽灭诸罗，代以流官，故以事挞香，激为兵端。诸罗果怒，欲反。刘淑贞闻止之，为走醢京师。帝既召问，命淑贞归，招香，赐以绮钞。十七年，奢香率所属来朝，并诉晔激变状，且愿效力开西鄙，世世保境。帝悦，赐香锦绮、珠翠、如意冠、金环、袭衣，而召晔还，罪之。香遂开偏桥、水东，以达乌蒙、乌撒及容山、草塘诸境，立龙场九驿。

虽然包括明景泰七年（1456年）五月成书的《寰宇通志》、天顺五年（1461年）成书的《大明一统志》、弘治《贵州图经新志》、嘉靖《贵州通志》、成书于万历二十五年（1597年）的《贵州通志》等文献，甚至包括贵州宣慰使安贵荣遵其父安观遗命，请周洪谟作《安氏家传序》，均未见与"龙场九驿"相关的记载。但是，这一仅流传于贵州的传说故事，自田汝成记载后，经100多年转述，至《明史》刊行后，"龙场九驿"为官修史书最终定论。后来的乾隆《平远州志》、道光《贵阳府志》、道光《大定府志》等相继有记载。其间虽不乏质疑，但关注重点在奢香与马晔之间的关系上，如下。

田汝成认为：

马晔功勋史不概见，贵州人独能谈之。尝筑会城，砖厚五寸许，一不中程即杀作者，令诸夷自窑所达城所驼立而接运，终日无敢跛倚。厅事以合抱木为之，至今无倾。永乐初有顾晟者守贵州，修晔故事，诸罗畏之，号曰老虎。然晟以靖难功眷任特厚，不疑所行。噫！晔殆数奇不幸矣。

郭子章认为:

> 贵州初附,马烨以严治贵,号曰阎王,无何死于法。永乐初有顾成者守贵州,修烨故事,诸罗畏之,号曰虎。然成以靖难功眷任特厚,不疑所行。噫!烨殆数奇不幸耳。

特别是王世贞,在其成书于万历十八年(1590年)的《弇山堂别集》史乘考误二中,就此专文进行考误,质疑奢香修建驿道的时间:

> 田氏文可谓核,而事可谓奇矣。然考之史,有未合者。按一统志,霭翠,元宣抚使阿画子,以顺元宣慰使兼四川行省左丞降。宋钦旧名蒙古歹,亦以顺元宣慰使兼四川行省参政降。以霭翠为水西宣慰使,宋钦为贵州宣慰使,而诏霭翠位在诸慰使上。钦卒,子诚袭。十五年,诚母刘氏名淑贞入朝,赐纱罗袭衣,又赐米三十石、钞二百锭、衣三袭,遣归。十六年,刘氏复入朝。十七年,霭翠遣妻奢香率土酋入朝贡方物,赐文锦、绮帛、珠翠、如意冠、金环、绣衣。洪武二十一年二月,长兴侯耿炳文承制遣陕西都指挥同知马烨率西安等卫兵三万二千人屯戍云南。六月,水西宣慰使霭翠、贵州宣慰使宋斌贡马,赐钞帛。斌当是诚弟也。九月,霭翠尚以躏道租贡马谢恩,而明年正月,进马者则为霭翠妻奢香遣其把事人等,盖翠已卒矣。二十三年,宋宣慰奏苗蛮乱,遣延安侯唐胜宗等讨平之。二十四年,置永宁至沾益邮传四十八,贵州都指挥马烨巡视,谓未有邮卒,请以戍军应役。二十五年正月,都督何福讨云南、都匀、九名九姓及毕节啰啰诸蛮,克之。寻遣人奏故宣慰霭翠妻奢香亦桀骜不服,请兵讨之,不许。十月,奢香遣其子妇奢助及把事头目允则陇往来朝,赐银钞锦绮甚厚。至二十六年正月贡马方物。按,奢香二月内独有贵州宣慰使安的称贡,而奢香、宋诚亦绝响矣。岂奢香殁而霭翠之弟安的带之?为安匀误耶?将宋斌者亦殁,而水西宣慰使改为贵州,贵州之宋宣慰降为同知耶?史于土夷殁袭,俱略不书,第于贡贺赏劳一端,尚可考见。然所谓马烨者,都指挥尔,非都督也。都督诛死,史必书之,今阙不载。而奢香之不服,在何福请讨之前,子妇奢助之入朝,在奉诏不许讨之后。若刘氏入朝,其时高后尚在,后宫之宴或有之。而奢香入朝,则高后已宾天二年矣,奢香之代任,与马烨之在镇,又五年矣,奢助之入朝又三年矣。后宫之见,与华盖殿之宴,何人也?马烨为都指挥,而顾成为普定卫指挥使,其时已著勋进都督佥事,镇贵州,至永乐初,复以镇远侯镇之,成之威名,岂烨所可拟?且又非顾晟也。今贵州所隶驿分有之奢香者,疑即其所首建二十四年事耳。

"龙场九驿"文献出处和流传经过大致清晰,但王世贞"今贵州所隶驿分有之奢香者,疑即其所首建二十四年事耳"之观点是否合理,则应该仔细分析和判别。

明朝初降,贵州驿道梗阻,交通不便。洪武四年(1371年)就根据驿道的通行便捷状况,将初设的贵州卫隶属四川成都都卫,便于节制,一旦军务紧急,立即通过驿道分别移文成都和武昌两都卫。而行政上则只隶属湖广行省。

据《明实录》洪武十五年（1382年）二月癸丑记载，谕水西、乌撒、乌蒙、东川、芒部、沾益诸酋长曰：今遣人置邮驿通云南，宜率土人随其疆界远迩，开筑道路，其广十丈。准古法以六十里为一驿。符至，奉行；其后，十七年（1384年）二月乙亥：贵州宣慰使霭翠妻奢香率所部土酋来朝，贡方物。诏赐文锦、绮、帛及珠翠、如意冠、金环、文绮袭衣；二十四年（1391年）六月丁巳：贵州宣慰使安的，以袭职遣把事阿孔等奉表，贡马二十二匹，谢恩。上曰：安的居水西最为诚恪。命礼部厚赏其使及其从人钞有差；同年（1391年）八月甲戌：置永宁至沾益州邮传四十八。贵州都指挥同知马烨巡视新置邮传未有邮卒，请以谪戍军士应役，每十铺置百户一人总之，就屯田自给。从之。

从上述记载看，计划开设四川通往云南的驿道，是在洪武十五年（1382年）初，且要求驿道沿线各部酋长在其所辖疆界内按规定和标准修筑。涉及水西所辖"东至龙里，西境乌撒"地方，只能是贵州（今贵阳市）往西通毕节一路。周洪谟《安氏家传序》称贵州宣慰使霭翠的妻子奢香"聪慧过人，辅助于内"，因此由其掌管置驿开道事应是必然。由于世代经营水西，区域内交通网络势必早已形成，置驿以通往来较比乌撒、乌蒙、东川、芒部、沾益各部相对容易得多。反观其余各部，根据收录于嘉靖《贵州通志》卷十二艺文志中《景川侯曹震开通河道事迹记》，直至洪武二十四年（1391年），自永宁至曲靖驿桥道路，因"委贵州都司同知马烨提调永宁、赤水、毕节、乌撒等卫军、夫以修理之"，才最终于洪武二十五年（1392年）正月得以告竣。作为贵州都司同知的马烨，只负责永宁至乌撒一线的驿道。而此时，途经水西的驿道早已正常运行，这从《明实录》记载的洪武二十五年（1392年）正月乙未发生的事件可以证明，当时，"毕节啰啰诸蛮复叛，攻略屯堡，杀伤屯田军士五百余人，百户宋礼御之亦为所杀，群蛮遂并力攻堡，复杀阁鸦驿丞，劫掠粮、马，焚六广河巡检司"。事后前军都督佥事何福上奏"故宣慰使霭翠妻奢香亦桀骜不服，请并兵讨之"。朱元璋认为奢香并非作恶之辈，"不许"。是年十月，自安的袭职贵州宣慰使后任水西宣慰使的奢香"遣其子妇奢助，及其把事头目允则、陇住等来朝，贡马，谢恩。诏赐奢香银四百两、锦、绮各十匹、钞五十锭，奢助、允则、陇住等锦、绮、钞有差"。这一记载证明，其时阁鸦驿不但粮、马齐备，还设有驿丞。正如王士性《广志绎》所言，"贵州南路行，于绿林之辈防御最难，惟西路行者，奢香八驿，夫、马、厨、传皆其自备，巡逻干撒（巡夜打更）皆其自辖，虽夜行不虑盗也。夷俗固亦有美处"。

据此可以推定，贵州宣慰使司于洪武十五年（1382年）奉上谕在水西辖地内置驿开道，由贵州宣慰使霭翠妻奢香掌管其事。十七年（1384年）二月奢香率所部进京朝贡方物并汇报置驿开道事。

关于"龙场九驿"所设驿站，有明一代，虽然至迟在嘉靖年间，奢香"开赤水、乌撒道以通乌蒙，立龙场九驿"故事已经在贵州广为传播，但晚至万历《贵州通志》的邮传部分，包括《寰宇通志》和弘治《贵州图经新志》的馆驿、嘉靖《贵州通志》的徭役、郭子章《黔记》的邮传志等，均未明确记载"龙场九驿"，但涉及贵州宣慰使司辖地，都大致根据线路走向，普遍记载为龙场驿、陆广驿、谷里驿、水西驿、奢香驿、金鸡驿、阁鸦驿、归化驿、毕节驿。

仅弘治《贵州图经新志》的馆驿和万历《贵州通志》的邮传独缺陆广驿（后者体例和内容几与前者同），但弘治《贵州图经新志》明确记载，毕节驿"隶贵州宣慰司"。清以后发生变化。民国《贵州通志》前事志卷八，采信清道光《贵阳府志》的九驿考，谓"九驿者，曰龙场、曰六广、曰水西、曰奢香、曰金鸡、曰阁鸦、曰归化、曰威清、曰谷里"，未提毕节驿而增加威清驿。民国《修文县志稿》卷一建置志的驿传所引与民国《贵州通志》一致。而道光《大定府志》卷四十四铺递之记载，明初奢香以开道自效，在水西境内者，"为陆广、为谷里、为水西、为奢香（一曰西溪）、为金鸡、为阁鸦，皆在今大定府境内。为龙场、为威清，则在今修文、清镇也"，也认为"龙场九驿"为陆广、谷里、水西、奢香（一曰西溪）、金鸡、阁鸦、龙场、威清。民国《大定县志》所载，仅提及县境内4驿，"其在大定西南者为奢香、金鸡二驿，在西北者为阁鸦、归化二驿。时、又以卫兵应役于站，驿马、站夫皆取给土官。驿站局外，又设铺、递送文移，仍以卫兵充之，月给米二斗"。

究竟哪些符合奢香开道所置之驿，系"马匹廪饩世世办"者，可通过以下文献记载进行分析和判别。

嘉靖《贵州通志》卷四徭役志中，涉及驿马铺陈的记载，以贵州驿为中心，分路叙述：

> 扎佐驿，马二十匹，铺陈二十副；底寨驿，马驴二十四，铺陈一十五副；养龙驿，马一十五匹，铺陈一十五副；渭河驿，马四匹，铺陈四副；龙场驿，马二十三匹，铺陈二十三副；六广驿，马一十八匹，铺陈一十八副；谷里驿，马一十九匹，铺陈一十九副；水西驿，马二十二匹，铺陈二十二副；奢香驿，马一十七匹，铺陈一十七副；金鸡驿，马二十一匹，铺陈二十一副；阁鸦驿，马一十八匹，铺陈一十八副；归化驿，马、驴二十四匹，铺陈二十四副；毕节驿，马驴二十四匹，铺陈二十四副。以上十二驿，俱宣慰使安仁管下出办。渡船，宣慰司六广、落折、沙溪、黄沙诸渡额，于宣慰安仁部夷置；渡夫，夷民应役，夫无定名；柴薪夫，宣慰司五名；马夫，宣慰司四十名；皂吏，宣慰司一十七名；弓兵，宣慰司七十一名；刷历匠，宣慰司六名；门子，宣慰司二十八名；库子，宣慰司七名；禁子，宣慰司五名；站夫，毕节站三百二十五名；铺司兵，宣慰司一百四十四名。

> 威清驿，马三十匹，于宣慰司头目永侧、程番府卧龙司出办，马价连馆每年共征白银共五百二十六两。供馆日用白银一两，随马答应。铺陈三十副，于宣慰司安万铨并程番府每三年照例征银解布政司制给。

万历郭子章《黔记》卷二十二邮传志：

> 扎佐驿，城北五十里，洪武间建。额马二十匹，今一十五匹。脚力五头，安宣慰下头目扎佐司土民承走；底寨驿，城北八十里，洪武间建。额马（驴）二十匹（头），今只一十二匹，每匹草料银一十五两。脚力三匹，照田承走。供馆系底寨司夷民田户自备答应；渭河驿，城北一百里，洪武间建。额马四匹。万历十年裁；养龙坑驿，城

北一百里，洪武间建。额马一十五匹，今十三匹。系头目阿母等并养龙司土官承走，供馆系养龙司苗民自备答应；龙场驿，城西北七十里，额马二十三匹，今一十五匹。脚力二头，系宣慰安疆臣下夷目花仡佬八寨苗民承走。供馆，安宣慰设馆田三百六十分，每日一分，田户自备答应；六广驿，城西北一百二十里，额马一十八匹。系头目陇格等承走。供馆，头目陇格自备答应；谷里驿，城西北一百七十五里，额马一十九匹，今一十八匹。系头目阿卜者承走。供馆，系头目熊阿白等自备答应；水西驿，城西北二百一十里，额马二十二匹，今二十匹。系永侧、织金等目民承走。供馆，头目阿苏等自备答应；奢香驿，城西北二百六十里，额马一十七匹，今一十八匹。系头目化沙等承走。供馆，系头目以则等自备答应；金鸡驿，城西北三百二十里，额马二十一匹。系头目卧这等承走。供馆，系头目夜莫等自备答应；阁鸦驿，城西北三百七十里，额马一十八匹。系头目阿底等承走。供馆，系头目得吉等自备答应；归化驿，城西北三百九十里，额马（驴）二十四匹（头），今一十八匹。系头目阿户等承走。供馆，系头目得吉等自备答应；毕节驿，城西北四百三十里，额马（驴）二十四匹（头）。系头目阿体等出办，每匹一十八两。供馆，系头目得吉等自备答应。

威清驿，城西北四十里，洪武间建。额马三十匹，共征银五百二十六两。今一十九匹，每匹价银三十六两，共六百八十四两，宣慰安疆臣解给，内驿丞坐马一匹，卧龙司解草料，俱裁革。供馆，原额每日一两，今定四钱五分，共一百六十二两，铺陈十五副。

从上述文献记载看，由贵州宣慰使司宣慰使完全管理出办和参与管理出办的共有扎佐驿、底寨驿、渭河驿、养龙坑驿、龙场驿、六广驿、谷里驿、水西驿、奢香驿、金鸡驿、阁鸦驿、归化驿、毕节驿、威清驿，共14驿。其中，威清驿系西行云南的黔滇驿道沿线的一个节点，由贵州宣慰使司宣慰使参与管理出办。扎佐驿、底寨驿、渭河驿、养龙坑驿系川黔驿道乌江以南至贵州沿线节点，由贵州宣慰使司宣慰使参与或完全管理出办。而真正由贵州宣慰使司宣慰使完全管理出办的，在完整驿道线路上的是龙场驿、六广驿、谷里驿、水西驿、奢香驿、金鸡驿、阁鸦驿、归化驿、毕节驿，史称"龙场九驿"。

"龙场九驿"，是以奢香为代表的水西彝族为维护国家统一的伟大历史功绩，可谓"功过唐蒙"。这条由贵州宣慰使司奉旨开设，自行出办和管理的驿道，连接川、黔、滇、湘、桂各条驿道，是在特定自然环境和社会环境下形成的复杂交通体系的重要路段，不但促进了水西地区的开发。更成为中央政府和内地人民与西南各民族之间的重要联系通道，在促进民族团结和边疆经济社会发展方面也具有重要作用。

"龙场九驿"文化遗产资源的现状调查，应以龙场驿、六广驿、谷里驿、水西驿、奢香驿、金鸡驿、阁鸦驿、归化驿、毕节驿一线为主，同时兼顾威清驿一线，希望通过调查，全面摸清"龙场九驿"沿线文化遗产资源的分布、历史和现状。

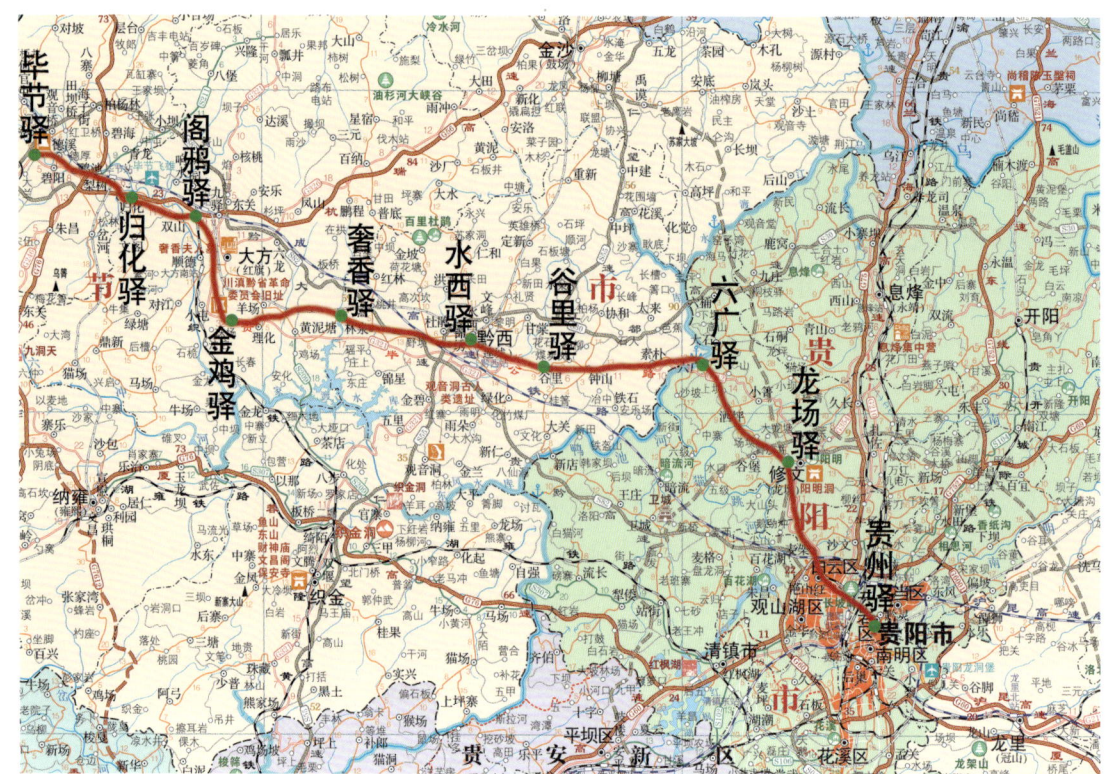

"龙场九驿"分布示意图

十四、"水西十桥"今安在

刚进入立冬节气的2018年11月6日,"龙场九驿"古道现状调查工作在贵阳市修文县正式启动。调查组先后调查全国重点文物保护单位阳明洞和"茶马古道"所属的蜈蚣坡古道(含蜈蚣桥),并选择将"蜈蚣桥"作为首日实地调查的最后一站。

位于贵阳市修文县洒坪镇蜈蚣桥村和谷堡镇天生桥村哨上组之间的蜈蚣坡古道(含蜈蚣桥),为明代"龙场九驿"之龙场驿至陆广驿一段。其中六广驿所领路段,日常配额马匹一十八匹和脚夫,以及驿馆铺陈等,皆由水西彝族四十八目首领之一的陇格承担。清代裁驿后改设塘汛。原龙场驿至陆广驿道路改线,线路自出修文,西北经坡背、小桥、小箐入六广汛(属修文地,但为黔西营所辖,管理坡背至五显台一段)。

蜈蚣坡古道(含蜈蚣桥)东南西北向分布,现存路段自哨上大背丫口向东北延伸至洒坪镇上坝村,长约8千米,道宽0.5至2.5米,保存较好的路段不足3千米以青石砌筑。洒坪镇下坝村路段多为耕土挤占或植被覆盖。

大背丫口乡村公路旁新近镌刻有王阳明《瘗旅文》碑文,下行数步,古道旁遗存有碑座,据称为清乾隆十年(1745年),修文县知县王肯谷等捐资重封"三人坟"后,将《瘗旅文》勒碑于此,后毁。省级文物保护单位"三人坟"就在我们下行路口西南百余米。据民国《贵州通志·金石志》记载,明万历年间的《龙源桥碑记》就"在修文县北三十里蜈蚣坡《瘗旅文》碑侧""记安宣慰建桥之由",所指应即在此,惜已不存。想大背丫口地名的形成,应与上述碑刻有关,且应该是"大碑垭口",由于今人不知其义而标注为"大背丫口"。

距大背丫口西北5千米左右的蜈蚣桥,地理坐标为东经106°29′22.34″,北纬

1993年拍摄的蜈蚣桥和蜈蚣坡古道

26°54′10.33″，海拔高程948米，南北向跨小桥河。小桥河又名白岩寨河，属乌江四级支流，发源于修文龙场街道王官村龙塘沟，流经蜈蚣桥后，先于县城东门外曲尺桥左岸，汇入发源于阳明洞街道高仓村破屋的乌江三级支流穿山堰河后，又汇入乌江二级支流，亦名蛮子河的修文河，再于龙场街道王官村河口汇入旧名滴澄河的乌江一级支流猫跳河。猫跳河则在修文、清镇和黔西交界的三岔河处汇入乌江。

2015年5月，国家文物局批复同意对蜈蚣坡古道（含蜈蚣桥）的桥梁本体实施修缮，通过该项目的勘察设计工作，厘清了桥梁的基础数据和建筑形制。

蜈蚣桥为三孔石拱桥，长47.3米（不含引桥），宽8.57米（仰天石里口宽度），单孔净跨9米，矢高5.36米，拱顶与桥面高差2米。桥墩下部，迎水面和顺水面均做分水尖，南北桥台则做雁翅金刚墙。桥墩厚2.93米，与桥面同宽。桥面东西两侧设仰天石，挑出桥身0.13米。仰天石宽1.12米，长度不等，厚0.23米。仰天石之间，以15列石板铺墁桥面，纵向齐缝，横向错缝。仰天石上为地栿，高0.26米，宽0.44米。地栿石下部凿有排水孔若干，以利桥面排水。地栿上为望柱栏板，东西各有28根望柱和27块栏板，南北两端设抱鼓石。望柱由柱头、柱身和管脚榫组成，残高0.98米。据说柱头上原为石狮，今均不存。栏板高0.765米，厚0.16米，由寻杖、云头、面枋组成。寻杖顶面抹角，云头为浮雕。

抵达蜈蚣桥时，得知桥梁本体修缮工程基本完成，已进入收尾阶段。见已将能够找到的望柱和栏板等遗存构件按相应位置归位，十分欣慰，这些构件和碑刻都是20世纪60年代末期被人为破坏的。修文胡启富先生专门向我介绍了重新镌刻并立于桥头的《建十桥记》《龙源桥碑记》2通碑记，即所谓前、后《十桥记》，碑文内容与此前在阳明洞游客服务中心时给我的那份材料一样。面对眼前2通碑文内容均不完整的新刻石碑，一时无语。返回县城途中，总觉得自己应该做点什么。

与修文县文史界朋友交流的愿望在晚餐时得以实现，莅临的3位老先生与我们一行交流时谈兴甚高，我也借此了解了此次立碑的前后经过。因为此前从未对所谓前、后《十桥记》认真关注过，印象中只读过史继忠发表在1983年第1期《贵州文物》上的《龙场九驿水西十桥》一文。当晚入住"龙场驿大酒店"后，乘兴打开macbook，查阅相关历史文献。

很快在自带的移动硬盘中查询到由贵州省文史研究馆古籍整理委员会编、贵州大学出版社2010版的民国《贵州通志》"金石志三"收录的《龙源桥碑记》。接着在贵州数字图书馆里查询到北京方志出版社1998年版，由李祖炎主编，修文县地方志编纂委员会编的《修文县志》中，蜈蚣桥条目有《重修十桥记》和秀水桥条目中所附的《建十桥记》。遗憾的是，《中国地方志集成贵州府县志辑》收录的民国《修文县志稿》，目录有十七卷，内容仅八卷，第十六卷"金石志"内容无法得知。上述内容就是修文重新刊刻碑文的依据。

继续尝试查询史继忠先生的《龙场九驿水西十桥》一文时，意外查询到2016年10月由同济大学出版社出版，程国政编注，路秉杰主审的《中国古代建筑文献集要（修订本）》，在明代上152页中，有杨廷和的《水西新建十桥记》。立即利用文献传递功能将所有查询到的文献下载保存。大功告成。

网络检索后得知，杨廷和（1459-1529），字介夫，号石斋，汉族，四川成都府新都人，

今称北门桥的"秀水桥"

明代著名政治改革家,文学家杨慎之父。历仕宪宗、孝宗、武宗、世宗四朝。关键是有《杨文忠公三录》和《杨廷和奏议》传世。

得知该文收录自《皇明经世文编》,又通过"国学大师"网,查询到《皇明经世文编》的"卷之一百二十一",从《杨石斋集(疏、序、记、杂著)》中获取影印的《水西新建十桥记》一文,此举可以避免《中国古代建筑文献集要(修订本)》转载出版时可能因审校产生的错误。

次日早起,酒店早餐提供的咖啡品质不错。回房便乘兴阅读昨晚获取的文献。《修文县志》的《重修十桥记》就是杨廷和《水西新建十桥记》的删节版,且桥名不全,还错误地将撰写人冠以"明正德赐进士翰林院周□□",没什么价值。而杨廷和《水西新建十桥记》为我们提供了如下重要信息。

关于"水西十桥"的数量。

所谓"十桥",分别是头铺、得乌、乌西、西溪、虎场、朵泥、蜈蚣、秀水、麦架、查覩。并明确说明,前任宣慰使安观修建的是西溪、虎场、朵泥、麦架4桥,继任宣慰使安贵荣修建的是头铺、得乌、乌西、蜈蚣、秀水、查覩6桥。

关于"水西十桥"的建造时间。

十桥之建造,肇始于明成化五年(1469年),至成化二十二年(1486年)才得以全面完成,且是"次第告成",共经历了十八个年头。也就是说,蜈蚣桥最迟于成化二十二年(1486年)建成。

关于《水西新建十桥记》的撰写时间和刻碑时间。

安贵荣于成化二十三年(1487年),派人到北京,请求已经任翰林院检讨的杨廷和为水西建桥事写一篇文章,目的是"刻于石,为之记"。但杨廷和答应这事后,至少拖了20年才完成。因为该"记"全文最后一句言,"先宣慰名观,今宣慰名贵荣,俱诰授昭勇将军",而安贵荣是正德二年(1507年)因军功诰授昭勇将军的。而这时,杨廷和从弘治二年(1489年)

升任翰林修撰，参与编修《宪宗实录》和《会典》。四年（1491年）八月，因参与编修的《宪宗实录》成书，升为翰林侍读后改任左春坊左中允。十五年（1502年），因《大明会典》修成被破格提升为左春坊大学士。到正德二年（1507年），已由詹事府入阁为东阁大学士，专掌诰命起草。也许，正是在起草安贵荣昭勇将军的诰命期间，想起这事，才完成《水西新建十桥记》的。

至于刻碑时间，目前只见《修文县志》《重修十桥记》中"皇明正德六年岁辛未"的信息，如是，杨廷和自正德二年（1507年）五月升为南京户部尚书，八月升文渊阁大学士。三年（1508年），加官少保兼太子太保。四年（1509年）加光禄大夫、柱国，升任吏部尚书、武英殿大学士。五年（1510年）任少傅兼太子太傅、谨身殿大学士。那时刻碑，碑首上至少应是"赐进士出身，少傅兼太子太傅、谨身殿大学士，新都杨廷和撰文"。遗憾的是，碑毁了。

民国《贵州通志·金石志》记载的万历间《龙源桥碑记》与《修文县志》记载的《重修十桥记》比较，均提及"新都杨少傅《十桥记》"内容大致相当，后者字数略多，且记录的桥梁数较前者更全，包括龙源、乌庆、乌西、大渡、西溪、阁鸦、老场、土射、永定，达9座，其中龙源（蜈蚣）、乌西、西溪3座是重建。明确龙源（蜈蚣）于万历十九年（1591年）二月开工，二十一年（1593年）四月告竣。

更似从碑刻抄录的《龙源桥碑记》还提供了其他一些信息。如碑首的"□□□□□翰林院庶吉士檇李陈□□□□、赐进士出生翰林院编修南充董□□□□、赐进士出身云南按察司副使贵阳许一□□"。经查询，"檇李"作为古地名，指浙江嘉兴，而嘉兴明代陈姓进士，仅有嘉靖十七年（1538年）戊戌科进士，位列二甲第24名的陈宪，如是，文字前面的5个"□"，应为"赐进士出生"，但55年后以"翰林院庶吉士"身份为龙源桥撰文，时隔太久，可能性不大，存疑。

明代四川南充因赐进士出生翰林院编修的，仅黄辉1人，而非董姓。南充人黄辉，万历十七年（1589年）己丑科进士，二甲第24名，选翰林院庶吉士，为编修。

官云南按察司副使的贵阳人是许一德，隆庆五年（1571年）辛未科进士，三甲第66名。告归后修《贵州通志》。

至此，蜈蚣桥的历史沿革大致清晰。该桥系贵州宣慰使司宣慰使安贵荣始建于明成化年间，最迟于成化二十二年（1486年）建成。贵州宣慰使司宣慰使安国亨于万历十九年（1591年）二月重建，二十一年（1593年）四月告竣，并更名"龙源桥"，但世人仍习称"蜈蚣桥"。

至今，已知上述文献记载的明代水西地区前后修建有桥梁16座，包括头铺、得乌、乌西、西溪、虎场、朵泥、蜈蚣（龙源）、秀水、麦架、查觐、乌庆、大渡、阁鸦、老场、土射、永定。这些桥梁是否仍然存在，尚存桥梁的现状如何，就成为我们"龙场九驿"古道现状调查的重要任务之一。

大渡、西溪、朵泥3桥的情况我是比较清楚的。

大渡河桥所在，原属大方县鸡场乡大兴村，行政区划调整后，今属黄泥塘镇兴林村，为省级文物保护单位。由水西彝族土目安邦母子捐建。工程始于明万历十八年（1590年），二十年（1592年）告竣。东西向跨大渡河。五孔石拱桥，长70米许，宽7.5米，中孔净跨

10.4米，矢高6.8米。桥面两侧有条石护栏。西侧桥头西北隅，原立有彝、汉文碑各1通，大小相等，各高2.23米，宽0.85米，碑座高0.5米，碑帽高0.6米。汉文碑碑文凡14行，满行41字，共计537字。系贵州宣慰使司亚中大夫宣慰使安国亨道隆甫撰文，其属下槐亭陈恩篆盖，典史玉峰李孟麒书丹。彝文碑直书阴刻彝文24行，1 972个字。据四川民族出版社1989年版《彝文金石图录（第一集）》译文介绍，碑文内容叙述黔西北彝族自蜀汉建兴年间入黔后的历史、武功、政绩、疆域、风尚、文化及建桥始末等。2碑如今均移存大方藏奢香博物馆。该桥也因国家"西电东送"重点工程洪家渡水电站建设工程被整体淹没。

西溪桥，西北东南向横跨在大方县黄泥塘镇西河社区与黔西市林泉镇西桥村交界的凹水河上，该河史称西溪，桥以水名。贵州宣慰使司宣慰使安观始建于明成化五年（1469年）。万历中，贵州宣慰使司宣慰使安国亨重建。清康熙五十九年（1720年）重修，但经久未成。道光二十五年（1845年），大定知府王绪昆会同黔西知州鲁寿松募捐修建后，更名"劝善桥"，一说"勤善桥"，为五孔石拱桥，长63米，宽7.3米，单孔净跨5.5米，矢高3米。南北两孔为泄洪孔，中孔龙门石下有阴刻文字，漫漶难辨。该桥因处于洪家渡水电站水淹区尾水而被毁。

朵泥桥，又名"朵妮桥"。在黔西市谷里镇自治村与甘棠镇交界处，东西向横跨驮煤河上游皮家河莲花滩，为摄贵州宣慰使司宣慰使奢香谷里驿至水西驿之重要津梁。贵州宣慰使司宣慰使安观始建于明成化五年（1469年）。据载，隆庆年间"安国亨与安智战于朵泥桥"。为五孔石拱桥。长36.5米，宽5米许，单孔净跨6米许，矢高3米许。桥面中间高两边低，略呈弧形。该桥桥名，缘于传说。相传奢香开辟"龙场九驿"时，将该段驿道交给陇舍嫩益家支头人陇勺阿甫总领。阿甫将建桥事交属下土官"骂写"勺俄经办。勺俄克扣钱粮，残害桥工，奢香发现并将其处决后，当即任命贴身女侍阿笪朵妮接管其事。朵妮呕心沥血，终致桥成。但朵妮也因积劳成疾病故。踩桥时，奢香怀抱朵妮遗体，宣布将新建之桥命名"朵妮桥"。朵泥桥也因黔西县于2005年新建火电厂需工业用水，在驮煤河下游修建水库而被淹没。

2000年拍摄的大渡河桥

乌溪桥现状

2000 年拍摄的西溪桥

已毁的西溪桥就在我们脚下的那片水域

郑远文兄提供的朵妮桥照片

西溪桥已毁，大渡、朵泥2桥虽全部淹没于水下，庆幸的是，文物本体仍然存在。2018年12月7日，调查组对大渡河桥、西溪桥所处环境的现状进行了调查。

2018年12月8日，调查组在调查奢香（西溪）驿至金鸡驿古道期间，沿古道对乌溪桥进行了现状调查。

乌溪桥，也称乌溪河桥，史称"乌西桥"，因相传得仙人所助而建成，又称仙人桥。在大方县黄泥塘镇黄泥塘社区与羊场镇桶井社区交界处，西北东南向跨乌溪河。贵州宣慰使司宣慰使安贵荣至迟建成于成化二十二年（1486年）。明代桥东设有铺递，清道光间大定知府王绪昆重修。为三孔石拱桥。长35.7米，宽6.4米，高5.2米，两头各有石阶九级。今仍结构稳定，保存较好。

阁鸦桥的调查十分有趣。不管是清道光《大定府志》还是民国《大定县志》等文献里均无记载，通过国家地理信息公共服务平台"天地图"发现大阁鸦有"会子桥"，应该就在阁鸦古道上。谁知2018年12月9日抵达后几经询问，居住在阁鸦的村民们无人知道会子桥，都肯定地告诉我们，阁鸦"古老古代"的桥梁只有曾子桥，这才明白地图编制者混淆了"曾""会"2字。虽未发现建桥碑记，不过桥梁本体倒是与贵州已知明代桥梁建筑形式相当，应该就是贵州宣慰使司宣慰使安国亨建于明万历年间的"阁鸦桥"。

贵州宣慰使司宣慰使安观始建于明成化五年（1469年）的头铺桥，因明代所设铺递得名，后又名德盛桥和头步桥。在毕节市七星关区鸭池镇头步社区。1934年12月清毕公路竣工通车后一直作为公路桥梁使用，并多次改扩建。当年，清毕公路毕节境内的11座桥梁中，头步桥、西溪桥、流仓桥3桥均利用明清古桥。清毕公路的建造路线，基本选用原古驿道走向，其中鸭池河两岸、西溪至乌溪、大定阁鸦至归化三大段，因驿路过于崎岖，局部路段所经地质不良而另选新线，使相关区域的驿道得以保留。今头铺桥结构已经完全改变，周边也无法获取拍照空间，看来只能抽时间利用无人机进行拍摄了。

此前，我们中心几人利用闲暇，于11月26日和27日，专程调查了贵阳市白云区的麦架桥和修文县的秀水桥。

麦架桥在白云区麦架镇麦家村。最初是伐木架于河面的简支木梁桥，桥面铺麦秸秆后，再铺沙泥，以利人马通行，麦架桥因之得名，但时常会遭遇洪水冲毁。明代改建为石桥，是贵州宣慰使司宣慰使安观于成化五年（1469年）至成化二十二年（1486年）兴建的4座桥梁之一。1938年，省建设厅修建公路时将老桥拆除，用麦架桥石料在上游300米外建新桥，仍为三孔石拱桥。虽桥名依旧，但老桥不存。附近河段下游尚存的一座三孔石拱桥，是修建于明万历二十五年（1597年）的市县级文物保护单位"沈官桥"。

秀水桥，初名洗戈桥，相传建于明洪武年间。正德六年（1511年）辛未，贵州宣慰使司宣慰使安贵荣重建后称秀水桥。崇祯三年（1630年）建城，因北门名平安，改秀水桥为平安桥。清初在桥面中段建有秀水亭。鉴于桥上石栏倾圮。清光绪二十九年（1903年），邑人捐资培修。1954年6月7日，桥、亭均毁于洪水。1982年按原形制重修为七孔石拱桥。

2018年11月"立冬"和12月"大雪"初期的2次"龙场九驿"古道现状调查工作已经暂告一个段落，通过2次现状调查研究，基本厘清明代"水西十桥"文物资源现状。

新麦架桥

阁鸦桥现状

16座桥梁中，乌西、蜈蚣（龙源）、阁鸦3桥完整保存。朵泥、大渡2桥被淹没，但桥梁仍存。秀水1桥按原结构重建。头铺、麦架2桥已经改建，仅桥名沿用。西溪1桥已毁，仅存照片。

剩余桥梁中，能查到文献记载的，仅有乌庆和虎场2桥。据嘉庆《黔西州志》卷一关梁记载"乌庆水桥，在城东南。国朝康熙间原任乐昌令任衡建，未几坏，知州鲍尚忠复捐修之"。与此前的乾隆《黔西州志》记载相当，而道光《大定府志》却指在城东北，且都没有相关明代建桥的信息。虎场桥在织金，清代各时期《平远州志》均有"虎场桥，州东九十里"的记载，不知存在否？

迄今，尚有得乌、查靓、老场、土射、永定5桥无法查询，方志无记载，地图找不到，只好存疑。其中，整个水西地区，称"得乌"者，唯六盘水市钟山区德坞街道，是否有得乌桥，留待日后探访。

此次调查，既扼腕痛惜于不少桥梁的毁坏、淹没或改造的状况，又对尚存桥梁的保护展示和利用而担忧。如蜈蚣桥，虽然保护工程方案经过批准，修缮工程也严格按照批准方案实施，但竖立碑记一事则显草率。除2通碑均为残缺文字外，杨廷和《水西新建十桥记》未见立碑处所的记载，所谓《龙源桥碑记》也只是说立在蜈蚣坡《瘗旅文》碑侧，或说《瘗旅文》侧有碑记安宣慰建桥之由。而《瘗旅文》被认定在大背丫口，离蜈蚣桥数千米之遥。是否应在加强基础研究的前提下进行必要的论证呢？由此观之，线性文化遗产相关遗存保护责任主体怎么划分，保护目标与措施如何明确，任重道远。

附：
1. 杨廷和《水西新建十桥记》(《皇明经世文编》卷之一百二十一《杨石斋集》)

水西新建十桥记　　杨廷和

水西十桥，乃贵州宣慰使安氏父子之所建也。桥既成之明年，今宣慰图其水之源流，并其始终事之岁月，遣人诣京师求予文，刻于石，为之记曰。水西之河，最大者曰陆广。陆广之西，上流曰稿池，又曰芭蕉。下流，东注曰黄沙渡、曰乌河，又数百里，入于清水江，又东会于涪江。其源之大于众水者有四，一曰洛浙、二曰西汉（按：应为"溪"之误）、三曰七百方、四曰滴澄。洛浙之水，源于卜乍革之南，入于西溪，又达于七百方，又会于鸦池，两溪之源，导于化阁山，转于西南，合于洛浙。七百方则自普安会于洛浙，入于鸦池。滴澄之源，出于九溪，东北至于威清，又北至于鸦池，达于陆广，其曰青山、曰老宋、曰卜茫，皆因其地而名随之，非有二也。大抵四河之水，廻折数百里而会于陆广，出入山石崖窦间，一遇峻隘，如退如来，激荡震掉，若三军相持，怒不得逞者，及其奔放衍肆，一泻千里，如自天而下，浩不可御。每春夏淫潦，其势弥大，覆舟溺死者亦间有之。秋冬霜降水落，寒可裂肤，病于揭厉。居者怨于室，行者嗟于途。富商大贾无所为而至，虽有鱼盐之利、山林之材，土人居然视之，卒未之能致也。故尝有桥，率架木为之，不踰年辄坏，用力多而获利少，人亦劳止，良非远图。宣慰父子更以石为之。排积沙以定其基，布巨石以贯其底，圜空其下，漏水象月，或三、或五、或七，视桥之袤广而多寡焉。欵密坚致，踰于实地。桥有十，一曰头铺、二曰得乌、三曰乌西、四曰西溪、五曰虎场、六曰朵泥、七曰蜈蚣、八曰秀水、九曰麦稼、十曰查覩。西溪、虎场、朵泥、麦架，皆先宣慰为之，头铺六桥，则今宣慰之所经画者。问石焉取？曰即于山。问役焉取？曰即于佣。问费焉取？曰即于宣慰之私藏，而民不与知。盖自成化己丑（按：成化五年，1469年）始事，至丙午（按：成化二十二年，1486年）讫工，历世以再，乃克底绩。非先宣慰知不及此，固有待也。历年十有八，次第告成。不欲速，意群力毕举，或劳人也。成之日，万夫欢呼，四境庆幸。乡里长老，相与举酒，歌颂二宣慰之伟绩。宾旅负贩者，往来深谷巨箐中，无分于昏夜，如之东西家焉。休劳夷险，其益亦大矣哉。呜呼！水事之重,自古然已。周单子过陈,见其道秽而川泽不梁,知其必亡。子产以乘舆济人于溱洧,孟子讥之,而申以王政徒杠舆梁之说,亦又有以障大泽。勤其官,而受封国者,具在传记,可覆考也。二宣慰其亦有见于斯欤。余尝闻西南世禄之家,每以安氏为称首。既得其家世之详,则知其始封于蜀汉时,上下千五百年,世态之变若罔闻知,意其先世必有大功德于民。今观二宣慰,虽一事之小,而所以用其心者如此,则他所以利于生人,承于前烈,以宽朝廷西顾之忧者,从可知矣。安氏之世济其美,固如是哉。昔韩愈记汴州东西水门,至今读之,犹若亲见当时之役。十桥之建,功十倍之,而无如愈者为之记,恐来者未由闻知。则虽或入于圮毁而未有为之一举手者,姑用直述其事以俟。若乃桥之所在,与其岁月之详,工役之数,请列之碑阴,兹不赘。先宣慰名观,今宣慰名贵荣,俱诰授昭勇将军云。

备注:

安观"诰授昭勇将军"缘由。

据《明实录》成化十五年十一月壬午朔冬至节记载,"巡抚贵州右副都御史陈俨等,以西堡狮子孔既平上议以为赏罚者劝惩之典。西堡蛮夷之叛,盖由署都指挥佥事管立不能先事防御,长官温铠恣意贪黩,署都指挥佥事蔡英等不能往来遏截,宜治其罪。贵州宣慰使安观致仕家居,不至城市。近因用师,臣等以观所治水西与西堡接壤,且老于事体,夷人畏服,令守水西后路。观初称疾退避,已而幡然思效,亲率其子宣慰贵(荣)等,统所部士卒二万进攻白石崖,四旬而克。其所辖士卒,家自馈饷,不劳官司。及班师,径归卧于家。臣等屡以礼招徕,卒不至。宜加旌擢,以劝来者。于是命逮管立等五十六人,鞫治如律。给观正三品昭勇将军。诰命"。

安贵荣"诰授昭勇将军"缘由。

据《明实录》正德二年三月辰朔记载,"贵州土官,宣慰使安贵荣,以普安功进昭勇将军。复乞改授职衔以便公会。行礼、兵部,拟授都指挥佥事(散官),有旨,特命为右参将"。

2.《建十桥记》

秀水桥,位于县城北门外,系明成化五年(1469)贵州宣慰使安观所建龙场九驿道上十桥之一。据道光《贵阳府志·山水记》载,该桥又名"洗戈桥"。明崇祯元年(1628)朝廷在龙场筑敷勇城,以城的平安门抵桥头,又因门名桥,称"平安桥"。清乾隆间修补城垣,更平安门为"集庆门",因该门坐落城之正北,故称"北门",再因门名桥,为"北门桥"。1954年8月3日暴雨,桥被洪水冲断,随即修复。

该桥为7孔石拱平桥,每孔跨度4米,桥身全长58米(含桥墩和引桥),宽5米,横跨在修文河上,为明代过往龙场九驿道必经之大桥。今桥尚在,供行人和机动车辆往来。

附:建十桥记　　　　　　　明正德赐进士翰林院周□□

水西十桥,乃贵州宣慰使安氏父子之朝廷之明年奏建。

水西之河流,最大者曰六广。六广之西,上流由鸭池河更由芭河入水者有四:一曰洛淅,二曰西溪，三曰七汨房，四曰滴澄。洛水源于西南，合于洛浙。七汨房斯自普安，合于洛浙，入于鸭池。皆因其地而名随之，非有二也。四河之水入于六广，及其奔放衍肆，一泻千里，如自天而下，深不可涉。嗟呼！富商大贾无所为，而至谁有能拒之人。严冬霜降，渡者少，人亦劳。上良于远图，宣慰父更以石为之桥，基密坚致，逾于实地。桥有十：曰蜈蚣，曰秀水，曰麦稼等，皆先宣慰为之。头铺之桥，则今宣慰之所擘画者。自成化己丑始事，至丙午迄功，历世以三，乃欢呼庆幸，举酒欣颂。呜呼！水势之重，从古然已。周子聘楚而过陈，陈不梁，知其亡，以为王政之一端，亦有以彰大泽勋，其言询不可诬。若考肯堂，乃肯构者。孔子论孝，曰从父之道，曰孟庄子之孝，其不改父之政，率由家法，未为毕工。今考其亦不改父之政，为孟庄子以后所弗闻。以枹圣天子西顾之忧者，从可知矣。安氏世济其美贵荣君，诰封昭勇将军云。

皇明正德六年岁辛未

3.《龙源桥碑记》

龙源桥碑记

万历二十年

在修文县北三十里蜈蚣坡《瘗旅文》碑侧，碑高五尺，宽二尺余，正书，十八行，每行约五十字，下段及中间已剥脱，文义不续。

赐进士 出生 翰林院庶吉士携李（按：今浙江嘉兴）陈宪□□□
赐进士出生 翰林院编修南充董（按：系"黄"之误）辉□□□
赐（按：系"同"之误）进士出身云南按察司副使贵阳许一德□

国家威德翔洽，襟带海宇，施及荒徼、偏僻之属，莫不象指规条，奉扬通道至意以故。贵竹介在西南万里，唐宋所不宾（约佚十字）。高皇帝绥怀安氏，藉奢夫人力除道置邮，开滇南门户。夫惟有黔始得有滇南，黔道塞则楚与滇卒隔不通。二百年来黔（约佚十字）。圣祖神武，实式宾之，安氏之有大造于兹（约佚七八字）。安氏世修其德。诸凡可以兴建、创置，为除道利涉利计者不惜其力。（约佚十字）圣朝梯航玉帛之感。新都杨少傅《十桥记》，其请以水势之曲折搦漫与建桥之次策，端末详哉。其言之也，岂非述祖德？（约佚十字）今宣慰君益务扩大前人之志，于诸水道要害处□建桥十余所，曰龙源、曰乌庆、曰乌西、曰大渡、曰西溪、口阁鸦、口（约佚直字）龙源一桥尤当咽喉，工尤不易。视昔水西六广之役，工费□□倍之。功始于辛卯年（按：万历十九年，1591年）二月，迄于今癸巳年（按：万历二十一年，1593年）四月始告成事。（约佚十年字）天外龙横水心，若□虹贯天（约佚五六字）庶几近之。此一役也，毋论费财以巨万计，而心力之拮据殆不殚述，乃宣慰（约佚十字）悉出己帑，以身任之，辛勤几年，而后记事，抑何其任费任劳也。宣慰君毋宁日，余□□世实有积德（约佚十字）天朝圣祖首旌□夫人□□世世冠带，我后嗣曷敢不（约佚十字），以无负国家之恩厚。除道（约佚十字）其缮不治道馀力意在兹乎？余因是而益叹国家四讫之声威，其广被至此也。（约佚十字）自古不听于德化，而念我国之贤，惟国家无疆之休，万年无斁（音yì），则安氏之与国同此，亦万年无斁，盛哉。谨据宣慰君建桥始末合记之，不惟使旅道客读而颂德，将令安氏子孙（约佚十字）建桥。特记其□云。

龙集万历二十年（按：缺字，应为"二十一"）癸巳仲夏五月□□□□□

蜈蚣桥在修文县北三十里，石工精致。水西安氏建。昔为驿道，有碑记。（《贵阳府志》）

龙源桥，在县北蜈蚣坡下，俗称蜈蚣桥。昔本通水西驿道。《瘗旅文》侧有碑，记安宣慰建桥之由，高约五尺，宽约二尺许，计十八行，每行约五十字，惜被风雨侵蚀，下段及中间均已剥落，字多莫辨，审其大意，系叙述万历中水西安宣慰出资建桥事。（《访册》）

注：

陈宪，嘉兴人。嘉靖十七年（1538年）戊戌科进士。时隔太久，存疑。

许一德：字子恒，号吉庵。明隆庆五年（1571年）辛未科进士，三甲六十六名。官御史，历任湖广佥事、云南副使。告归，修《贵州通志》。

黄辉（1559-1621），字平倩，昭素，号慎轩，又号"无知居士""云水道人"，南充人。万历十七年（1589年）己丑科进士，选翰林院庶吉士，为编修。迁右春坊右中允，为皇长子讲官，升少詹事兼侍读学士，卒于官位。著有《铁庵集》《平倩逸稿》《怡春堂集》《慎轩文集》等。

4.《重修十桥记》

《重修十桥记》

明万历庶吉士 李□□

国家威德翔洽，襟带海宇。施其荒徼，遍之夷蒙。莫不象指规条，奉扬通道至意。以贵筑界在西南万里，唐、宋所不宾。高皇帝绥怀安氏，藉奢夫人力，除道置邮，开滇南门户，惟有黔，始得有滇南，道路塞，则楚与滇卒隔不通。二百年来，黔衣冠文物，圣主神武，实式临之。安氏世修其德，诸凡可以兴建创制。为除道利涉计，不惜其力，俾星轺驱驰，称朝廷梯航玉帛之盛。余读新都杨少传（按："傅"之误）《十桥记》，其论以水之曲折溺浸，与建桥之次第端绪详哉。其言之也，在昔先宣慰不惜其力，今宣慰君益务扩先人之志，于诸水道要害处又建桥十余，曰龙源、曰乌庆、曰乌西、曰大渡、曰西溪、曰阁鸦、曰老场、曰土射、曰永定。

龙源一桥，尤当咽喉，工尤不易。视昔水西六广之役，工费不啻倍之。始于辛卯年二月，迄于癸巳年四月，始告厥成。规模壮丽，当霞飞天外，云横水心，若大虹贯天，大虹（虬）压海，庶几近之。是役也，无论费之巨万计，而心力之拮据，殆不可殚述。乃宣慰不惮烦劳，悉以身任之，辛勤几年而后迄事，抑何其任费任劳也。宣慰君毋宁曰：吾知世其有积德，天朝圣祖首旌奢夫人之功，世世冠带我后嗣，我后嗣曷敢不勉维前德，以无负国家之恩厚，除道利涉又奚辞哉。惟靖恭率祖，乃世有承先报国之贤，惟国家无疆之休，万年无斁，则安氏之与国亦万年无斁,都倚盛哉。

谨据宣慰君所述,建桥崖略而记之,使行旅过客闻而颂德,将令安氏子孙世世无忝阙祖建桥,特其小云。

万历二十一年癸巳(按:"巳"之误)仲夏

5.《水西大渡河建石桥记》碑(根据拍摄照片和拓片进行整理)

碑立于西岸桥头西北隅,大小相等,各高2.23米,宽0.85米,碑座高0.5米,碑帽高0.6米。汉文碑碑文凡14行,满行41字,共计537字。

额题(盖):

水西大渡河建石桥记

首题:

水西大渡河建石桥记

贵州宣慰使司亚中大夫宣慰使安国亨道隆甫撰文

属下

槐亭陈恩篆盖

典史玉峰李孟麒书丹

碑文:

安氏邦者,予昭勇祖之裔。内露其首封,即□□怀远将军讳贵荣者。而水西诸地,□带砺壤也。奕叶守土,迄白芍、白叶、白着,世有奇勋茂勋(同"绩"),载在简册,历历可纪。至今龙脉□子,盖五世焉。□莫为之前,虽美弗彰;莫为之后,虽盛弗传。矧邦以妙年何怙,举民间疾苦、险阨、岖巇,畴为之耳提而面命耶?□计轲母提携,义方绳绳井井,若鱼贯然。诸一切谋眙靡睱其举,间尝迪邦□天根,见而成梁古道也。吾析壤土,沙溃流巨浸,号大渡河者,其来旧矣。相距若干许,通衢大道,往返于兹又若干许,未始不叹息痛恨于徒杠舆梁者之寥寥也。夫司民命者,视民之溺由己之溺,岂其私忧过□乎?责在故耳。于是捐赀慕建,靡论署雨祈寒,屡省□□。始于庚寅年八月,终于壬辰年四月,凡两经年,桥乃成。□长二十丈,宽二丈,高四丈有奇,约费一千一百五十两有奇。工程浩大,翘首奏绩,殆天授非人力也。□□至于□日无俟冰寒可渡者众,无俟乘舆利涉者广。俾巢所为咨嗟怨愤者,且熙熙皞皞,若登春台而入华胥也。夫邦弱龄,其母禄氏,箕帚耳,乃毅然吐非常之见,矢非常之谟,大王道小私恩,而车舆诵者于不□□□,非吾目中□表著者耶?是举也,上以弼于不逮,可以观忠;下以济人病涉,可以观仁;远以扬祖□□,待以□来世,可以观孝与慈。一举而众美具焉,则在邦也得是母能始立,在禄氏也,得是子而贤益彰,两者□相与有成哉!倘非天之惠我元元,赐之以母若子也,美而彰,盛而传,盖有自与。桥成,请志于予。予嘉其能行古道而福苍,亦□□□系忠贞为诸目倡,乃命勒之以垂不朽云。

皇明万历二十年壬辰岁夏四月谷旦

十五、"牂牁要路"楠杆子

2019年8月12日始，以主持中心工作的彭银任组长，由全体专业技术人员组成的调查组，赴德江县楠杆土家族乡，对全乡所有行政村开展为期10天的文化遗产资源实地调研工作。以期通过对楠杆各村各寨的古遗址、古建筑、古墓葬、石窟寺和石刻、近现代重要史迹和代表性建筑等类型丰富的不可移动文物和非物质文化遗产进行现状勘察、复核、登录，完成调研报告，为全面提升文物的保存状况，构建协调、联动的管理系统，形成整体、连贯的展示利用体系，提出切实可行的方案和实施建议，也为当地做好文化和旅游融合事业提供内涵支撑，对区域特色经济产业发展提供文化元素，助力楠杆打赢脱贫攻坚战。2020年4月下旬，新冠疫情刚稳定不久，中心即派员再赴楠杆进行补充调查，我全程参与了调查工作。

据当地口耳相传，很久很久以前，野猫河畔的一株楠木树的枝杈缝隙处，意外生出一株柑橘树，楠木树和柑橘树合为一体，前人因之，称"楠柑子"，不知何时，衍变为"楠杆子"，并一直沿用至今。这里，就是德江县楠杆土家族乡所在地，一处史称"牂牁要路"或"牂牁要冲"的地方。历史学家普遍认为，兴于春秋，消亡于战国的牂牁国，存在的时间虽然只有百余年，但它却是贵州历史发展进程中不可忽视的一个重要阶段。鉴于此，楠杆土家族乡的历史便可以上溯至2500年前。

据文献记载，明洪武十年（1377年）属水特姜司，二十八年（1395年）改水德江长官司为思南宣慰司所辖。永乐十一年（1413年）设立贵州布政使司，贵州建省。十二年（1414年），置思南府，治所水德江（今思南）。万历二十三年（1595年）除水德江长官司，改安化县，治所在思南府南郭。楠杆为安化县辖四十甲之西路墟市，称"楠杆子"，也叫"栏干子"，指的是现今乡政府驻地所在的兴隆社区。明代开场设市时的场期为四、九。因此，明代及以前，楠杆子既是思南府北路经婺川通四川陆路大道，也是婺川南下经思南往贵州（今贵阳市）的通省要津。有明以来，思南府往北经"松溪路抵婺川县"，自思南府至婺川县所设铺舍有府前铺（在府治前左，属思南府）、鹦鹉铺（属水德司）、板坪埔（属水德司）、煎茶铺（也有说蛇盘铺属水德司）、松溪铺（属蛮夷司）、天井铺（属婺川县）、丰乐铺（属婺川县）、牛塘铺（属婺川县）、县前铺（婺川县治前右）。其中天井铺即在今楠杆土家族乡楼房村。楠杆子虽未设铺舍，但为道路必经，自天井铺北行至此，向西翻越天半寺坳口，西北下，渡"险如天堑"的丰乐河丰乐渡。仅由松溪铺至楠杆子，则不必绕行天井铺，可走石重盖，正如文献记载那样，"石重盖为煎茶□楠杆子要道"。明嘉靖至万历间，整个思南府，包括婺川县和印江县，铺司兵共81名，天井铺设铺司兵2名。

清康熙设邮递铺，自思南府至婺川县设鹦鹉铺、板坪埔、煎茶铺（蛇盘铺）、松溪铺、天井铺、丰乐铺、牛塘铺、县前铺共八铺，松溪铺和天井铺改归安化县管理。据清《会典事例》记载，松溪铺至天井铺二十里。至清道光年间，楠杆子有铺民三十余户。后设有塘汛，即天井塘。

由于官道所经，楠杆子历为兵家必争之地。特别是清咸丰同治年间，各地农民起义风起云涌。咸丰八年（1858年），教民杨二率号军屯兵天半寺，准备攻打婺川县城，县令阮文藻征召濯水南客寨庠生覃元贞与生员刘靖宇携团练分途进剿。其中覃元贞由柏香坝渡河攻中路，杨二部居高凭险扔石头还击，势如骤雨。覃元贞率壮士百人冒石强攻，杨二部只得放弃天半寺撤退，覃元贞等追至楠杆子时，与赶到的刘靖宇部汇合并夹击而大破号军。这是清《都濡备乘》的记载。

据民国《婺川县备考》记载，咸同年间，虽因战乱致使"大道荆棘"，但四川和湖广的烟商仍然取道楠杆子经婺川入川，每日所收厘金约"百金"。收取厘金的厘金局系咸丰末田兴恕所设，厘金数"十石抽一石。以一成归乡团，一成归城局，八成解省。地方有事仍许动用"，推行后"月可得五百金，军用稍裕"。因故，还在"布商到婺川必经"的印江县所属袁家湾也设有厘金局。同治元年，田兴恕"令克七星营，营在天半寺侧。令张光朝守之，以遏贼出路，又令邹明标屯天半寺，以护粮道。招降楠杆子、天井塘贼七百人，以曾白四、杨兴科领之，名其团曰'顺存'"。

清光绪八年（1882年）安化县治迁大堡（今德江）。民国二年（1913年）改安化县为德江县，全县改编为9个区，楠杆子为西1区。民国年间，楠杆子有中心学校一所，国民学校九所，仓廒一所、二间。民国十七年（1928年）楠杆子与县城接通电话。二十年（1931年）楠杆子始设邮箱，经煎茶代办局送县里邮局，一日一班。三十年（1941年）并入煎茶，不久改联保，三十二年（1943年）改为楠杆乡。

1950年楠杆乡为18乡镇之一，随后数度变更，于1992年撤销天井、楠杆、洋乐三个小乡合并成楠杆土家族乡迄今。

楠杆土家族乡整体行政范围呈南北长带型，东西部地势较高，中北部地势偏低，村落社区多沿着河流位于低洼地带，长久的聚居形成具地域特色、民族元素的典型文化类型，自南部的金盆村北上直至龙坝村，现存不可移动文物均有所保存，且全乡南部的不可移动文物规模水平相对高于北部。经实地调查发现，楠杆土家族乡文化遗产资源数量众多，类型丰富。保存了包括古驿站遗址、古驿道、墓葬、桥梁、宗祠、民居、寺庙（遗址）、文昌阁遗址、碑刻、石刻、营盘等大量丰富的物质文化遗产，也包括熬熬茶、花灯制作及表演等非物质文化遗产，另外，楠杆乡的山山水水、古树名木等自然资源保存类型与规模也令人感叹，这极大地映衬了全乡文化遗产类型丰富、亮点引人。上述文化遗产类型涉及军事建筑、宗教建筑、文教建筑、礼制建筑及居住建筑等，这些建筑遗存对研究古代楠杆社会形态发展、军事斗争、民族人口、文化迁移、经济发展等提供了重要的参考价值和实物印证。

虽然楠杆子丰富的文化遗产资源令人印象深刻，但我个人认为，最具特点的是镇风桥、结龙桥、观音桥、一人桥等桥梁建筑，特别是以镇风桥为代表的八字撑架木梁桥。

镇风桥俗称"花花桥"，位于兴隆社区上坝组西北隅，为铜仁市人民政府核定公布的市级文物保护单位。西北东南向跨刺子沟。始建年代不详。据东南桥头建桥碑记记载，清道光五年（1825年）上坝杨氏族人在"头人"带领下重修。根据桥屋大梁题记，现存桥梁建于清光绪四年（1878年），由杨光文、杨光武、杨光富弟兄三人倡导乡人集资重建。桥长

楠杆结龙桥（老照片）

13.66米，宽6.14米，桥跨10.2米。桥面距水面高5.23米，桥屋通高7.68米。以9根原木，大小头交替至于两岸石砌桥台上作简支梁，梁上横向铺设木板形成桥面。为加强简支木梁受力条件，木梁下增加一组八字形斜撑，成为八字撑架结构。桥面上建桥屋五间，中间金柱抬升做四角攒尖顶，桥头金柱抬升做悬山顶门楼。桥屋四角发戗起翘，屋面曲线优美。桥屋内设坐凳栏杆，栏杆外挂披檐。桥屋中间西南侧设神龛，内供神像，东北侧桥面上安置岩菩萨。桥两端门楼上分别墨书"寿长"和"镇风"，表明人们的期许及建桥目的。

而这种八字撑架木梁桥，是已知贵州历史上多见于思南府的古代桥梁建筑形式，现有遗存除德江县楠杆土家族乡"结龙桥"和"镇风桥"外，还有思南县张家寨镇桥岩村的"桥岩凉桥"、沿河土家族自治县中界乡新齐村的"新齐风雨桥"等。桥梁以单跨简支木梁为主体，木梁下利用一组八字形斜撑增加桥梁弹性支承，成为八字撑架结构。桥梁的八字撑架，虽不如伸臂木梁那样可大步提高桥梁净跨，但能改善较长简支木梁的受力条件。

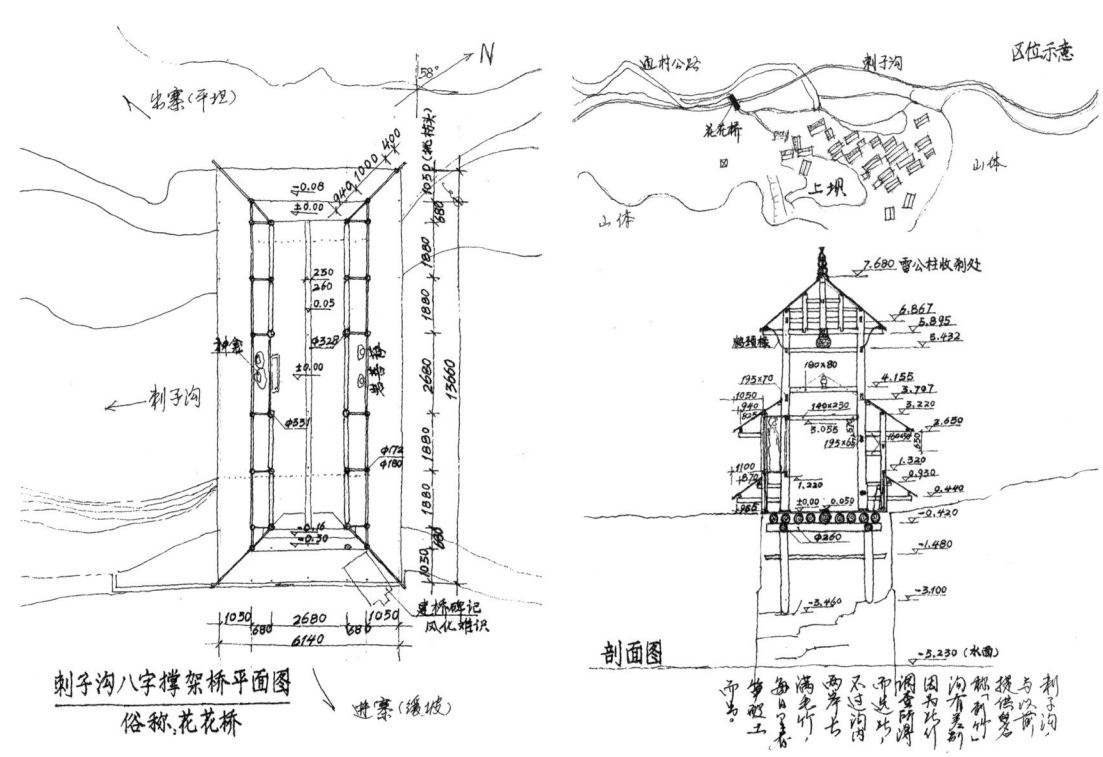

镇风桥平面图测稿　　　　　　　　　　镇风桥剖面图测稿

楠杆镇风桥

八字撑架梁

十六、赤水石窟寺和摩崖造像

2020年10月20日，小雨转阴。

调查计划：赤水石窟寺和摩崖造像。

作为省直石窟寺和摩崖造像专项调查组成员，我与唐秀成、王彬一行，在领队石斌带领下，由贵阳出发，在汇川区接上遵义市文化旅游发展中心副主任何烨后，昨日下午抵达赤水市。

今天上午，赤水已开始下雨。

调查组与赤水市文物保护中心胡明，于10点抵达两河口镇两河口社区，镇科技宣传服务中心的李开阳陪同调查，他是上海理工大学的本科毕业生。

石窟寺在俗称"老虎嘴"的山体上，距两条河流交汇的水面相对高差近百米。在路边便利店购买雨衣后，开始沿红砂岩石砌筑的步道，冒雨调查1985年11月2日公布的省级文物保护单位"三会水石窟寺"，文献记载的"会水寺"。布满苔藓的步道因下雨缘故，反倒不滑。折转后的山腰上，清晰可见石窟寺后期加建的外围建筑，以5根红砖柱与钢筋混凝土梁板形成整体，中间两间装有铝合金玻璃窗。爬到与石窟寺平齐高度，通往石窟寺的小道虽然狭窄但平缓。路口保护标志保存较好。

在等待开门间隙，发现山体岩石处有"土地祠"造像1龛，镌刻有"显威灵护佑；保众姓平安"对联，只是未见开凿时间。进门后观察，"三会水石窟寺"洞窟是利用额状崖洞内风化岩槽摩崖成壁，并于壁上开凿佛龛，龛内造像。佛龛分三层，顶层二龛，中间一层四龛，底层一龛偏于东侧，佛龛下部砌筑有红砂石质香台。在1窟7龛中造像8尊，包括毗卢遮那佛、阿弥陀佛、释迦牟尼佛、文殊菩萨、普贤菩萨、自在观音、目连和达摩造像。据说另有一尊华山圣母造像因崩岩被毁。石窟寺开凿于清乾隆年间，摩崖造像间镌刻有同治□年1方、同治十一年2方、光绪二十九年1方，共4方俗称"连山碑"的摩崖石刻，遗憾的是，因后期改造窟檐和增设塑像，致使其中3方遭到不同程度的损毁。可喜的是，现已安装有视频安防监控系统，且能正常使用。

三会水石窟寺

调查组成员合影

中午，韦玮赶到旺隆，调查组在旺隆镇上吃完中餐后，由赤水市旺隆镇党委书记赵中良同志陪同，前往朝阳村七组，调查1982年2月23日公布的第一批省级文物保护单位"石鹅咀摩崖造像"。

"石鹅咀"同属上侏罗统淡紫色砂岩构成的丹霞地貌，山顶石头向外翘起，形成天然的窟檐，1尊观音菩萨造像处于红色砂石崖壁上。观音菩萨著衣持钵，跣足踏莲，立于龙首上，神态庄严，慈祥而又洒脱，身着右衽圆领广袖袍，头戴冠帽，帽中有佛像。明显感觉到该造像是剔地高浮雕后加灰塑，再通体施彩绘。只是雨后有雾，照片拍摄效果不理想。造像下有小青瓦重檐四角攒尖顶木亭，占地面积10余平方米，结构较为奇特。亭内设有祭拜用的石台，入口处立有2通功德碑。

在对亭子进行法式测量后，应赵书记邀请，调查组先后增加调查了旺隆民居、木龙岩摩崖石刻和中央红军长征期间在旺隆留下的革命文物。其中位于旺隆镇鸭岭村二处巨石上的木龙岩摩崖石刻，道旁指引标识为"宋代石刻群"，但是所能识别年代者，多为清代，其中1方额题为"永垂万古"4字的"连山碑"，高1.1米，宽0.72米，碑文共19行，落款为大清嘉庆九年（1804年）。而整体宽0.6米，高1米，每个字0.25米见方，宽0.20米的"木龙岩"石刻，年代尚难以确定，周边还附有一些壁题。

调查组于晚上6点赶到葫市镇，在位于葫市村赤水河葫市滩河段右岸，调查1982年2月23日公布的第一批省级文物保护单位"葫市摩崖造像"。

葫市摩崖造像共9尊，上下两排，上四下五，均为高浮雕全身像。每像大小不一，姿态各异。整个造像群结构严谨，人物形象性格鲜明但残缺不全。造像群的左面石壁上，有阴刻造像题记3方，惜文字已大部分风蚀难辨，但仍可辨识是乾隆年间之作，其中一方题有"乾隆癸亥"字样。从题记得知，这些造像的个体，是分次造成的。这里原是赤水河上往来商旅祈祷平安之所。葫市场是赤水河中游一个水陆码头，与川南交往频繁。交通方便，商业活跃，思想文化广具百家。反映在造像群中，有"镇江"的"王爷"，有佛家的菩萨，又有帮会所崇拜的关羽，体现出民俗、宗教和帮会思想的综合特色。

于晚上6点30分离开葫市返回赤水市区。

石鹅咀摩崖造像

木龙岩摩崖石刻（局部）

葫市摩崖造像

十七、习水望仙台袁锦道祠

2020年10月21日，阴间多云。

调查计划：习水望仙台袁锦道祠。

中午，由赤水市抵达习水县三岔河镇三岔村，与习水县文物保护与研究所陈聪会合，陈聪向调查组提供了既有的相关资料。中餐后先调查岩上组同为省级文物保护单位的三岔河崖墓，该崖墓公布名称为"三岔河摩崖"。崖墓分布在长百余米之砂质崖壁上，今遗存人工开凿之崖墓5穴。穴旁摩崖石刻多方，阴刻购地安葬死者事及捕鱼图、阙斧图等。其中崖壁南端一墓穴旁的三国蜀汉时期购地安葬死者摩崖石刻，内容为"章武三年七月十日，姚立从曾意买大父曾孝梁石一门，七十万毕。知者廖诚、杜六。葬姚胡及母"，刻于223年。镌刻于崖壁北端一墓门上方的捕鱼图岩画，阴刻渔舟、鸬鹚、游鱼图各一，舟中竹竿驱赶鸬鹚下水捕鱼。该墓穴两侧分别镌刻有汉阙图岩画，左阙之左侧还刻一柄斧头。三岔河崖墓遗存的石刻和岩画，是迄今贵州发现同类型不可移动文物最早者。

此时，接到厅文物处丁凤鸣处长电话，得知国家文物局已下达进行石窟寺（含摩崖造像）专项调查的通知，要求结束今天调查后，尽快返回，根据国家文物局要求调整调查方案和工作计划。

离开三岔河崖墓后，调查组顺道先在纸厂沟调查袁锦道筑路碑。修路是袁锦道毕生所做的三件大事之一，当年他修通了自大溪沟经两岔河、园潭子、茨竹溪、洗鱼口、红洞，接通四川江津的道路，长"约数十里"。碑为六棱碑，有六角攒尖顶碑帽，无碑座，坐西南向东北。

碑阳额题"功垂千古"4字，中为龛，龛内为袁锦道坐像的造像。龛下文字为"恭赠姻翁讳锦道老封君善功志庆，姻家眷弟何以选拜题"，庆字处残损。碑阴亦有一造像龛，

三岔河摩崖

三岔河崖墓

袁锦道筑路碑

龛内端坐莲台者因残损而不能识。碑文镌刻于碑身的西侧和北侧，内容为："昔帝君有日'修数百年崎岖之路'。是说也，无非欲人利济应人云。我九曲水路，自元明迄今，敢云作善无人。实绿山僻地，百姓以穿凿之难。予也，实逼处此，午夜徘徊，欲为通蜀孔道，不难何以成功？爰为不辞艰苦，请匠鸠工。其功肇自大溪沟，又入两岔河、园潭子、茨竹溪暨洗鱼口，直出红洞，接通四川大界，途约数十里。其中穿岩凿壁，剪碍除险等，不但未募毫厘，自蠲锱铢，且置身奔驰，心力俱到，此岂敢□利济应人，希功于世亦为聊，体帝君垂训，勒石于斯，往来仁人，其谅予之苦心也夫，是序。"碑身东侧镌刻内容为："七十耆老学父袁锦道立，仝缘穆氏傅氏杨氏，嘉庆十三年桂月谷旦，匠师侯永礼。"

下午2点30分，调查组经登山旅游步道抵达望仙台，调查位于习水国家森林公园和国家级自然保护区内，习称"望仙台石窟"的省级文物保护单位习水袁锦道墓（祠）。

石窟位于三岔河河湾围椅形山崖南侧，沿额状崖洞内壁横向分布，东西长约30米，占地面积近300平方米。窟外下部为陡崖，崖底是三岔河河湾。东西两窟紧邻，西窟为袁锦道祠，洞窟较浅，东窟为"望仙台"寺，洞窟较深。窟前建窟檐，形成连廊，平面布局依围椅形山崖呈弧形。

洞窟利用额状崖洞内风化岩槽造像。东窟"望仙台"寺，主龛位于中部，形制呈横长形，龛内造像3尊。此前所有资料显示，3尊造像"中为释迦牟尼，左为迦叶，右为阿难"，经此次调查发现，3尊造像体量、体貌、衣着，包括莲台和背光均十分相似，甚至肉髻螺发也一样，唯手臂、手掌的位置和造型不同，因此，初步认定此3尊应为"三世佛"造像，即中央释迦牟尼佛，东方药师佛，西方阿弥陀佛。上方窟顶镌刻"真如密谛"4字。两侧镌刻"悬崖崔巍恍来鹫岭三仙岛；佳木郁茂俨住祇国一汽清"对联一副。西侧还有造像二组，上下布局，山面为三官造像，是道教较早供祀的神灵，所谓天官赐福，地官赦罪，水官解厄。造像作端坐状，均身着右衽广袖长袍，仅冠帽、神态有差。造像左右镌刻"祈三官佑百福；求神恩纳千祥"对联一副，上部镌刻"天地水秀"4字。下面为佛教的护法菩萨"韦陀"造像，立像，身披铠甲，上下饰飘带，冠带前部有饕餮纹饰，双手握剑于胸前。造像左右镌刻"站佛台一方清吉；抗降魔百邪扫除"对联一副，上部镌刻"威镇名周"4字。韦陀造像与对联之间还镌刻有序文，记开凿三官和韦陀事，此役"鸠首：王登荣，山正：袁锦道、袁正一、赵元清，雕匠师溪永理"，为"嘉庆十年乙丑（按：即1805年）岁姑洗月是日吉旦王济川敬刊"。造像下部以石砌祭台相连，台上供奉光绪二十年（1894年）培修后供奉的圆雕神像48尊，其中木雕2尊。

东窟外靠近悬崖边有一座建于同治五年（1866年）农历六月的"字库"塔，塔铭上有"同治丙寅暑月谷旦立"等文字。

望仙台袁锦道祠

三世佛造像

三官和韦陀造像

西窟袁锦道祠，在开凿的"征侍郎坊"内，有造像4尊，均为坐像。据说4尊造像分别为"袁氏及其一妻二妾"。但作为祠堂，古代是禁止妇女入内的，此说存疑，有待进一步研究。

"征侍郎坊"造像是利用额状崖洞内风化岩槽整体开凿而成，四柱三门五楼仿木结构。由楼柱和大额承托上部正楼和次楼，楼柱和边柱共同承托边楼。大额上立2根高拱柱，柱上镌刻"恩波垂万古；世泽祝千秋"，柱头间置额枋，枋上为正楼楼顶，正楼四阿顶，檐下仿卷板处高浮雕如意卷草纹，翼角起翘，正脊两端为鳌鱼吻，正脊中部安放宝瓶。额枋高浮雕吉祥图案。大额为高浮雕和镂空雕相间"二龙抢宝"图案，下部为鳌鱼，无云墩。二坊之间为仰莲座"圣旨牌"，周围镂空雕蟠龙图，牌面阴刻楷书"奉旨覃恩宠锡征侍郎题名建坊，八品寿民袁锦道立，嘉庆十五年仲冬月吉旦"31字。"圣旨牌"两侧为天官和地官。高拱柱与楼柱间为次楼，做法与正楼同，仅正脊脊端改为卷草纹饰。楼下东西两侧花板分别横向阴刻行楷"贞忠""节义"。边楼正脊为剔地回纹，脊饰与次楼同，檐下卷板浮雕莲瓣纹饰。额枋高浮雕野鹿撞钟和麒麟、喜鹊等吉祥图案。花板高浮雕扇面内分别阴刻行楷"文经""武纬"。花坊下施雀替。楼柱圆雕狮子下部镌刻"日照月临万世仰水凝石泐之象；云蒸霞蔚千秋凛精金玉润之神"联，边柱镌刻"令德迈高风乾端坤凝方朔麻姑留胜迹；雄才贻后裔桂秀兰芳仲谋亚子起宏猷"联。

牌坊下还有管家和侍女圆雕像各1尊，是光绪二十年（1894年）培修后添置。

"征侍郎坊"造像，形制较为独特，经征询陈聪得知，三岔河镇现仍有一些牌坊遗存，调查组决定稍后前往一探，便于与该坊进行比较研究。

西窟以西，有代表性的"望乡台遗赞并序"摩崖石刻，镌刻于清嘉庆十五年（1810年），为袁锦道的表侄"辛酉科举人"任之楷撰文，堂侄袁书浩书丹，匠师候永理镌刻。内容包括题、序、赞、款识4部分，共731字。以及嘉庆十五年的"袁锦道捐修望仙台碑记"、咸丰十一年（1861年）"望仙台护林碑"和光绪二十年（1894年）"培修碑记"等。

再往西，山岩上还有利用凹陷崖壁开凿的一处圆形造像。造像中的人物盘腿而坐，体态肥胖，袒胸露腹，双手垂握腰带。这"大肚弥勒"应即布袋和尚。整日袒胸露腹的布袋和尚，世传为弥勒佛之应化身，身体胖，眉皱而腹大，出语无定，随处寝卧。

离开望仙台，调查组顺路调查仍有不少遗存的袁锦道所筑通四川古道。

在石窟寺顶上古道旁，遗存有建于清嘉庆十四年（1809年），二柱三楼红砂岩材质的"护国宫"牌楼一座。两立柱和上部定盘枋之间分上下两部分，上部空间被一对高浮雕盘龙柱分隔为三部分，盘龙柱与立柱间装板，板上浮雕"八仙"，左右各4仙，中间为空，但据道旁说明牌介绍，原为武财神赵公明雕像。下部居中为文财神比干雕像。定盘枋上部为柱础状石墩，石墩间装镂空花板，两侧为"团寿"图案，居中不存，据说是"五福捧寿"图案。墩上置枋，枋上承托四柱，中间两柱也为高拱柱做法，柱顶额枋上为正楼。两边短柱顶部枋上为边楼。正楼下高拱柱间为字碑，横向双钩阴刻行书"护国宫"3字。牌楼柱枋均有雕刻，惜风化过于严重，仅上部边楼短柱上的"山高""水长"仍能辨识。

行走的近3千米古道保存尚好。下午5点，走到上纸厂沟时，道旁临溪处，又见修路碑记1通，同为六棱碑，区别为此处是重檐六角攒尖顶。碑身文字风化严重，多漫漶难识。原以为是一事二碑，但从靠近古道一面可识别文字看，又有差别。相同者如"七十耆老学父袁锦道，仝缘穆氏傅氏杨氏"，不同者为，下纸厂沟碑为"匠师侯永礼"，此处为"匠士□□□"。下纸厂沟碑的年代为"嘉庆十三年桂月谷旦"，此处为"嘉庆十一年丙寅桂月"，时间上相隔两年。该碑已分别由遵义市和习水县人民政府公布为市县级文物保护单位，且立有保护标志牌。

于下午5点50分赶到三岔村水井组调查袁何氏墓，从墓碑碑额镌刻的"癸山丁向"看，该墓坐北偏东向南偏西，可简述为坐东北向西南。墓为"皇清待赠孺人袁母何太君之墓"，何氏系袁培环妻。墓围前有四柱三门三楼石牌坊一座，系墓坊。

于晚上6点来到今日最后一个调查点，南北向立于三岔河镇狮子村风水垭组一片坡度较缓树林里的何袁氏节孝坊。

该坊四柱三门五楼，在正楼和次楼间，用高拱柱承托正楼。只是该石坊的高拱柱用方柱，而袁锦道祠仿木坊的高拱柱雕凿呈圆柱形。就此看，该地四柱三门五楼的牌坊，是有高拱柱做法的。

何袁氏节孝坊另一特点是，未像其他牌坊般跨道建立，而是选择独立修建在山边，仅正面有装饰性雕刻纹样，背部基本为净面，只是在额枋上镌刻何袁氏身份："旌表节孝何袁氏，系庠生何云光之妻，廪生袁达儒之女，贡生袁通儒庠生袁近儒之胞侄女，贡生袁伸儒庠生袁瑞儒袁述儒之嫡堂侄女也。"看来三岔河一带的袁氏与何氏是互为亲家的姻亲关系。

原以为牌坊后部的石砌台地上是否有何袁氏墓，系坊墓结合。经调查确定，石砌台地仅仅起挡土的作用。在对该坊进行法式测量后，调查组于晚上6点半启程返回习水县城。

袁锦道祠造像

护国宫牌楼

袁何氏墓坊

何袁氏节孝坊

十八、测绘石鹅咀摩崖造像和调查"半壁寺"

2020年11月17日，晴。

调查计划：测绘石鹅咀摩崖造像和调查"半壁寺"。

昨天下午5点，调查组队员石斌、娄清、洪涛，乘北京北建欣源古代建筑科技有限公司经理王彬租的一辆小型客车从贵阳出发，到茅台机场迎接北京建筑大学测绘学院的信息化测量队伍。

昨晚10点45分，北京建筑大学测绘学院黄明教授、郭明和王国利副教授3位博士带领的，以周玉泉、余光宇、张新宇、周川力、于腾飞5位在读研究生和在读本科生王祉麟组成的信息化测量队伍，安全降落，抵达赤水入住酒店已是今日凌晨。

今日天气晴好，调查组于中午11点抵达原石鹅村所在的旺隆镇朝阳村七组。旺隆镇党委赵中良书记仍然亲临，携镇科教中心贾启秀和朝阳村委会副主任李晓梅协助调查组工作。信息测绘小组和石斌分别准备好无人机后出发，于11点15分抵达石鹅咀摩崖造像下的亭子前，旋即开展信息测绘工作。

娄清和洪涛攀爬到石鹅咀顶部，发现残碑1通。额题"万古标名"4字。首题文字残缺，可识者有"音川主碑引重塑山"几字。碑文大致内容为："……积善之家，必有余庆，伸之有感，而人岂无善意乎？今我本地石鹅山，古来有大佛一尊，风雨漂淋，金身颓坏。余目□□怀重修观音，新修川主，装塑形像，灿然一新。独立难□，爰订册募化四方。诸君乐从，不吝倾囊，共□锱铢□□厥成，乃积以沾善果，永垂不朽。是以为序。"

刚从山顶下到亭子处，北京建筑大学同学们使用的无人机意外坠落，师生们根据判断，就近在竹木林中搜索，半个小时后一无所获。时过正午，赵书记建议调查组的队员们先行吃饭，饭后再找。

石鹅咀山顶残存的碑记

从石鹅咀山顶下来

下山时，赵书记在山下毛竹林中不一会儿就挖出好几棵冬笋。立冬后仅10来天，赤水的冬笋已进入采挖季节。

即将午餐时，贵阳籍在读研究生余光宇同学一只脚的脚踝以下被汤烫伤，赵书记赶紧安排车辆并派人陪同小余到镇上卫生院治疗。

饭后返回石鹅咀，仍未找到无人机。在赵书记协调下，委托朝阳村村支两委组织村民帮助寻找后，调查组在旺隆镇辞别赵书记，接上小余，赶赴赤水市市中街道办事处滨江社区的东门附近，调查尚未核定公布为文物保护单位的不可移动文物"东门摩崖造像"。

于下午4点半抵达造像所在河滨东路西南侧，造像旁有一公厕，两侧为商铺和居民住宅，隔河滨东路距赤水港码头80米，距赤水河水面相对高差30米。

造像所在已为当地百姓宗教活动场所，外观是紧贴岩壁所建的一层砖混结构建筑，入内观察，原窟檐遗迹尚存。摩崖造像为独立窟龛，石龛较小，龛内凿一观音像坐像，面目慈祥，手捧净瓶盘坐于莲台之上。造像所在岩壁下建有香台，台上摆置有2尊彩塑金童、玉女像。三尊造像像身鎏金、皮肤略红、头发乌黑、色彩鲜艳。据称造像下方有一碑刻，已被香台遮挡。

经调查，此处原称"半壁寺"，下为赤水河右岸，河滨东路是后来新建的。据相关文献记载，东门外原有镇江王庙、东岳庙、海灵宫、准提庙、川主庙，独不见"半壁寺"。镇江王庙就在附近，海灵宫就在造像所在的山体上面。

信息测绘完成后，调查组回酒店休息。

今日，北京建筑大学刘临安教授与何欣也乘机抵达，市文保中心胡明接机后陪他们先行考察几处石窟寺和摩崖造像，晚上共进晚餐得以与调查组全体队员交流。

半壁寺外临赤水河

半壁寺观音造像

十九、调查测绘石窟寺和摩崖造像

2020年11月18日，晴。

调查计划：调查测绘石窟寺和摩崖造像。

小余因脚伤留在酒店休息。调查组从中午10点开始，先后完成在三会水石窟寺和赤水葫市摩崖造像信息测绘工作。

下午2点20分，开始对尚未核定公布为文物保护单位的不可移动文物金沙摩崖造像进行信息测绘。

造像位于葫市镇金沙村金沙沟入赤水河口处左岸南侧，地处上白垩统嘉定群近水平红砂岩旁凹状崖壁上，距离河口水面相对高差约40米，属于红色砂泥岩层被风化形成的岩穴。

造像沿凹状岩壁横向分布，为1窟2龛，共一层，右龛为5尊造像，左龛为1尊造像，共6尊，呈一字横向排列。右龛造像，中间3尊为"三宝王母"像，两侧对称各有体形稍小的侍从像。左龛为"药王"造像。6尊座像中，最高0.8米，小的0.5米。整个造像群结构严谨，人物形象性格鲜明。各造像像身均涂彩色颜料。造像东侧石壁上，有摩崖石刻两方，其中1方残。内容因风化严重难辨，期待以后能够通过捶拓进行识别。

该处摩崖造像所在，现为当地百姓宗教活动场所，信众在岩壁下建有混凝土香台，岩壁上及祭台摆设有数尊佛塑像。窟前紧邻岩壁建有一层青瓦顶砖木结构简易建筑，使摩崖造像被建筑包含，便于参观、保存。原窟檐遗迹、寺院遗址不存。

下一处调查对象为陛诏观音岩摩崖造像，由元厚镇科教中心2位小伙作向导。他们驱车在前，带调查组经石梅村和陛诏村后径直向山上开去，于下午3点30分，车辆在中心村狮子岩西南向停后，他们带调查组徒步沿一条古道西南行。3点50分时，行走300余米，跨越左侧山顶倾泻而下的一股瀑布后，古道靠山崖壁上，有一方额题"同结善缘"4字的"补修观音岩路"摩崖石刻，实为功德碑。内容显示，除"领首曾发顺出钱二百文"外，"罗家贤出钱三百文、米二升"是最多的，另有4人"出钱二百"、12人"各出钱一百一十文"、3人"各出钱一百文"、3人"各出包谷三升"、7人"各出包谷□升"，还分别有人"出米一升""出包谷二升"等。有意思的是，匠士"陈□清"为使文字镌刻规整而划的线条仍然可见。这算是一处新的发现。

往前250余米古道，是利用丹霞地貌弧形额状山崖开凿形成，山崖中间的古道旁石壁上，凿有一小龛，当地称"观音岩"，只是没有造像而已。从"观音岩"向东北观察，两条瀑布由古道东侧和西南侧倾泻入眼前的U形山谷中，汇流后东北向在金竹坪和坝子坪间注入陛诏沟水。

回到停车处，告知他们我们要调查的是陛诏沟口的"观音岩"，一行原路返回，于下午4点30分将车停靠在陛诏村大群组。

陛诏观音岩摩崖造像是一处尚未核定公布为文物保护单位的不可移动文物，在元厚镇陛

陛诏观音岩古道

金沙摩崖造像

陛诏观音岩摩崖造像（远眺）

诏村村北150米陛诏沟出赤水河河口左岸一巨形岩石的峭壁上。

陛诏观音岩摩崖造像所在，属上白垩统嘉定群红砂岩构成的丹霞地貌，具体说是由崩塌的岩块、岩屑堆积在崖麓或谷底形成的崩积丹霞地貌。

据当地口耳相传，造像最初开凿于清乾隆初。后因岩石崩塌，"观音"像随崩塌岩石倒覆，是此地地名又叫"倒观音"的缘由。据《光绪增修仁怀厅志》卷二之祥异志有"乾隆五十一年丙午五月六日河西里地震"，六月十八日出现"山崩"的记载，与传说吻合。光绪十四年八月（1888年）在崩塌岩石后面的岩石上重新开凿。

石壁上凿龛，龛高1米，宽0.8米。龛内为观音菩萨造像，著衣持钵，跣足盘坐于双层莲台之上，头戴冠帽，身着广袖袍，拱鼻大耳，发披于肩。龛上部横向镌刻行楷"观音岩"3

陛诏观音岩摩崖造像

四洞沟山王祠

字。龛两侧镌刻行楷抱对"俨然西湖胜景；恰似南海名山"一副。龛东侧0.3米许，有竖向行楷"光绪十四年八月□□日重□"墨书壁题。

辞别两位小伙，调查组赶往四洞沟。于晚上6点抵达四洞沟，调查组穿行在大同河支流四洞沟水和数处珍稀的孑遗植物桫椤后，在一片毛竹林旁找到开凿于山脚岩石上的"山王祠"。在独立窟龛的门额上，镌刻"山王祠"3字，门左右镌刻"山为犀物主；王乃万民安"抱对一副。由于"山王"雕像系安置之物，非原生岩石上雕凿的造像，不能作为石窟寺（含摩崖造像）登录。

二十、"严登首功名坊"和茶土坪"观音堂"

2020年11月19日,晴。

调查计划:计划经长沙、长期、官渡三镇和石堡乡后往习水县三岔河镇,顺道调查长沙镇的沈家坝牌坊。

小余的脚伤虽未痊愈,仍随调查组出发前往习水。

虽经村民们昨天一天继续努力,无人机仍未找到。所幸昨晚得到大疆公司提供的无人机最后卫星定位信息,调查组出发后再上石鹅咀。根据最新定位信息,很快在竹林间临山崖处找到无人机。此地离前日判断的无人机掉落区域严重偏离,害得村民们忙活了那么久。向赵书记通报无人机找到消息并表示感谢后,驱车前往长沙镇石场村。

在镇上,与韦玮安排胡明通知的石城村党支部书记取得联系后,他随车带我们前往。路上问及周边是否还有一个"茶地坪牌坊",他说不清楚,但他们村的茶土坪观音岩倒是真有,可以先去看看,返回时看沈家坝牌坊。车辆来到市县级文物保护单位"沈家坝牌坊"时,正在进行村道的整修,利用等候之机,决定先行调查这座牌坊。

牌坊立于儒林郎严登首墓前,实为墓坊,却只保护了牌坊本体。牌坊为四柱三门五楼砂石质。楼柱上置定盘枋,枋上圣旨牌居中,牌上为正楼。圣旨牌左右为坐斗承托的次楼,无高拱柱。定盘枋正面浮雕人物故事4组,背面镌刻"敕授儒林郎严登首立"9字。定盘枋下,上额枋间为"字碑",正面镌刻寓意蒙受皇恩的行草"枫陛承恩"4字,背面镌刻楷书"怀阳人杰"4字。上额枋正面浮雕人物故事1组,背面镌刻文字漫漶难识,对照墓碑看,应为严登首之子、媳一众姓名。上额枋与下额枋间的花板,正反两面镌刻文字相同,均为"奉天承运皇帝制曰:锡类推恩,朝廷之大典;奉公效职,臣子之常经。尔捐职州同严登首,赋质纯良,持身恪谨。既服官而奏绩,行报国以抒诚。襄事维勤,新纶宜赉。兹以尔遵例急公,授尔为儒林郎,锡之敕命。于戏!宏敷章服之荣,用励靖共之谊。钦兹宠命,懋乃嘉猷。敕命之宝。嘉庆十五年十二月十三日"。下额枋正面浮雕人物故事3组,背面镌刻"严文光、严文元、严文先、严文兆、严文亮、严文风、严文成"7人姓名,对照墓碑看,为严登首之孙辈一众。下额枋下为高浮雕雀替。

边柱柱顶置额枋与楼柱相连,略低于楼柱间之上额枋。额枋下为花板,花板下为花枋。额枋正面施高浮雕。花板两面均镌刻文字,内容分别为"题松溪严公坊。即铨直隶州正堂杨云敬撰""题松溪叔大人坊。候铨儒学正堂侄敏敬书""题松溪严公坊。即铨儒学正堂王心达拜撰""题松溪叔大人坊。候铨儒学正堂侄光显敬书"4人所题诗文。

牌坊雕刻尚算精美,但风化严重。整坊无对联,倒是少见。就牌坊看,是儒林郎严登首所立的"功名坊",命名为"严登首功名坊"更为贴切。坊两侧各立有墓表一,应是贵州所见最高者。

待修路机械挪开后,调查组得以继续驱车前往茶土坪。

严登首功名坊

茶土坪在山腰处，并无坪地。沿公路旁的古道下行，一处被称为观音岩的山崖处，依崖建有木亭。进入木亭后观察发现，观音岩仍属于典型的由凸片状风化剥落形成的丹霞地貌。道旁凸出岩石东北向凿有一龛，主体内容形似四柱三楼的牌楼。这虽非我们想象的牌坊，但却是我们石窟寺含摩崖造像专项调查想寻找的，真是意外收获，令人欣喜。

雕凿的牌楼门窟龛，看面宽近 1.6 米，高 1.2 米许，离地 1.2 米许。正楼门额上楷书阴刻"观音堂"3 字，门柱为一对圆雕盘龙柱，边柱位置镌刻阴刻对联："心虔何必朝南海；意诚此处即普陀"。从款识看，镌刻于清嘉庆十四年（1809 年）。遗憾的是龛内无造像。

窟龛东南壁面上有 5 方摩崖石刻，多漫漶难识。其中一方为"光绪二十三年丁酉八月中浣立"的"重修观音庙堂碑序"，称得"好善君子"等"慨然襄助，庶几，庙重新而获佑耳"。

据过往村民介绍，最初窟龛离地 5 米，高悬在崖壁上。后人在下部筑台，修建木亭。那光绪摩崖石刻所记，是否指的木亭，如是，则为 1897 年之事。木亭建筑面积 10 余平方米，为单层穿斗式木结构歇山小青瓦顶建筑。

在长沙镇中餐后驱车前往习水县三岔河镇，抵达丹霞谷酒店时，习水县文物保护与研究所副所长王德维也刚好到达。

位于古道旁的茶土坪"观音堂"

茶土坪"观音堂"摩崖造像

帮助取回定位球的徐贤学大爷

　　在调查组对袁锦道祠所在的望仙台石窟进行信息化测量时，原本看似无聊但有序进行的信息化测量工作，被两次意外打破。放置在室外护栏柱头，用于扫描定位的球体意外滚落向悬崖边上。正当队员们想尽各种办法准备捡球时，文物保护单位袁锦道祠的看护员，微信昵称"深山药王"，年过70岁的徐贤学大爷系上安全绳后直接下至悬崖边缘，不到5分钟，将定位球取回，身手之敏捷让人叹服。不一会，靠近大门附近的定位球再次滚落，因下面正好是一块台地，队员们自己从台地旁悬崖边的树丛里找到。

二十一、石阡华峰寺和施秉华严洞

2020年12月2日，晴。

调查计划：石阡华峰寺摩崖造像和施秉华严洞摩崖。

我和石斌、杨柱学从铜仁碧江赶赴石阡，调查市县级文物保护单位华峰寺摩崖造像。由于石阡县文物局高强正在脱贫攻坚战一线驻村，特委托石阡县坪地场乡党委副书记曹家财、乡组织委员李昌周和摩崖造像所在汪河村民委员会主任黄文明陪同调查。

调查组于中午10点过抵达汪河村老屋基村民组造像所在的北侧半山中，造像坐东向西，西面为大山，东面山脚为凯峡河谷，地处武陵山脉西南边缘，龙川河东南面各支流源头及沅江支流的源头，为白云岩沉积地层。

洞窟为半山凸出岩上开凿而出的窟龛，窟龛为独立一窟。窟中摩崖造像6尊，其中3尊佛像位于窟龛正面，从左到右分别是燃灯、如来、弥勒。燃灯大师造像位置较之稍低，盘腿斜坐，面朝南，面部表情尚能分辨。如来、弥勒造像同高，盘腿而坐，上半身及头部因残损严重，无法辨清。另有一佛像位于窟龛左侧岩壁，造像为替痛佛。在弥勒、替痛佛之间的2尊小佛像则是面朝正中的弥勒站着，手中似乎提着什么，残损严重，分辨不清。

调查组于下午2点30分赶到黔东南苗族侗族自治州施秉县甘溪乡甘溪村凉风坳华严洞，施秉县文物局局长何欢同时到达，陪同调查省级文物保护单位施秉华严洞摩崖内的造像。

明、清两代各个时期，在此留有"灵云盘结""洞天福地""万历甲辰仲冬清浪参将董献策刊石以纪其盛""西崦飞来""如来度化""洞天深处""空中楼阁""含吐十□""衔花处"，及"山光草色天成秀；水曲崖奇地结灵"，横批"空色大观"等十数处摩崖石刻。利用天然岩溶加以人工雕凿的自在观音摩崖造像1尊。

"灵云盘结""洞天福地"摩崖石刻在洞左崖壁上，均横向楷书阳刻，款识为"万历丙申孟夏吉日""淮阴王鸣鹤题"。镌刻于明万历二十四年（1596年）。

"万历甲辰仲冬，清浪参将董献策，刊石以纪其盛"摩崖石刻，在洞内右侧顶部崖壁上，竖向楷书阳刻，19字分4行，镌刻于明万历三十二年（1604年）。

华峰寺遗址

华峰寺摩崖造像

 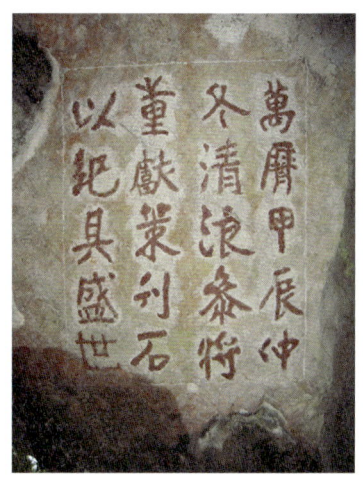 

施秉华严洞摩崖　　　　　　明万历纪盛摩崖石刻　　　　　华严洞观音造像

"西峙飞来""如来度化"摩崖石刻，在洞口正上方，上下分布。"西峙飞来"为横向楷书阳刻，"如来度化"为横向楷书阴刻，均有阳刻边框。款识为"申阳董献策题""万历乙巳秋立""邺下王之栋书"。镌刻于明万历三十三（1605年）。同系王之栋题于同年的，镌刻在洞口左右的"山光草色天成秀；水曲崖奇地结灵"联，横批"空色大观"是最显眼的。

"空中楼阁"摩崖石刻在洞右崖壁上，竖向楷书阳刻，"含吐十囗"，横向楷书阳刻，均无款识。"衔花处"，横向楷书阳刻，系王志间题，镌刻于清康熙三十三年（1694年）。

横向楷书阳刻，明按察使、云南居士朱化孚书的"洞天深处"4字，在洞中近20米处。过此十余米，即我们此次调查的重点，利用天然岩溶形态雕刻的观音、武士造像各1尊。观音呈坐式，高2.1米。武士呈立式，高1.2米。

各时期《贵州通志》和乾隆、道光《镇远府志》对华严洞其地均有载述。洞外，原有华严寺正殿、下殿各一栋，正殿右有玉皇阁，正下殿间，两边厢房连接，中留天井。下殿外有凉亭一座，紧靠古驿道，石碑林立，对面为万寿宫。清咸丰乙卯（1855年）被焚，光绪初年重建，1929年又被滇军焚毁。1940年，施秉、镇远、台江、剑河、三穗、黄平、岑巩、余庆、石阡等县群众捐款重修。今甘溪乡政府存有"重修华严寺碑"。解放后，斋姑还俗。今华严寺已毁。

调查组组长石斌因事返筑。我和杨柱学继续赶赴凤冈县进行调查。

109

二十二、太极洞和龙塘沟摩崖造像

2020年12月3日，小雨转阴。

调查计划：凤冈县太极洞和正安县龙塘沟摩崖造像。

为确保调查计划完成，上午8点，娄清和杨柱学就在凤冈县文体旅游局原副局长熊玉飞陪同下，抵达市县级文物保护单位太极洞摩崖造像所在何坝街道水河村开始调查。

太极洞所在，是一个长达3公里的山体和洞穴系统，整个山体由大大小小的角砾岩构成。其形成于7000万年前的中生界晚白垩世角砾岩组成的北东–南西向的山地、洞穴系统。在低洼地向斜构造中，由山洪爆发时被水流击下，大大小小的卵石不断汇集于低地中堆积起来，日积月累，称为洪积扇，通过地质成岩作用，这些大大小小的卵石逐渐形成了角砾岩。在造山运动的影响下，这片洼地高高隆起，变成了现在所见的模样。

造像开凿于清道光年间。分布在太极洞最大的洞穴岩壁及洞外不同区域。在洞中部，北壁摩崖造像共六尊，一尊在石壁上部，距地面7.3米，造像高1.5米，结跏趺坐，袒胸露腹。两尊在石壁左下角，距地面1.4米，造像高1.4米，垂目曲膝，安适静坐，容貌慈祥。其余三尊在前造像上部距地面2.8米，均左手捋，右手执符，含笑远视。

调查组于9点30分将熊玉飞送至县城，随后即上高速公路赶赴正安县，途中山体因昨夜初雪，已是银装素裹。中午11点刚过，下高速与文博副研究馆员、正安县文管所负责人田茂国和该所文博助理馆员陈彪会合后，赶到流渡镇镇府。中餐后准备好雨鞋，在正安县流渡镇文化站站长

太极洞（局部）

太极洞摩崖造像之一

太极洞摩崖造像（局部）

龚安全、流渡镇白花村副主任龙孝喜陪同下，前往调查尚未核定公布为文物保护单位的不可移动文物龙塘沟摩崖造像。

流渡镇境域为沉积地层，地质类型多样，龙塘沟一带沟壑纵横，坡陡谷深，地表切割破碎。地貌则属碳酸盐岩地区。调查组沿流渡镇新桥村南斯组白石背龙潭沟前行，数度跨越溪流，将近下午2点抵达。造像东西向分布在龙塘沟小地名灵水洞（或灵水庙）的古盐道旁北侧一段山崖上，整体坐北向南，局部坐东北向西南。东侧一组在灵水洞洞穴内，有清泉一眼，常年不枯，造像于洞穴外岩面上约50平方米。相距100米西侧，分两大块面造像于200平方米的岩面上，造像下部沟底有瀑布。

造像内容大体可以分成三类，其一为佛教中的佛、菩萨、罗汉、天王等，其二为道教中如三清，五岳，二十八宿等神灵诸神，其三为佛教道教与民间信仰混合，寓意吉祥的人物、动物和植物。造像利用岩石形状布局并作为骨架，在其上塑像后施以彩绘，整体上造型生动、形态各异、个性鲜明、惟妙惟肖。更为奇妙的是其选址处，夏秋之际，日落时分，阳光透过西南山顶上的穿洞，普照在一众造像上，形成奇特的光影效果，可谓匠心独具。

龙塘沟摩崖造像开凿于清代，具体年代不详。鉴于其地处川盐行黔"綦岸"盐运通道上，结合当地村民口耳相传，初步判断为清乾嘉年间，具体开凿年代有待进一步研究。

结束龙塘沟摩崖造像调查后，调查组驱车前往遵义市红花岗区。

穿行龙塘沟　　　　　　　　　　　　　　　　　　　　瀑布上方崖壁就是造像所在

龙塘沟摩崖造像　　　　　　　　龙塘沟摩崖造像局部　　　　面对造像

二十三、从凉风洞到红布岩

2020年12月4日，阴。

调查计划：新舟凉风洞、长期村牌坊、茶地坪牌坊和宝源红布岩摩崖造像。

上午9点30分，调查组抵达播州区新舟镇绿塘村青年组大山坡西坡脚凉风洞，在新蒲新区文体旅游局产业发展中心副主任熊鹰和中心的梁爽、新舟镇文化站站长杨秀东陪同下，调查尚未核定公布为文物保护单位的不可移动文物凉风洞摩崖造像。

凉风洞摩崖造像所在，属上扬子台褶带侏罗系地层白云岩、石灰岩岩溶丘陵谷地的典型岭谷地貌。凉风洞摩崖造像所在无建筑、窟檐遗迹和寺院遗址。旁有废弃采石场，东距新舟镇约8公里，山脚有通往绿塘村的乡间小路，洞周边为耕地、林地。

摩崖造像凿于高0.95米，宽0.85米洞口岩壁上，为高浮雕人像。造像面容端庄饱满，头戴冠帽，上半身着广袖袍，拱鼻大耳。无彩塑、壁画。造像两侧镌刻有题记类文字，内容因风化严重而模糊难辨。据当地村民相传，所记为开凿造像和镌刻摩崖石刻事。洞内南壁上横向阴刻小篆"延年益寿"4字，镌刻于"民国戊辰夏"。拍照和测绘后，调查组驱车经习水县赶往赤水市。

于1点50分到达习水河畔的长期镇长期村，经询问多人，得一在养老院生活的老人指点并带路，至下午2点才找到市县级文物保护单位"长期村牌坊"所在，立于一所墓葬前，看似墓坊。

牌坊同为四柱三门五楼砂石质。楼柱上置定盘枋，枋上居中为圣旨牌，但镌刻的却是"奉天敕命"4字。圣旨牌左右不设高拱柱，为高浮雕文武"门神"立像，圣旨牌上为正楼，圣旨牌左右为坐斗承托的次楼。

定盘枋正面浮雕戏文故事3组，背面浮雕"二龙戏珠"。定盘枋下额枋间为"字碑"，镌刻敕命袁文遑和周氏为儒林郎和安人的文字，"奉天承运，皇帝制曰：资父事君，臣子笃匪躬之谊；作忠以孝，国家宏锡类之恩。尔袁文遑，乃捐职州同袁洪玳之父。善积于身，详

凉风洞

凉风洞摩崖造像局部

茶地坪敕封安人王氏坊

长期村儒林郎袁文暹和安人周氏坊

开厥后；教子著义，方之训传。家裕堂构之遗，兹以尔子遵例急公，封尔为儒林郎，锡之勅命。于戏！殊荣必逮于所亲，宠命用光夫有子。尚宏佑启，益励忧悃！制曰：奉职在公，家教劳之，有自推恩。将母宜锡典之攸隆，尔周氏，乃捐职州同袁洪玘之嫡母。壸范宜家，夙协承筐之嫄；母仪诒穀，载昭画荻之芳。兹以尔子遵例急公，封尔为安人。于戏！彰淑德于不瑕，式荣象服。膺宠命之有赫，益贲徽音！敕命之宝。嘉庆二十年十二月十三日。"

额枋两面分别浮雕戏文一组和"双凤朝阳"。额枋下为高浮雕雀替，无云墩。

边柱柱顶置额枋与楼柱相连，枋底略低于楼柱间之额枋。额枋下为花板，花板下为花枋。额枋两面施浮雕，正面为戏文，背面以"二十四孝"内容为主。花板两面分别镌刻"龙章宠锡"和寓意为祖先增光、为后代造福的"光前裕后"的文字。浮雕戏文的花枋下为挂落。坊柱前后均有抱鼓石，鼓上置石狮。

就功能而言，牌坊应该视为功名坊。功名，指的就是古代科举称号或官职名位，亦泛指功业和名声。其命名"长期村牌坊"似乎不妥，如命名"儒林郎袁文暹和安人周氏坊"更为贴切些。整坊未见对联，但雕刻还算精美，特别是坐斗上雕刻的"八仙""八艺"等吉祥图样令人印象深刻。

坊后墓葬，墓碑中部碑文和两侧寿藏序文，下部文字均因风化剥蚀严重而不存，根据残存文字看，系袁文暹和周氏合葬墓。蹊跷的是，牌坊内容为"敕命"袁文暹为从六品的"儒林郎"，而碑文书刻的却是"诰授承德郎"，承德郎为正六品，不够六品以上获"诰授"的等次。

该墓取"卯山酉向"，也就是坐东向西，牌坊亦然。

离开长期镇后赶往与四川合江县凤鸣镇一河之隔的白云乡市县级文物保护单位"茶地坪牌坊"。3点15分找到牌坊时发现，牌坊同样立于一所墓葬前，看似墓坊。

牌坊为四柱三门五楼砂石质。突出的第一印象是正楼、次楼和边楼均不用坐斗支承，代之以整石。楼柱上置定盘枋，枋上居中为圣旨牌，正面"圣旨"2字周边牌位的镂空雕几乎不存，而背面"圣旨"2字不存，周边牌位镂空雕万字纹套"暗八仙"。从佚失的"圣旨"2字内部显现的砖块材料看，前后"圣旨"牌并非整石雕刻。圣旨牌左右为高拱柱，正面雕刻门神，背面镶嵌"二龙戏珠"青花瓷片。该遗存为牌坊的构造和局部做法提供了重要信息。

高拱柱上的额枋，正面有镂空雕戏文故事，背面镶嵌青花瓷片人物，因涂抹有灰面，图样难以辨识，从数量上看，感觉是"八仙"人物。额枋上为正楼。高拱柱左右为次楼，有云板。

定盘枋正面浮雕"二龙戏珠"，背面镶嵌定制的文字瓷片12块，部分脱落或残损，内容为"□表□德□严登首之妻王氏"。定盘枋与下部上额枋间为字碑，正反面分别镌刻"龙章宠锡""凤綍荣褒"4字。

上额枋与下额枋之间的花板，正反面分别镌刻敕封诏令文字和墓主人生平。正面文字为："奉天承运，皇帝制曰：锡类推恩，朝廷之大典；奉公效职，臣子之常经。尔捐职州同严登首，赋质纯良，持身恪谨。既服官而奏绩，行报国以抒诚。襄事维勤，新纶宜贲。兹以尔遵例急公，授尔为儒林郎，锡之敕命。于戏！宏敷章服之荣，用励靖共之谊。钦兹宠命，懋乃嘉猷。曰：'恪共奉职'。良臣既殚厥心，贞顺宜家淑女，爰从其贵。尔捐职州同严登首之妻王氏，含章协德，令仪凤著于闺闱；黾勉同心，内治相成于凤夜。兹以尔夫遵例急公，封尔为安人。于戏！龙章载焕，用褒敬戒之勤；翟茀钦承，益励柔嘉之则。敕命之宝。嘉庆十五年十二月十三日。"背面文字为："安人氏王，邑处士讳铃之女，邑庠生侯之姑，而忠国公讳祥之裔也。忠国公当明末献贼之乱，提兵入蜀，驻遵义。蜀中之人，赖以生全者甚众，遂家焉。公世居仁怀县。安人生于盛族，年二十，归儒林公严松溪先生。生男五人，女三人。初，先生家贫力学，屡试不售。归而务农养亲，勤俭起家，援例州同职。齐礼太翁，貤赠儒林郎；王太君，貤赠太安人。乡人敬重之，咸称为得内助之力。当是时，家运方兴，外务繁难，内政旁午。安氏尽心佐理，凡所以治内者，无不有条不紊。生平所历，冠、昏、丧、葬十数端，随时区处尽善。盖至老犹不衰矣。其教子孙，以读书立品、居敬行简为要。他若亲族往来，乡邻周恤，无不措置咸宜焉。安人行状如此。尝观家人之义，归于反身；而二南之美，亦资内助。夫唯有葛覃、卷耳之志行，是以能辅佐君子，积善累功，敬迓天庥。而公子、公姓、公族，绵延奕世之祥。考之古今，历历不爽。安人之德如是。是则报施之理，不于其身，必于其后者，不从可卜哉！安人哲嗣宇宾等，皆浑厚笃实，为余素交。其诸孙又尝从受业，故得备闻安人淑德。兹因墓表之，寓爱次其梗概，以俟立言君子锡之志铭。则安人其不朽矣乎！候铨儒学正堂世侄黄宽文拜撰。"

下额枋正面高浮雕戏文故事，背面为净面。枋下装挂落。

边柱柱顶置额枋与楼柱相连，额枋高度在楼柱上下额枋间。额枋正面浮雕鸾凤图样，背面镶嵌定制的文字瓷片各4块，均脱落。额枋下为花板，正面左右分别镌刻文字，内容为："敬题叔祖严府王太安人坊。霓裳舞曲月华圆，婺宿光腾近日边。七里萱花萦柳絮，三秋桂蕊丽婵娟。风追孟母须膺福，德绍梅家岂让仙。鳛水共钦林下度，瑶池未了淑人缘。况奔月窟稀龄后，曾贲金花卅岁先。翟茀愈昭三徙范，丝纶弥阆两朝鲜。青山霭瑞云霞烂，白石含辉姓字镌。碧落定教环佩在，拜恩曾否玉楼前。候铨学正堂愚再侄王湘拜撰""敬题祖母严府王太安人坊。几辈争乘八月槎，何如闺秀宠金花。巾帼自有奇男气，神仙不必让梅家。一自瑶池青鸟使，伴坐钓台高鳛水。四十年余贲丝纶，蕙质柳材褒不已。古稀有二奔月宫，兰馨桂馥一堂中。鞭来怪石归雕琢，狮笑龙吟鬼吹风。居然有待泷冈表，云山江水何窈窕。

红布岩摩崖造像

红布岩观音造像

庇荫礽昆合多灵，锡命将来非小小。自惭白面少远图，天语不闻岂愿无。磊磊芳名名不灭，贤哉严母我家姑。候铨儒学增生王运昌拜撰。"背面镶嵌瓷片不存，从残留痕迹看，应分别为"福""寿"2字。

花板下为花枋，正面分别浮雕"暗八仙"的张果老"鱼鼓"和韩湘子"横笛"图样，背面镶嵌文字瓷片不存。花枋下为挂落。

坊柱前后均有抱鼓石，柱面均镌刻对联。楼柱正面镌刻："万里风云蟠玉柱；九天雨露焕金泥""□□科举人拣选知县姻愚侄袁廷瑜拜撰"。背面镌刻"令德足垂千古范；殊荣特荷九天恩""翰林院待诏衔郫县教谕，候选直隶州知州，眷侄杨廷熙拜题。"边柱正面镌刻："爱护但期如柳下；安贞不在象祁连""现任合江县教谕吴廷祯拜撰。"其中款识下叠加镌刻的"眷侄杨廷熙撰额"，指的应该是字碑的"龙章永锡""凤绰荣褒"。背面镌刻"九霄天语焕；百世母仪芳""候选儒学正堂世侄黄宽文拜撰"。从上述内容看，命名"茶地坪牌坊"显然不妥，如命名"敕封安人王氏坊"更妥些。

因文博副研究馆员、赤水市文物保护中心主任韦玮有会，文保中心胡明陪同调查组，调查尚未核定公布为文物保护单位的不可移动文物红布岩摩崖造像。

下午5点左右在大同镇大同社区与胡明会合后，赶往宝源。5点30分左右，车辆停靠在宝源通两河口的宝两路旁，调查组下车后沿古道南向行不远抵达红布岩。

红布岩位于相邻赤水市十丈洞景区的宝源乡宝源村二组，因山体丹霞石壁远望似红布一块得名红布岩。造像在依崖搭建的一座穿斗式木结构悬山小青瓦顶建筑内。在离地4.2米高崖壁上，民国七年（1918年），开凿有石龛，造像为观音菩萨坐像。据称原造像已毁，现为后人重新堆塑，造像高1.23米，宽0.63米。利用搁置在造像旁的木梯，对造像及建筑进行初步测量后返回赤水市。

二十四、金沙大宝洞和观音洞

2020年12月5日，阴有浓雾。

调查计划：金沙清池江西会馆、石场赵家民居和大宝洞壁画、岩孔观音洞摩崖佛像。

调查组上午从赤水市驱车返回，在播州区鸭溪镇接上领队石斌后，赶赴金沙。临近金沙，雾渐浓。

下午，先行陪同毕节市文化遗产管理局局长郑远文、主任科员戴犁和金沙县文化遗产保护中心皱海波，检查清池镇的全国重点文物保护单位茶马古道—清池江西会馆和石场马鞍山村的省级文物保护单位赵家民居的安全工作。然后再调查同为市县级文物保护单位的金沙石场大宝洞壁画和观音洞摩崖佛像（现改为岩孔观音洞摩崖佛像）。

石场大宝洞壁画位于石场苗族彝族乡西南文兴社区大宝洞组大宝洞。所在属晚期华夏系波伏褶皱及压轴性走向断层正安古拱折断束石灰岩溶地貌。

大宝洞洞口地处山体半坡，洞口略向西北。清代时，曾利用该天然洞穴进行造像数尊，但因自然脱落及20世纪70年代人为破坏，造像损失殆尽。现仅存与造像主体相关的部分祥云纹饰的残迹数十处。祥云纹饰的色彩以红、黄、蓝、白等为主。据介绍，因这些祥云纹饰，该洞又称为"飞云洞"。

大宝洞洞前岩壁上尚存两处壁题，保存一般。其中一方壁题距地面约8米，内容为横向阴刻楷书的"又一天"3字，另一方为横向朱书壁题"三霄洞"3字，均无款识。今"百子殿"旁，有"大宝飞云洞序"摩崖石刻一方，竖向楷书阴刻，共500余字。还有镌刻于1935年5月的"恩师宋公讳昌兰大人扩修大宝洞纪念"摩崖石刻一方。

大宝洞还因"石场区剿匪大宝洞战斗遗址"史实，2019年10月被中共金沙县委、金沙县人民政府确定为"金沙县革命传统教育基地"，立有"石场大宝洞剿匪战斗记"碑。

解放初期，国民党残余势力勾结大量土匪和反动帮会，妄图推翻新生的人民政权。为了彻底清除匪患，根据中央军委及西南局的统一部署，打响了以贵州金沙为中心，将周边县境的国民党残余势力和土匪赶往金沙，缩短战线形成合围，集中兵力聚而歼之的"金沙合围战"。

为了诱敌深入，1950年4月5日，原县第五区人民政府奉上级指示准备撤离石场。根据部署由原区剿匪指挥所副主任龙质彬带领构皮罗国清联防队等15人枪进驻石场大宝洞，街上群众闻讯也跟着进洞避匪。4月14日，周天乙、高昆匪部千余人进占石场并

金沙石场大宝洞

开始围攻大宝洞。龙质彬组织联防队防守反击以待援军。4月17日，土匪久攻大宝洞不下，便将洞前庙字烧毁，狠毒地砍山上柴草和辣椒从岩洞上放下塞洞口烧薰。洞内军民难以忍受，派出代表与周、高匪首谈判，但土匪只许群众出洞而不许联防队员出洞。时间拖延至夜半，龙质彬和联防队员们乘夜色混在出洞群众中脱险。

1950年7月，各路土匪被清剿至金沙安底彻底围歼，"金沙合围战"胜利结束。

岩孔观音洞摩崖佛像，在金沙县岩孔镇云岩社区。观音洞属晚期华夏系波伏褶皱及压轴性走向断层正安古拱折断束石灰岩溶地貌。

洞内存摩崖佛像4尊，均依洞壁自右而左排列，距地面约3米高。清晰者如释迦牟尼像和观音像。其中观音像面部彩绘，其著衣持钵，跣足盘坐于双层莲台之上，头戴冠帽，身着广袖袍，拱鼻大耳，发披于肩。其余造像均无彩绘，残损明显。造像周边石壁上有少量彩色图腾。洞内外崖壁上留存多处建造"观音庙"的遗迹，今日之庙也建于原有遗址上。

金沙岩孔观音洞造像（局部）

二十五、长顺魏家坡观音洞造像

2020年12月6日，阴。

调查计划：长顺魏家坡观音洞造像。

早餐没在酒店吃，而是选择品尝贵州名小吃"金沙羊肉粉"。好在是周日，早起的食客不多。于8点45分辞别远文兄一行和海波后，调查组驱车离开金沙县，沿G56杭瑞高速由白腊坎转S55赤水至望谟高速往黔西方向。在快到黔西前的甘棠服务区方便时，发现居然有现磨咖啡出售，实在令人欣喜，正好我携带的咖啡前日已经告罄，购买一杯美式咖啡后，赶紧出门摘掉口罩品尝，味道很正。

继续转经S82贵黔高速、G6002贵阳绕城高速、G69银百高速后，在黔南布依族苗族自治州惠水县好花红镇下高速，再沿S101省道西南行，从好花红镇满玉村龙协寨附近折入乡村公路，西渡涟江不久，于正午抵达与惠水交界的黔南布依族苗族自治州长顺县长寨街道长坡村魏家坡组，调查尚未核定公布为文物保护单位的不可移动文物"魏家坡观音洞造像"。

观音洞所在长坡村，原属长顺县威远镇，今改属长寨街道，威远镇镇府所在地则改为长寨街道的一个社区。魏家坡一带，为经地表水和地下水的强烈侵蚀溶蚀作用形成的喀斯特地貌，属峰丛洼地，黄壤—潮泥田土壤组合。处于三叠系地层东面，分布于长坡、付家院一带，岩性以薄层灰岩为主，夹有页岩。山体与西面村落间为坝子，通村公路从洞口经过。

洞口西南向。在长37米的山崖上，从东向西依次分布有三个天然洞穴，造像分布于洞穴洞顶山体崖面，在中间和西面两洞之间，离洞口平台5米以上洞顶部位，有造像4尊，仅2尊造像保存相对完整，横向分布，均脚踏祥云。其中1尊造像，整体利用岩石雕凿而成，头部相貌用泥塑，造型为和尚，左手所持，初步判断为羽毛扇，从塌鼻梁特征分析，似布袋和尚，具体有待进一步研究。另1尊造像，整体依然利用岩石雕凿而成，从造型看，似天官。残损的2尊造像，1尊残存部分整体为泥塑，施红、紫、蓝等矿物颜料，色彩艳丽，但仅存身体腿部以下部分。另1尊造像残损更为严重。因过度残损，造像人物身份难以确定。

待石斌用无人机将观音洞及周边环境和地貌拍摄完后，我们决定沿原路返回到惠水吃"摆金马肉"，作为此行任务结束后的散伙饭。

魏家坡观音洞

观音洞摩崖造像分布区域

观音洞造像之一（西）

观音洞造像之一（中）

观音洞造像之一（东）

二十六、惠水九龙山摩崖造像

2021年1月19日，阴转晴。

调查计划：惠水九龙山摩崖造像。

该造像是石窟寺专项调查中唯一出现波折的一处。自去年冬至到今年年初的小寒，各地出现程度不同的雨雪凝冻天气，致使最后两处属于黔南布依族苗族自治州瓮安县的来子洞摩崖造像和惠水县的九龙山摩崖造像调查计划被迫延期。进入小寒节气的腊月，天气转晴，调查组抓紧时间，计划于1月14日（农历腊月初二）调查瓮安来子洞摩崖造像，15日（农历初三）调查惠水九龙山摩崖造像。

在如期对瓮安来子洞摩崖造像进行调查后的次日，调查组赶赴惠水，在惠水县文化遗产保护中心主任王煜和老所长龙小萍陪同下，调查1982年公布的市县级文物保护单位"九龙山佛教遗址"，因为九龙山摩崖造像就属于该遗址的组成部分。

抵达大龙乡九龙村马门寨进入九龙山后发现，坐西北向东南的九龙山寺已经复建，可谓金碧辉煌。如此一来，"九龙山佛教遗址"包含的建筑遗址应该已经不存。根据王煜和龙小萍的指引，找遍寺庙和西南山体东北和东南向周边，庭院里"开山古源鉴题"之"水不在深"和记录清咸丰三年（1853年）"九龙山合寺僧众人等仝造"功德的摩崖石刻，西南山体东北向山崖上的"山不在高"摩崖石刻均已找到，唯独不见那尊当年李惠林拍摄的造像。惠林兄与我是1982年在省群众艺术馆（今省文化馆）举办的全省文化馆美术干部培训班的同学，当时我刚好高中毕业，是该班的旁听生。但惠林兄早已退休，且时下不在惠水。无奈之下，只得暂时放弃，择日再找。

昨日陪同石斌调查完黔东南苗族侗族自治州天柱县白石镇清水江沿岸摩崖石刻后，准备今日返筑。见天气依然很好，建议今日再次前往惠水，争取找到那尊造像。经石斌同意并转

"山不在高""水不在深"摩崖石刻

咸丰三年摩崖石刻

布袋和尚摩崖造像

告唐秀成、洪涛后，我俩和杨柱学直接驱车前往。中午，两队人马在九龙山山门西南隅的集市上会合时，洪涛、何茂旭两口子与秀成正在选购土鸡蛋。

进山门后直上，在天王殿后的左厢房，找到正在忙碌的莫筱琳。从其姓名看，应是布依族，皈依后法名妙意。我们言明来意并希望得到有关造像的信息，但她也不知道。不得已，我们只好自行寻找。

我们分上中下三路，除了对上次所经再认真缕一遍外，将原有登山古道作为重点。最终，秀成率先在抵达古道的东南一个小山峰的山顶南侧崖壁上，发现了摩崖造像。

造像开凿在临近峰顶处的峭壁上，仅1尊。人物形态夸张，笑容可掬，塌鼻梁是其明显标志。着广袖服，裤带系如意结，有穗。敞胸露怀，左手握着看似系布袋的绳子，右手高举羽毛扇。据此判断，应该是布袋和尚的造像。经初步测量，造像坐北向南，通高2.1米，宽1.3米。头部有局部残损。对比12年前第三次全国文物普查时拍摄的照片，风化程度没有什么区别。

利用秀成绘图和石斌拍照间歇，我来到造像上面的一处平面略呈圆形的狭小平台上，因长期无人登临，周边植被茂盛，山下寺庙难以得窥全貌。

据相关资料介绍，惠水九龙山所在区域，地层为三迭系下统大冶组角砾状灰岩，其地质构造属扬子地台的黔贵台凹，在地质构造上为自西向东涟江向斜，为贵阳复向斜南延部分西翼段，呈北东—南西走向，其间褶皱紧密。地貌上位于苗岭山地南坡，北接黔中山源，南接黔南峡谷。岩溶地貌发育，在松散沉积物地区，以堆积地貌为主，碳酸盐岩分布广泛。

又据康熙和民国平刚校署《定番州志》记载，九龙山一带，元明间一直是定番往来广顺要冲。"九龙山，在城西四十五里。九峰罗列，至山约数里，中耸小峰，平里许，人素以为避兵之所。康熙二十一年，寺僧古源开辟建寺"，并"取名九龙山"，至此为定番十二景之一"九岚拥寺"。也就是说，在康熙二十一年（1682年）古源修建寺庙前，这个地方曾经作为营盘使用过。现存摩崖石刻有"古源鉴题"款识，但造像处未见有文字遗存，是否系古源开凿，只得留待以后研究。至此，石窟寺和摩崖造像专项调查工作实地调查阶段任务最终圆满完成。

下山后与莫筱琳道别时，得知她正为明天的"腊八节"忙碌着。是啊，腊月初八日是释迦牟尼成道之日，后来又从佛教的节日演变成民间的节日。腊月初八也是家母的寿辰，明天可以放松地回家为老母祝寿了。

二十七、花溪高坡

2021年10月29日，阴。

调查计划：花溪红军长征历史步道。

今天，贵州省文物保护研究中心组织的、因天气和疫情而推迟1周的"重走长征路奋进新征程——省文保中心党支部主题党日职工徒步健身活动"如愿得以开展，我们将全程体验花溪高坡和黔陶间的红军长征历史步道。此前，刚从省文化馆到中心担任主任才一年半的郭伟，又调动到省艺术研究院，而贵州文化旅游职业学院党委书记李松涛则履新中心任支部书记、主任（兼）。值此班子新老交替之际，正逢长江流域暨南方"丝绸之路"不可移动文物保护现状暨丝绸之路南亚廊道贵州段调查工作即将正式启动，我也想利用今日的活动，作为随后田野调查工作的一次测试，做好不管是设备还是身体的准备。

长江流域文物资源调查工作的背景是，2020年11月14日，习近平总书记在江苏省南京市主持召开"全面推动长江经济带发展座谈会"时的重要讲话强调，要全面贯彻落实党的十九届五中全会精神，推动长江经济带高质量发展，长江造就了从巴山蜀水到江南水乡的千年文脉，是中华民族的代表性符号和中华文明的标志性象征，是涵养社会主义核心价值观的重要源泉。要把长江文化保护好、传承好、弘扬好，延续历史文脉，坚定文化自信。

2021年3月15日，根据贵州省文化和旅游厅安排，贵州省文物保护研究中心和贵州省文物考古研究所联合完成《贵州省长江流域文物资源调查工作方案》。方案编制后，贵州省文化和旅游厅向国家文物局提出《关于开展长江流域文物资源调查工作计划的请示》。

2021年9月18日，《国家文物局关于开展长江流域文物资源调查工作的批复》（文物保函〔2021〕1033号）同意贵州所报长江流域文物资源调查工作计划，要求贵州在长江流域文物资源调查应在一年内完成。

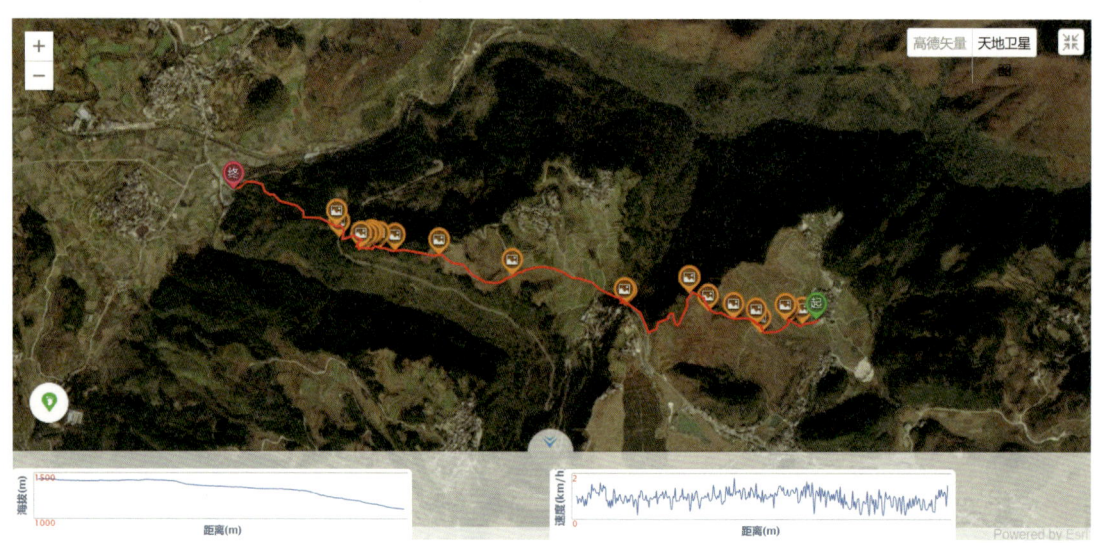

花溪高坡古道分布卫星影像图

贵州省文化和旅游厅同时明确，作为第一责任单位，贵州省文物保护研究中心此前承担的丝绸之路南亚廊道贵州段调查，纳入贵州省长江流域文物资源调查工作统筹推进。

关于花溪红军长征历史步道，还得从去年说起。当时，花溪长征国家文化公园项目拟选择在高坡苗族乡设"兵临贵阳"核心展示园和红军长征历史步道。"兵临贵阳"主题出自《长征组歌·四渡赤水出奇兵》之"乌江天险重飞渡，兵临贵阳逼昆明"。又因1935年4月9日，中央红军1军团主力和军委纵队前梯队由龙里县混子场、新场等地经朵花冲进入高坡，修整后兵分两路离开，现仍有古道遗存，具备命名"红军长征历史步道"的条件。因此，花溪区文管所所长李梅和党研室副主任黄依莉，在2020年新冠疫情初见好转不久，即邀请我到高坡，对初步确定的红军长征历史步道实地体验一下，并提出意见或建议。4月21日上午，告知主持中心工作的彭银后，由柱学送我到高坡。抵达约定的高坡红军牺牲地时已过10点，进入中午。这里离龙里县境仅数百米。黄主任和文管所一众已经到达，还有高坡的老文化工作者罗廷开。在老罗介绍了红军牺牲前后的情况，黄主任介绍了步道大致走向后，我们从谷孟水库东岸出发。

红军长征步道标识

水库是在发源于高坡场东谷孟大坡摆桑的赵司河上筑坝形成，该河因此也称谷孟河，是涟江干流青岩河段的支流之一。涟江则是西江干流红水河段支流濛江的两条河源之一，属珠江流域红水河水系。由于高坡地处黔中高原盆地边缘，苗岭山脉中段南坡的低中山台地地貌上，赵司河自源头北流，在北面断谷下沿深崖西流经黔陶布依族苗族乡马场村，过赵司村与骑龙村之间后南流西转，至青岩镇思潜村北栗木山东注入青岩河。

向南走田埂，过一厂房后到达谷孟桥，以上路段是不易于徒步的。在桥头折向西南沿公路进街上村后，行走不到2千米，这里有杨春深、文应才墓，他们就是当年参与埋葬红军烈士遗体的高坡下寨村民，他们的墓葬也被后人誉为"拥军坟"。继续西行折向南后不远，是红军居住地旧址，该宅当年系伪保长文应倍所居。在以苗族"印牌苗"支系为主体聚居地的民族乡中，街上村因史上开"高坡场"成街市而得名，不少汉族徙居于此，"文家"即其一。现文宅北厢房楼上还留有红军经高坡居住时书写的标语。其中一条墨书"红军是干人"的标语很有画面感，可以想见，红军战士正在书写"红军是干人的队伍"时，尚未完成，军号已经响起，部队立即出发，只是标语尚未书写完毕。

再往南的街口，是市县级文物保护单位高坡红军标语，内容一，是"红勇一"书写的"反对国民党的卖国政策！"另一内容为"白军弟兄团结起来，杀死狗贪官，与红军联合，一同到北方打日本帝国主义去"的标语，其漫画配图是省内同类型文物中较大者。沿街口西行一段后的街北，有"六方井"，泉井两眼，因南侧靠街井口为六边形，北侧为方形，故名。其北不足百米又有泉井两池，做浣洗用。从泉井边沿灌溉水渠和田垄西北至新安村一段，同样不适宜徒步行走，特别是团队。

红军标语

六方井

与村妇交流

村口李刘宗祠是一个特殊的存在，通常一姓一祠，在苗族聚居的高坡，汉族的李、刘二姓合祠，不知有何传奇之事，值得以后深入研究。自新安村开始，古道宽阔规整，上下坡路段均以石板铺筑。虽村内一段用水泥砂浆硬化，但稍事上坡出村后，古道原貌保存较好，沿途所经的低中山台地地貌景观也不错，至扰绕大坡东南大姑妈冲冲口，共800余米古道，是适宜团队徒步的上好路段。

原以为会继续向西走"永镇边夷"摩崖石刻方向，但却在扰绕大坡西南翻越坳口，把我带进扰绕村，绕出村口游客接待中心时，已是12点50分，而"两步路"轨迹记录才6.38千米，该路段将是红军长征历史步道的主体部分。

回到乡政府食堂吃饭时，提到长征时，红一方面军有一路红军是过翁西关后经水塘向西南进入惠水甲腊冲的，于是决定饭后前往。翁西关北距高坡不足5千米，向南至水塘村就是

穿行扰绕大坡东麓的古道

"永镇边夷"摩崖石刻

三岔河。在关北一小山包东南民宅前的晒坝上，听黄主任讲述红军过此的故事后，我们从姨妈寨和大叫鸡坡之间的古道向北走到乡政府停车处，仅约 1.6 千米，大部分道路路面已经水泥砂浆硬化，不过线形比较清晰。

我们最后来到梯田层叠的扰绕村所在台地最北边。东面是扰绕大坡，西面隔沟冲与石门村的摆如和平寨相望，北面是东西向分布的山谷，谷地就是赵司河。依莉主任认为，当年红军就是从这里下到河边后西行马场的。我虽不信，但依然乐于下去一探究竟。步道东北向下后折向北直下，山体岩壁陡峭，山道崎岖逼仄，从台地上至谷底累计下降 254 米，根本容不得大部队行动。谷底裸石嶙峋，植被茂盛。赵司河可能因筑坝之故，流经谷底之水就是一条溪流状。沟谷两侧均是红色砂岩，难怪会被命名为"红岩峡谷"。这在岩溶地貌广泛分布的低中山台地区域比较少见。至此发现，再无路可向西通往马场，也明白花溪区把该段步道作为红军历史步道的动因，就是发展峡谷旅游。返回扰绕村时已是下午 5 点 30 分。

对高坡红军历史步道的确定，我坚持主张以史实记载为基础，以历史遗存的实物载体为依据，不主张将通往红岩峡谷的步道作为"红军历史步道"。虽党史资料中有"一路从高坡经小寨、石板、半坡、骑龙、赵司、思潜、小山后，进入惠水长田"的记载，但至今没有核实所经之处是否有古道存在。建议花溪利用明代"永镇边夷"摩崖石刻和高坡石门村平寨附近"古战场"地名等线索，找到历史上高坡往马场和骑龙方向的古道。

位于高坡石门村二屯岩顶部"石门"的市县级文物保护单位"永镇边夷"摩崖石刻（公布名称为"二屯岩摩崖"），在离地 2.5 米崖壁上，横向双勾楷书"永镇边夷"4 字，款识分别竖向楷书阴刻"洪边兵临""弘治庚申"，也就是说镌刻于明弘治十三年（1500 年）。

"洪边"指明贵州宣慰使司同知宋氏辖地红边寨。明宣德元年（1426 年），贵州宣慰使司同知宋斌由贵州城（即今贵阳市区）迁红边寨凤凰山下（今高家大土）。"石门"是否是贵州宣慰使司同知宋氏所领贵竹等十长官司及红边十二马头之一的白纳长官司辖地边界，

石门村平寨至马场段古道

因而派兵驻守，有待研究。但弘治间这一带未见有战事的记载。

至于"古战场"地名的线索，估计与天顺二年（1458年）讨伐"干把猪"有关。据《明史·白圭传》记载，因"贵州东苗干把猪等僭号，攻劫都匀诸处。诏进右副都御史赞南和侯方瑛军往讨"。民国《贵州通志·前事志》则称，在克水车坝等一百四十七寨后，"会兵青岩，攻石门山，克摆伤（按：即摆桑）等三十九寨"。

果然，不久后古道被发现并清理的消息传来。遗憾的是，因忙于德江县楠杆土家族乡、碧江区漾头镇茶园山村，特别是石窟寺（含摩崖造像）的田野调查任务，直至今年8月26日，应贵阳市文物局就申报市县级文物保护单位工作邀请，得以全程体验了这段9千米长已知和新发现的古道。不想，仅隔一旬，又因长征国家文化公园《贵州省长征文物和文化资源保护传承专项规划》编制工作调研时，于9月6日再行该道。

今日仍从红军战士牺牲地开始，只是环境改变很大，已经修建了大规模的纪念设施。从"六方井"的泉井边至新安村一段，新建了步道，并在地面涂写了引导文字。原扰绕大坡东南大姑妈冲冲口一段古道被重新改道而行，不明所以。此后路段，扰绕村看来是必须经过的。

过扰绕后选择沿乡村公路行走数十米上观景平台，此举不管对团队还是散客而言都很不安全，强烈建议，应改在停车场南口视野开阔处过马路，走"永镇边夷"摩崖石刻后下观景平台。观景平台选择在公路急转弯北端，下面的公路始建于20世纪60年代中期。1966年底修建小马场至高坡6.7千米公路，这是得益于1965年开始的，"主要修筑战备公路和开发少数民族山区经济的扶贫公路"。

下至石门村平寨，一派即将大获丰收的景象，谁能想到这里曾经是"古战场"？进入松林后一直西下至公路边人行天桥旁的路段，长约800米，坡降108米，是古道最精华部分。选择在之字形路段上方修建的哨卡，其遗址保存较好。

经过2小时30分钟，中心全体同志均完成全程9千米红军长征历史步道的体验。我也通过对稍后开展的田野调查工作所需设备进行了测试。GoPro运动相机的测试不如预期，虽然第一视觉的动态视频效果不错，但会因为手机锁屏时间稍长而终止拍摄，而最主要的问题是电池续航能力较差，4块电池已经用了2块。刚上手的iPhone 13Pro续航能力远好于预期，在连接GoPro运动相机与"两步路"户外助手记录轨迹的同时，不限量拍照后，仍有接近50%的电量。

二十八、荔波水甫村

2021年11月11日，阴间多云。

调查计划：荔波县玉屏街道水甫村。

今天，丝绸之路南亚廊道贵州段田野调查工作正式启动。虽然租赁的是一辆七座商务车，但后备箱空间狭小，安放好无人机后已没富余空间，其余行头装载占了后排几乎一半空间。原计划上午9点左右出发，因调查组领队石斌临时有事，决定将出发时间推迟到中午。

调查组石斌、唐秀成、邓义镔和我4人，于中午1点30分离开黄山冲曦阳山庄中心办公地，行前洪涛为我们拍了张出征照片。驾驶员曾师傅取道G76厦蓉高速、S62余安高速，出S88三荔高速水各收费站后沿G243国道西南行，于下午4点10分抵达荔波县玉屏街道水甫村板安寨。

之所以选择水甫作为此行的第一个调查点，主要是因为该村为中共一大代表，2009年9月被选为"100位为新中国成立作出突出贡献的英雄模范人物"邓恩铭的出生地，而今天，恰逢中共十九届六中全会胜利结束并审议通过了《中共中央关于党的百年奋斗重大成就和历史经验的决议》，以增加此次调查的仪式感。

调查组率先来到板安寨中邓恩铭的祖宅，一座比较典型的干栏木结构建筑。1901年1月5日，邓恩铭就出生于此。

邓恩铭祖宅

邓恩铭祖籍广东梅州。据其入黔始祖邓沛璋与妻子金老太君墓志铭记载，邓沛璋祖居"粤之梅州罗衣堡大密约"，年少时"有志于四方"，于是遨游，最终"卜居"荔波。邓沛璋出生于清雍正十一年（1733年）底，嘉庆十四年（1809年）初辞世。而梅州，明洪武二年（1369年）已废，清雍正十一年（1733年）升为直隶嘉应州，直至宣统三年（1911年）嘉应又复名梅州，因此，墓志铭中的"梅州"应为古称。邓恩铭父亲邓国琮是邓氏徙居荔波后的第八代，据此分析，邓沛璋是在清乾隆年间徙居水甫的。

邓恩铭，又名恩明，字仲尧，是家中长子。父亲邓国琮对其寄予厚望。恩铭自小乖巧，常在以行医为生的父亲治疗病人时帮助招呼邻里乡亲，帮忙打理客栈。为躲避匪患，恩铭兄弟姊妹6人于1905年随父母搬到荔波县城居住。6岁入私塾学习，10岁时进入荔波县模范两等小学堂读书。1917年秋离开贵州，投奔在山东过继给黄家的二叔。1918年，得二叔资助，考入济南省立第一中学。

屋前石板拼合的"太平缸"还在，旁边的古道已经被水泥砂浆硬化。该道自古为荔波往烂土、三合所必经。水甫地方历史悠久，据文献记载，唐开元元年（713年）至天宝三年（744年）置劳、莪二羁縻州，莪州即今水甫一带。《荔波县志稿》所载清代设立的"铺栈"中，自城东至都江厅共九铺，其中水甫村为"水普铺"，我们下高速公路的水官收费站那里为"水错铺"，而三都南部的三洞则为"三洞汛"。

水甫在荔波东北，地处北东向两山夹一谷槽谷地带的西南端，谷地坝子相对开阔。板安寨坐落在坝子西侧山麓，西南面为板本寨，东南面是坐落在坝子东侧山湾的水蒲寨。由于保存有建于明清时代的59栋"干栏"民居建筑，以及清咸丰五年（1855年）受太平天国影响，水族农民起义领袖潘新简等在此修建的围墙、战壕等工事，于2006年，以"水浦古建筑群"命名，被贵州省人民政府核定公布为第四批省级文物保护单位。2014年，水甫村进入第三批中国传统村落名录。

传统村落水甫村水蒲寨（西南向）

传统村落水甫村水蒲寨（南向）

离开板安寨往西南行，板本寨内有村妇正在捶打并晾晒蓝靛染的土布。一时想起，这里还有进入国家级非物质文化遗产名录的水书习俗和马尾绣，以及进入贵州省非物质文化遗产名录的酿酒技艺和水族卯节。

早前所知，以马尾作为重要原材料，被誉为刺绣"活化石"的马尾绣，是分布在三都水族自治县南部三洞、中和、廷牌、塘州、水龙等地水族妇女世代传承的一种特殊刺绣技艺。后来得知，靠近三都的荔波水甫村往北一带也有分布。从马尾绣这一传承久远的特殊刺绣技艺和喜食马肉的习俗看，马源一定十分丰富。那么，南宋广西横山寨的马市，理应有这里所产或所养之马。果真如是，水甫就应该是茶马古道所必经。期待以后有所发现。

板本寨西南隅，被村民称为坟山，占地约1000平方米。至迟明清以来，这里是当地先民营造的祖茔。墓葬虽分布较密，但历代损毁较多，留存者也形制不一，其中以石板拼合的"箱式"石室墓最具代表性，地下一层石室放置棺柩，地上两层石室分别放置衣物、粮食。地上一层石室前端刻有铜鼓鼓面纹饰，二层石室两侧浮雕水族妇女形象及动物、花草、建筑等浮雕。墓葬后部竖立石俑的现象比较普遍，个别墓后石俑数量可达10余个。1982年以"荔波水浦石板墓群"命名，被贵州省人民政府核定公布为第一批省级文物保护单位，与位于城内的"荔波邓恩铭故居"同一批次。

在我从贵州省博物馆调贵州省文物考古研究所工作不久的2006年底，经国家文物局批准，省考古所宋先世领队，首次对该墓群不同类型的9座墓葬进行清理发掘，并整体进行了修复。2012年8月，由科学出版社出版了考古发掘成果《水族墓群调查发掘报告》。2013年，以"黔南水族墓群"命名，被国务院核定公布为第七批全国重点文物保护单位，编号7-0657-2-141。该墓群包括三都县境内的引朗墓群、水达墓群、水懂一号墓和荔波县境内的水甫墓群等。

水族墓葬

下午5点,本想再看看板本寨南面新近打造的"水浦民宿",因接到荔波覃远健电话,询问我们一行所在后,只得放弃,抓紧驱车继续沿G243国道西南行。下午5点30分抵达目的地荔波县城到"石缘客栈"入住时,远健兄已在客栈等候。

当晚与远健兄商定,明天计划安排考察黔桂古道——"黎明关"古道,返回后到水甫村,体验一下那里的"水浦民宿"。

二十九、黔桂古道——"黎明关"古道

2021年11月12日，多云间晴。

调查计划：黔桂古道——"黎明关"古道。

清晨5点醒后即起，洗漱后，着手整理昨日见闻，形成田野考察笔记，发完朋友圈还未到7点。

用iPad Pro打开《中国地方志集成贵州编》的咸丰《荔波县志稿》、光绪《荔波县志》和1954年重编的民国《荔波县志资料稿》，希望能找到与今天考察的黔桂古道上，相关道路和关隘的记载情况。

今之荔波，在宋代时就有荔波州的建置。明洪武元年（1368年）将荔波州并入思恩县，十七年（1384年）又设置荔波县，属庆远府，后改属河池州。万历间至清顺治初，分别改属贵州都司和贵州布政使司后，又归广西庆远府。清雍正十年（1732年）最终划归贵州，属都匀府。

咸丰五年（1855年）郑珍到任荔波县训导时，所著《县志稿》，未见黎明关，所记为"南关"，自县城东南通南关道路设有水遥、毛兰、布禄三铺。

《县志》所记黎明关，"距城一百一十里，在瑶庆里板寨村之东，黔粤分界之处也"。南关，可能为黎明关先前的称呼。瑶庆里"锁钥东南，边防要隘，南通西粤"。旧有两湖会馆寿佛寺、江西会馆万寿宫、两广会馆玉虚宫均于同治五年（1866年）毁于兵燹，而福建会馆天后宫仅存。

《资料稿》的黎明关，在洞塘乡遥庆里，为黔桂交界处。现存关隘系清咸丰二年（1852年）"知县魏承祝拒广西人民朱亚狗起义军，择险建卡防堵"。还有道路的明确记载，东南出广西环江和金城江一路，"由县城经本属洞塘尧所乡之雄关，出广西环江县属之大哨坡"

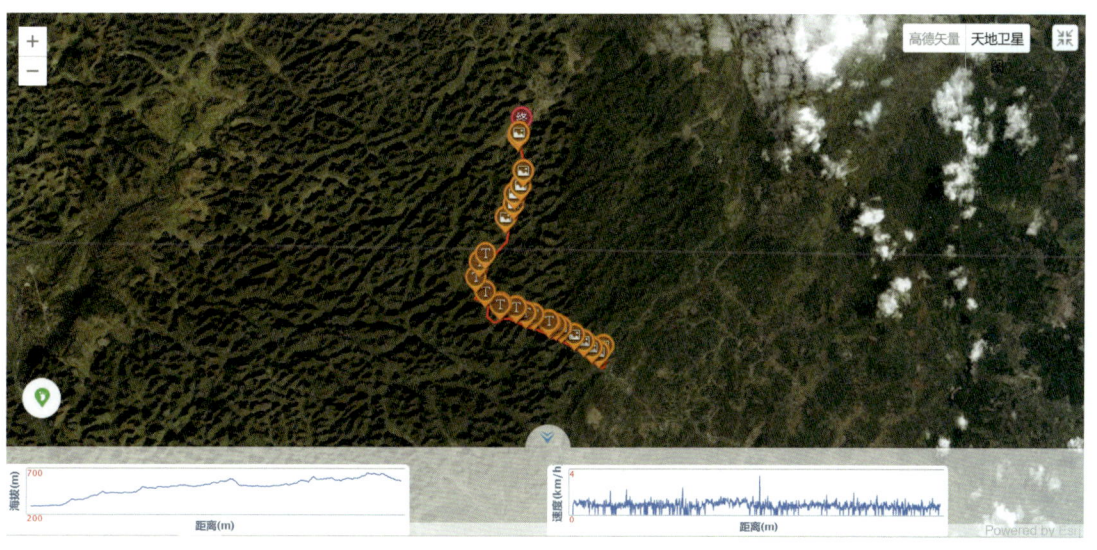

黔桂古道——"黎明关"古道分布卫星影像图

后,经甲堑分行环江和金城江。其中"由县城至大哨坡系石板路,大哨坡至甲堑全系坡路"。

将上述信息录入 macbook air 备用后,时间刚过上午 8 点 30 分。整理行头,套上护膝,下楼退房时,远健兄已到客栈大堂等候。虽称远健为兄,实际上他比我小几岁,与我夫人同龄。

今天的调查工作,从体验一碗非常有特色的现割牛肉粉后开始。牛肉粉的食材主体是月亮山区放养的黄牛肉,根据食客要求现割现烫,牛肉入口鲜爽嫩滑。

早餐后,在超市购买了一些面包、火腿肠和饮用水。于 10 点 30 分在远健兄和小冉二位同仁带领下,驱车前往黎明关水族乡板寨村,接上村党支部书记姚兄后,往广西环江县方向进发。看来是准备从广西往贵州上行,而不是相反的下行。绕道进入广西环江县境后,在两省区交界处接受广西疫情防控工作要求,进行扫码注册,各位手机均满屏皆绿后,得以放行。终于在正午 12 点,顺利抵达环江县川山镇社村下寨,这里已经进入后来增补进世界遗产中国南方喀斯特的木论自然保护区。

下车所见,下寨东南是河谷盆地,地势低平,古宾河穿行其间。问"大哨坡"在哪,姚书记说在东北面 10 余千米,我们坐车时就从那经过。也就是说不是一条道。见我们准备带上镰刀和手持割草机,姚书记赶紧劝阻,称该道路况不错,没必要携带这些工具。经过 10 多分钟准备,黔桂古道调查从下寨西南隅的一株榕树下开始,一路西北行。

不久,见路边导示牌镌刻有"黔桂古道"简介,较官网记载简略,称该道是古代大西南经济文化交流和出海的通道。其地处黔桂要冲,沟通着川、滇、黔、桂、粤五省。从秦、汉、隋、唐到宋、元、明、清朝代,都是农、官、商、军必由之路,被称为我国南方的"丝绸之路"。从蜀汉至宋,四川盛产的蜀锦由这条古道南下钦州、北海、广州而远销国外。当年南洋侨商胡文虎、胡文豹兄弟从川、滇、黔采购的药材、山货就借此道下南洋,又将盐、糖、百货运销云贵、巴蜀。

起初的 500 余米行走在洼地中,道路平坦,两侧山体错落,谷地相对开阔。接着 3 千米路段,两侧山体紧束,古道旁时有溪流自一端流出,又至另一端潜入落水洞中,古道避开溪流修筑,跨越溪流处,逼仄时铺一块石板为桥,稍宽处架二跨石板桥。谷底总体还算平坦,只是在连座的峰林之间,会形成一些比较明显的坡度,古人依山就势修筑三道关卡。行走间,遇一护林员,询问我们进山目的后劝返,经姚书记出面沟通后才得以放行。到达第三关时,已是下

调查从广西下寨西南这株榕树下开始　　　　　　　　穿行沟谷间的古道

午 2 点 10 分，才有队员开始利用小面包、火腿肠补充热量。早餐的现割牛肉粉确实耐饿。

稍事休息后再往前行，地势豁然开阔，古道也西南向折转，绕一"U"形，穿过第四道关卡后继续西北向上行，在甲坝洞分道口折转东北向行至第五关，约 4 千米路段多平坦开阔。在这片"坡立谷"地貌中，沿途可围绕古道与石灰岩孤峰或残丘进行拍照，耗费不少时间。道上一座三跨石板桥是所见最大者，通过倒覆在道边的碑刻辨识，该桥称"旺向桥"，建于清光绪十年（1884 年）。到第五关时，已是下午 3 点 30 分，行程虽然过半。但还是提醒大家抓紧时间，至少应努力在天黑前赶到黎明关。

第五关后古道坡度较之前要大，局部路段相对陡峻。过第七关后不久，就是黔桂分界处，这里距离我们今天徒步调查起点的大榕树 11 千米。广西境内七关，分别是第一关"洞坪关"、第二关"伟火关"、第三关"甘哥关"、第四关"肯眼关"、第五关"洞滚关"、第六关"木

补充热量

调查组在古道黔桂分界处背靠贵州合影

广西入黔古道第一关——洞坪关

花关"、第七关"洞巧关",其中第一关保存最为完好。从关卡名称看,应该是民族语言的音译所得,可留待下一步研究。时至下午5点,大家稍事休息后,考察组全体成员背靠贵州,面向广西拍了张合影照。

从黔桂分界处到黎明关,则是一路北行。贵州境内路段,比此前所有路段都要陡峻些,为抢在天黑前赶到黎明关,一路疾行,到达时已通身是汗。远健兄已经被远远地甩在后面,好在有领队石斌陪着他。

黎明关关体已是残状,日军入侵时所记"好像小瞭望楼的建筑物和朱红的栏杆"已经不存。拍完照片,查看徒步轨迹,发现最后一段是以每小时12.5千米的速度行进的。

晚上6点前后,调查队员们先后到达黎明关。由于时间关系,那通立于清道光二十五年(1845年)的修路碑记,今日是无法拓片了。在将拓片事委托覃、冉二位仁兄后,调查组一行摸黑下山。

于晚上6点30分下到公路边时查看徒步轨迹,此行古道全程14.68千米,耗时6小时25分。全路段最大爬升442米,累计下降152米,下降主要在黎明关北往板寨800余米路段。可见古道最陡峻路段均在贵州境内。

因时间关系,原计划到水甫村体验水族美食和"水浦民宿"的想法落空,但板寨村食堂的蘑菇炖土鸡,加煮青菜、豆腐也实在可口。调查组晚饭后返回县城休息。

黔桂古道贵州路段之一

黎明关修路碑记

黎明关遗址

三十、黔桂古道——平塘云阳关

2021年11月13日，多云转晴。

调查计划：黔桂古道——平塘云阳关碑刻拓片。

昨天调查后虽然感觉疲倦，今日依然按时起来，生物钟使然。

洗漱后，整理昨日考察笔记。清晨7点30分在酒店用毕早餐时，离约定的出发时间尚早，便回房根据今日调查计划，查阅与平塘相关的文献。

平塘四寨地方，南与广西南丹为界。徐霞客《粤西游日记三十九》里说过，从南丹西行三日，大约一百五十里，可以抵达"巴鹅"，也就是今广西河池市南丹县月里镇巴峨村，"巴鹅"以北"为平洲四寨界"。"平洲"，即平洲六洞长官司，元为平珠蛮夷军民长官司，属新添葛蛮安抚司及六洞柔远蛮夷军民长官司属管番民总管府，洪武十六年（1383年）并置平洲六洞长官司，改属都匀安抚司，二十三年（1390年）改属都匀军民卫，弘治七年（1494年）改属都匀府。1941年，将民国初设立的平舟、大塘两县撤消，改置为平塘县。地处东南部的四寨一带地方，据《民国都匀府亲辖道里册》记载，有者杠、满雅、甲韶、满别、瓜村数地与广西交界，且均有"山僻小路"与之联系。1991年设四寨镇，今合并入者密镇。上述数地散布于盛产大米的四寨坝区边缘临山处，今分属和平村和福荣村。

云阳关入广西古道

云阳关

平塘是贵州交通发展比较落后的一个县。四寨直至 1980 年始通公路，此前只有驮马道和人行道路。1987 年底，四寨至广西月里交界处公路竣工，次年，至者密公路扩建完工，现为 S206 省道。但当下有了很快发展，贵州乌当经平塘掌布、白龙、平塘、者密、四寨等地，过广西南丹县月里镇、六寨镇至天峨县六排镇的高速公路已动工修建。

见还有时间，调阅并整理 4 年前考察云阳关时的相关资料。

2017 年 6 月 6 日，应平塘县文广局石燕局长所邀，中心一行到平塘四寨考察云阳关和哨楼关 2 条古道。

云阳关古道，瓦洞至云阳关 2 千米余路段已被公路 S206 省道取代，云阳关关台，东北西南向，建在福荣村更工组西南古道山坳上，始建于清道光九年（1829 年），宣统三年（1911 年）重建。圆弧形关门上置门额石，横向行楷阳刻"云阳关"3 字，每字约 0.30 米见方。款识分别为"宣统辛亥八月谷旦""知府事江若樑重修，右营副哨长黎瀛洲，四寨区所长刘春荣、杨炯监修"。关体左右关墙西北东南向延至两侧山体上。关外至与广西交界界碑 1 千米余古道保存尚好。界碑注明"广西、贵州省南丹、平塘县月里、四寨乡交界处"，立碑者分别为"南丹县长莫□贤、平塘县长黄鼎魁、月里乡长吴永安、四寨乡长杨嗣舜"，碑立于 1946 年 9 月 1 日。

因急于考察位于今者密镇红旗村以南的哨楼关古道，当时仅对瓦洞洞口的石拱桥进行拍照。哨楼关所在，东距云阳关直线距离也就 2 千米余，但古道线路所经环境却区别很大。云阳关古道所经的四寨一带为坡立谷地貌，北东向的谷地宽广平坦，坝子约万亩，古道多沿谷地坝子边缘或局部穿行坝子修筑。而哨楼关古道，自红旗村西南出，过红旗水库后两山紧束，

哨楼关遗址

仅容古道一线曲折穿行于谷中。关台朝向与关墙布局和云阳关相仿，只是关台体量更大一些。哨楼关因缺乏相关文字记载，无法断定其建筑年代。

调查时，问及历史上经古道贸易的货物以什么为主时，村民们称，最多的是远销南洋，以碗、钵、香炉、壶、杯、烛台等为主的牙舟陶器和克度斗笠，再就是销往广西的大米。进入贵州最多的是私盐和鸦片。远销南洋的牙舟陶器和克度斗笠一时无法验证，但大米倒是有些证据的。徐霞客日记里就说，南丹"米肉诸物价俱两倍于他处"且大米俱来自独山诸处。因此，四寨盛产之大米作为贸易的大宗商品运销广西确是可信的。

时近中午，下楼退房时刚好 10 点。出发前给远健兄发个信息以表谢意。随即驱车前往平塘云阳关。经 S88 榕麻高速，在 G75 兰海高速下司收费站下高速后，转 Y918 乡村公路过境独山后进入广西南丹 X921 县道。正午时分，过巴峨村后东北向进入贵州云阳关。未在关口停留，直接抵达福荣村更工组西隅的瓦洞。此时，平塘县文旅局和文保中心的同志也已到达。

瓦洞洞口向北略偏东，洞内一水涌出，一路东北向蜿蜒而去，至者密下注入六硐河，是六硐河支流满尧河的源头之一，也称四寨河。古人在洞口内修建一座单孔石拱桥，俗称瓦洞石拱桥。桥长 12.4 米，宽 3.8 米，跨度 5.1 米，高 3.5 米。东西向的桥两端各有 7 级台阶。西南桥头倒卧有石碑 2 通，大的 1 通为青石质，碑高 1.5 米，宽 0.85 米，厚 0.10 米，碑首略呈弧形。我们此行的目的就是对 2 通碑刻进行捶拓，以了解碑刻所记之事。

队员们在做捶拓前的准备工作时，我发现有 3 个村民在洞内桥南西侧生有火，似乎在祭桥。询问后得到确认，遗憾的是祭桥仪式刚好结束。随着 2 通碑刻的捶拓有序而缓慢地进行，调查组决定留下 2 人继续工作，其余人员先行到和平村场坝去吃饭。

秀成和小邓吃着打包带回的饭菜时，已是下午 2 点。2 通碑刻的捶拓基本完成，碑刻内容已经显现。大的 1 通，额题"修□碑记"4 字，□字不识，以待后期请教方家。内容为修

瓦洞石拱桥

瓦洞桥"修口碑记"碑拓片

捶拓碑刻

"祭桥"的村民

路事。大致内容说,"黔易落、四寨,又越西岜峨、朝□往来兹者,□院系小道,本非大衢,是黔省独山上下平州之属,地近西粤岜峨、拉堡、□林、龙平、翁打之要道,往往商贾而不息",因"雨霖、水淹、水泻"而行履难难。终于丁卯年(乾隆十二年,1747年)开始募化,"庚午春月"(乾隆十五年,1750年)得以"请匠修砌,数月而竣"。此次修路,有捐银两、铜钱者,有承担修筑路段一丈至十丈不等者,即使"募缘会首"4人也捐修路段,期间还收受有"过客卤(按:盐)"和"众人米"。该碑书丹为王如冕,石匠李子贞,立于清乾隆十五年(1750年)五月初三日。另1通小的碑刻,白果寨村民立于乾隆四十五年(1780年),因碑文漫漶严重已无法判断是因为修路还是修桥而记。

得知更工组所在河边有一通晓谕碑,调查组随即前往察看。该碑系都匀府正堂立于清道光十一年(1831年),内容记"蠲免"更工寨村民银两等事项。碑立于河边村民日常浣洗处,风较大,捶拓不如此前倒卧瓦洞中的碑刻方便,耗时不少。捶拓工作完成,已近晚上6点。但大半日的努力能得到3通碑刻的拓片已是幸事。

一行在夕阳中驱车离去。

三十一、榕江脚车村

2021年11月14日，多云转阴有阵雨。

调查计划：榕江三江水族乡脚车村。

按照原计划，14日先行往榕江进行调查，因此，昨晚便直接从平塘四寨驱车前往独山，入住酒店已是晚上7点40分。晚餐时得知榕江老梅14日需陪同领导下乡，大约晚上6点才能返城。于是决定14日上午整理内务，下午先行调查计划外的中国传统村落——榕江县三江水族乡脚车村。

清晨5点30分起床，洗漱后整理昨日田野考察笔记。

于7点30分用早餐，餐后回房时，初冬的阳光已经洒满整个房间。冲泡一杯自带的挂耳咖啡后，坐下来品品咖啡，听听新闻，倒也蛮惬意的。整个上午将前几日田野考察笔记修改完毕。

中午11点收拾行头下楼退房后，大家选择酒店附近一家较有特色的粉面馆，各取所需。

根据领队石斌建议，我们计划将车辆停放在夏蓉高速四格服务区，再转乘他安排在服务区外的车辆前往脚车，如此，总的行程可节约2个小时左右。就这样，调查组如愿于下午2点30分抵达脚车下寨，停车处的地理坐标为东经108°12′4.9″，北纬25°56′0.9″，海拔680米左右。

苗族聚居的脚车村，是珠江流域柳江水系都柳江左岸重镇古州（今榕江）西部三江水族乡所辖的一个行政村。虽地处水族乡内，但周边苗寨众多，如东北面分布有同乡的有埃村、有路村和四格村，西北面有三都水族自治县都江镇的高尧村，西南接兴华水族乡有高排村和摆贝村。

从村头导示牌上的简介得知，全村以苗族为主，杂居有侗族和汉族，辖上寨和下寨2个自然寨，286户共1178人，其中下寨221户，932人。下寨是2013年公布为第二批中国传统村落的核心区，与东南面的上寨相距500余米。

通过观察并结合"两步路"户外助手的卫星影像图显示，上寨的民居建筑在一条东北西南向狭长槽谷地带的两侧进行布局。下寨的民居建筑则选择在四个山头之间进行布局，自低凹处开始，沿等高线水平展开后，再向山梁上渐次发展，呈垂直分布状。调查组一行从东北村口进入时，天空飘下小雨。

一路西南绕转东南行后，折转西北向，沿民居建筑分布走向上山，至西侧相对平缓的山梁顶部，建筑可有序平行排列，而粮仓多集中分布在寨子西面山梁西侧的山腰处，当然，也有零星分布于民居建筑周边的，只是数量很少。行至寨子北面山头，民居建筑密度依然很大，利用一栋拆卸后准备改建的建筑台明，向南回望，民居建筑依山就势，层层叠叠，鳞次栉比，错落有致。下到停车处时意犹未尽，见时间尚早，又选择到寨子东面的山头上去看看，从南到北环顾整个下寨。

脚车大多数民居建筑仍旧保留了最为传统的"干栏"建筑形式，可谓举目皆是。干栏，文献又称麻栏，认为此类建筑源于"巢居"。最早见于我国长江流域一处极为重要的新石器时代遗址，河姆渡遗址出土的7000年前"干栏"建筑的木作榫卯构件。在西南地区，最具代表性的是荣获"2008年度全国十大考古发现"的剑川海门口遗址，该遗址为目前中国已知最大水滨"干栏"建筑聚落址，时间约在3000年前。贵州多地也出土有东汉时期的"干栏"陶屋。

干栏建筑手法，在沼泽或水滨地带须打桩、铺板形成"高床"。而陆地则是在地面上利用柱枋构成框架后铺设木板，以形成大型台面，再在台面上建房的形式。

像脚车这样保留有"干栏"建筑的，在贵州还有不少地区，就我所知，都自东向西分布在珠江流域柳江、红水河、南盘江和北盘江4大水系的月亮山、尧人山、瑶山、麻山、扁担山一线，也包括都柳江左岸的苗岭南麓，以及南盘江径流沿岸。虽然有专家认为，苗族村民修建干栏民居建筑，正好反映苗族先民是从滨湖地区迁来的。即使居住在高山地区的苗族同胞仍然顽强保留古老的居住方式，可从中窥见苗族迁移的历史轨迹。但修建和使用"干栏"建筑的，还包括布依族、侗族、水族和瑶族等，包括几天前我们考察的水甫村。

脚车的"干栏"民居建筑，其下部"高床"大多保持初始的形制及结构，用材硕大是其显著特征，与月亮山区同类型建筑相仿。但上部用于居住的建筑空间，大多进行了更新。不但用材明显偏小，形制及结构也有变化，突出表现在开间普遍采用三间等奇数，明显受汉文化影响。近些年使用通柱穿斗排架的干栏式建筑逐渐增多，这种较比干栏建筑更能省工和省料，颇受村民欢迎。村落附近沟冲里还出现了新建砖混结构住房。

从苗岭南麓到月亮山，都柳江两岸地区保存下来的这些大量干栏建筑实物例证，包括各历史阶段发展、演变而形成的，具有典型特征的干栏式建筑，其形成、发展、演变脉络相对清晰，历史可读性比较强，是值得通过全面收集、系统整理、深入研究的，可以为建筑学、考古学、民族学、民俗学、文化人类学等学科提供相当的参考和研究价值。

再次回到村口时，刚过下午4点。由于时间关系，脚车的古楠木、古枫木和红豆杉等珍贵植物和崖墓等处的调查，只能留待下次了。又听说上寨唐姓是由雷山西江迁徙过来的，十分纳闷。在雷山一带，苗族村民去世，都习称"走古州去了"，说明应该是从榕江往雷山迁徙啊？留待以后考证吧。

回到四格服务区转车，抵达榕江县城预订的酒店，刚好下午5点30分。在酒店办理入住手续时接到老梅来电，他已经进城。

脚车村一隅

脚车村干栏建筑

三十二、榕江朗洞镇和腊酉塘

2021年11月15日，阴间多云。

调查计划：榕江朗洞镇和腊酉塘。

清晨5点30分起床，洗漱后着手整理昨日见闻，形成考察笔记，抽空于6点50分发了条朋友圈。

榕江应该是我非常有缘且比较熟悉的一个县。1984年的春天，在借调省厅文物处从事文物保护工作前半个月，参与群文处的群众文化调查工作时，就经凯里首次到达榕江。后来，我的岳父就是榕江忠诚人。昨晚，还在亲戚老梅家里小酌。自石斌任副局长到后来调我们中心工作后，梅承刚（老梅）一直任文物管理所所长，后机构改革时改称文物局局长，今已卸任职务，但仍在积极工作中。

9点在老梅陪同下前往地处榕江东北的朗洞镇，该镇与剑河和黎平两县交界。

朗洞地处长江流域沅江水系和珠江流域柳江水系分水岭苗岭山脉北侧，境内朗洞河是沅江上游清水江右岸支流南哨河的3大支流之一。也是两大流域之间陆路通道的重要节点，自古以来，从都柳江左岸重镇"榕城"古州，经车寨沿寨蒿河东北行至朗洞后，再经南哨抵达清水江之剑河。清雍正后是镇远府所辖清江厅（今剑河柳川镇）与黎平府所辖古州厅（今榕江古洲镇）重要通道，于乾隆二年（1737年）移开泰县丞分驻朗洞，一直延续至清末。

出忠诚上S25沿榕高速一路北行，于中午10点20分在朗洞下高速。对多次失之交臂、心心念念的朗洞，原本是满满的期待，但沿朗洞所处南北向谷地一路调查后很是失落，至今保存的历史遗存实在太少。一座在清光绪三十四年（1908年），由黎平府开泰县分驻朗洞理民县的补用县正堂（还是六品官）监建的庙宇是幸存者之一，但1934年12月24日，中国工农红军长征经过朗洞时，在山墙上书写的标语"坚决剿灭特务土匪武装，为民除害"，却被重新填色，无语。

王姓是朗洞大姓，而老街上的"三槐世弟"，高大的封火墙内民居建筑的布局已不复旧貌，而里面居住着的不是王姓，却是"燃黎堂"的刘家。八字门因左右壁面保存有落款"红全体"的墨书"白军士兵抗日六条纲领"和5条"苏维埃政府反日主张"得以保护。该宅与另一栋民宅，2018年以"朗洞红军驻地旧址（红军指挥部旧址）"命名，公布为第六批省级文物保护单位。

离开朗洞前，从朗洞文化守护者王世海那里得知他有20世纪50年代的朗洞老照片，很是期待，于是相互加了微信。

在忠诚吃过中饭，立即赶往都柳江畔的腊酉塘，在左岸乘上摆渡船，百十米宽的都柳江河面，不一会儿就登临右岸渡口，上岸时正好下午2点。

都柳江右岸的腊酉寨，清初设塘，称"腊酉塘"，扼控水陆要路。嘉庆间，林溥在其《古州杂记》中所记，古州西南月亮山区，时称"九千里"，有一条"内通粤西"之道，就是由

朗洞红军驻地旧址之一

朗洞红军驻地旧址之"三槐世第"（局部）

红军标语之一

腊酉寨沿乌娘溪翻越月亮山后过境荔波县进入广西的，且"商贾间有入内货市"者。

腊酉塘桥，在乌娘溪入都柳江河口处东西向横跨溪流，为单孔石拱桥，长29.7米，宽6.65米，净跨16.7米，矢高11.3米。除局部有稍许裂隙外，整体保存完好。桥西都柳江右岸往八开西行古道和乌娘溪左岸往腊酉寨南行古道仍为村民出行所用，均保存尚好。"永德桥碑序"碑、保护标志和保护说明碑、"与善桥"碑、"蜡酉与善桥"碑竖立在桥西山体边，由北向南一字排开。

由于"永德桥碑序"碑曾经被村民移作铺路石用，字迹被行者长年磨损而模糊不清，"蜡酉与善桥碑序"碑曾经被村民移至井口，并根据井圈大小进行切割而残缺，我们决定对这2通碑刻进行捶拓，争取尽可能多地获取一些历史信息。

随着墨色在拓包行走中渐次铺开，碑刻文字得以显现。其中一句"有塘蜡酉者，系两广云贵□□军民往来之要道"，□□2字处，漫漶严重，此前有文献识读为"通衢"，但从残留的局部痕迹看，"商旅"2字似乎更为贴切些。

腊酉塘桥

连接古道的腊酉塘桥

都柳江右岸的八开至腊酉塘古道

建桥碑记

综合2通碑刻文字，可初步梳理信息如下。作为两广云贵商旅军民往来之要道节点的蜡酉塘乌娘溪河口，原为舟渡，但每年春夏之际往往因"积雨"汇成洪流，无法过渡，"未勉稽延往来"，行旅受阻，都期待有一座沟通两岸的桥梁。愿望终在清道光年间得以实现，在官员"捐廉倡首"和四方募集后，终于"桥功告竣"，桥"高三丈，广四丈"，命名"永德桥"，于道光十二年（1832年）季春"勒石题名"。到了光绪二十年（1894年），乌娘溪暴发特大山洪，永德桥被毁，不但"片石概无所存"，甚至将两岸桥台基址也冲毁，乌娘溪河口"又深阔几许矣"！此后数年，既架过小桥，也用过舟渡。最终由古州同知刘永成倡首，"承好善诸君子解囊乐助"，在光绪二十八年（1902年）二月兴工，三十年（1904年）初告竣，命名为"与善桥"。

1981年，榕江县人民政府将腊酉塘桥公布为县级文物保护单位，并将上述碑刻归集一处。

1930年4月，红七军为摆脱国民党桂军对左右江革命根据地的围困，开展游击战争。4月29日，红七军在荔波板寨会师后翻越月亮山，沿乌娘溪经腊酉塘过腊酉桥，攻占榕江县城，取得入黔作战的首次胜利。根据这一史实，该桥被命名为"腊酉红军桥"，于2018年被贵州省人民政府公布为省级文物保护单位。

拓片任务完成时，已过晚上6点，摆渡船家虽已经过了下班时间，仍耐心地等待着我们，令人感动，在与他合影后安全渡江返城，回到"榕城"古州已是华灯初上。

三十三、榕江客家围屋和会馆

2021年11月16日，阴有阵雨。

调查计划：榕江客家围屋和会馆。

按计划，今日调查组得赶到望谟，与中心在黔西南州进行文物安全督查工作的队伍会合，行程330多千米，4小时内能够到达，因此，领队石斌昨晚建议，今日上午去车江考察榕江遗存的一处客家围屋，对此我不置可否。

车江在县城北4千米许，史称车寨，自古是古州通往黎平和剑河所必经。1950年设乡，2006年划归古州镇，今称古榕社区。因榕树广布得名"榕城"的古州，古榕社区保存最多，尚有榕树50多株，密集分布在荫塘村至章鲁村之间，千余米河岸就有近40株。村落建筑主要布局在北东向笔架山东麓南流之寨蒿河左岸一线，东临车江大坝。

20世纪80年代以来，多次看车江荫塘、寨头村和章鲁村的民居，对为数众多的合院式传统民居建筑印象深刻，这里居民以杨姓居多，祖籍多来自江西和湖广。但这里还保存有客家围屋，则是第一次听说。虽然天后宫是古州文献记载最早的会馆，而且是由福建和广东闽粤客民共同修建在城内卧龙岗武侯祠坡下。自古州开设盐埠以后，广西、湖南、江西各省，因贸易徙居古州并形成市场，与福建、广东一样，都在古州城墙外修建会馆，商贸繁盛，形成今日的上、中、下河街。

查第三次全国文物普查不可移动文物登记表，确有车江章鲁村的赖家大院系"粤广模式建筑"。赖氏入黔始祖赖恩怀祖籍广东梅州，于清咸丰年间辗转徙居古州，由两广贩运粤盐入黔，再将黔中木材和山货运销两广。光绪初，购得章鲁临河一地后修建了占地面积1270平方米，建筑面积1090平方米的宅院。

贵州食盐，大部分依赖川盐，而地处贵州东南部的古州，距离四川太远，运销川盐太难，于是改食粤盐。这在《（嘉庆）古州杂记》《（光绪）古州厅志》《（民国）榕江县乡土教材》中都有记载。清雍正七年（1729年）设古州厅，十年（1732年），广西委派吏目刘士龙押运生息盐五百包到古州试销，是年九月又奉拨广东帑盐一封，交武林人俞文耀引领，由广东经广西水运至古州试销时，黎平府知府滕文炯责成古州同知督销。在古州设总埠，黎平、丙妹（今从江）、山脚屯（今三都）分设子埠。梅州赖氏应该是清晚期的粤盐运销商之一。

上午8点，刚冲泡好咖啡，老梅来电称，因临时接到陪同领导下乡的通知，不能随同我们前往车江。继而领队石斌告知，已经联系好围屋的房主，9点左右在家等我们。

于8点30分收拾好行头退房出发，到

车寨古榕

达车江时还不到9点,已经开始下起小雨。

赖家大院在今古榕社区的章鲁村中,三宝侗寨景区新建鼓楼西南。调查组一行穿过鼓楼,从寨蒿河畔的古榕群西南行不一会就到宅院后面。沿院墙绕行时,发现建筑两山的硬山做法时,告知石斌,这里是我曾经数次经过的,只是因为大门紧闭,一直未能入内而已。

在雨中绕至东南大门时,雨住。大门已经开启,只是狗吠不止。在主人家拴狗期间,观察了一下大门做法。大门为砖木结构垂花门,居中布置于封闭式合院的中轴线前端,简洁朴实,仅方形门枕石有雕饰的吉祥纹样,看面左右为一对狮子,内侧面分别为野鹿衔芝、松鼠、大象和麒麟、凤凰。门左右为八字墙,与院墙连接,墙外端做墀头。门前7米外是一池塘,形状不规整,目测水域面积应该有2亩多。

门内隔庭院居中布置正堂,堂为二进,平面略呈方形。前堂用以议事或待客,后堂亦称"祖堂",用以祭祖,供奉有香火牌位。前后二堂均为三开间,五柱十瓜十七檩穿斗式木结构硬山顶,屋面布小青瓦。二堂之间,于次间加联系枋,枋上承托屋盖,居中为天井。正堂四周以清水墙围护,形成"四水归堂"的格局。正堂东西两旁,在"祖堂"后檐墙与大门院墙之间,布局有用于居住的"横屋"各六间,不过开间大小不一。居住在"横屋"内的家族成员,日常生产生活,一般通过开设在南侧的院门,经庭院从大门出入。也可以通过设置在"祖堂"

赖家大院前堂立面

赖家大院的横屋　　　　　　　　　　　　赖家大院之庭院

前檐左右的门洞进入至正堂，参与祭祖、议事或待客。还可以通过开设在北侧的院门，进出后面的花园。

通过考察，赖家大院确系同宗阖族而居的客家围屋，只是这种"两堂两横"客家围屋的建筑形式，在赣南和广东的梅州、深圳等客家聚居地属普通和常见，但在贵州，却是迄今已知仅见者，且围屋保存尚好，实属难得。建筑、池塘、花园构成客家围屋布局的总体特征，汉魏时期的宅院多有造池和建园之风，这在《洛阳伽蓝记》里就有不少的记载。现而今，独有客家围屋，保留了汉魏以来里坊制建筑的遗风。

在与赖氏后人的交谈中得知，赖氏迁入古州已有160年了。这不就与荔波邓恩铭先祖入黔时间相仿？这是一个值得研究且有趣的现象。但其所言与手上资料时间有差，存疑。作为徙居古州的梅州客家人，他们现在的民族成份却是侗族。本想寻求族谱一阅，因保管族谱的族长不在而未能如愿。我还想起，1987年在章鲁北面的寨头和荫塘调查时，那一带的杨氏，也都有族谱，且不管祖籍是江西还是湖广，现今的民族成份也都是侗族。这说明，徙居古州的各省客民，在与世居的侗族人民的长期交往中，入乡随俗，在同一个地域里，共同的生产或经济生活中，逐渐形成为具有共同语言甚至共同的民族文化特点的共同体。唯一有所区别的，是建筑。因此说，建筑是唯一能够探求和识读建造者历史信息的物质载体。

又顺道看了两处杨氏宅院后还调查了被称为"车寨鼓楼"的一座三层楼阁式木结构建筑，院内还存有同时期镌刻于清道光二十年（1840年）祀奉土地的"福德祠碑序"碑。

于中午11点30分回到县城，从古州南路进入老街。这条自南向北分布的街道，就是原来古州城外的下河街、中河街和上河街，今称五榕路。原南门外下河街街西的两湖会馆，始建于清乾隆年间建，同治十一年（1872年）和光绪十二年（1886年）两度重修。现又全面重修，交予一从事文化产业的公司使用。广庆宾馆仍然大门紧闭，从门匾款识看，建于光绪二十二年（1896年）。原大东门外中河街的广东会馆，始建于乾隆年间，光绪元年（1875年）重修。现也全面重修，县文物局在里面做了一个"记忆古州"的简单展览，存放一些各处收来的建筑构件或部件。院内还立有清光绪三十年和民国元年"增修天后宫碑记"碑。原大东门外中河街的万寿宫，其历史沿革与毗邻的广东会馆同，遗憾的是因扩建道路而仅存遗迹。

杨氏宅院

"车寨鼓楼"

1点时在古州大码头旁一餐馆吃饭,美美地喝了几碗酸汤。半小时后驱车离开榕江。途中得知要赶到安龙才能与在黔西南开展工作的中心主任李松涛一行会合。途经平塘"天空之桥"服务区小停时,恰逢浓雾,一片混沌,可当车辆行进在平塘特大桥上时,浓雾渐散,桥塔得见端倪。调查组在雨雾中一路西南行,于晚上7点45分顺利抵达安龙入住酒店。

古州两湖会馆

古州广庆宾馆

古州广东会馆

古州江西会馆遗址

古州大码头今貌

三十四、安龙县

2021年11月17日，多云转晴。

调查计划：兴义府试院和安龙中华苏维埃国家银行旧址。

清晨5点半起床，洗漱后整理昨日考察笔记，得益于前日一早梳理的古州相关资料，省去了不少时间。

昨晚，远健兄将板寨姚书记抄录后整理的黎明关清道光修路碑记转发给我，实在感谢。这时得以初步了解碑文内容。该碑剔地阳刻楷书碑额"俗敦德星"4字。左右剔地阳刻楷书对联"善化一方开道坦；功垂万古仰天申"。首题"荔泉乡儒东首姚永华起发图功，流芳传世。谨序"。碑文大致内容是，该道"上走荔邑，下连环江"，但行人"每苦于龟背路□，去乎羊肠"，于是，"我等不惜微金，请石手而改曲为直"，目的是"易险使平，牵牛服马，返涉风尘，任其来往"。罗列所有捐资人姓氏名讳，其中姚氏居多。该碑立于"大清道光二十五年十二月谷旦"。

上午随督察专员，10月中旬才调任贵州省文物保护研究中心主任的李松涛一行在安龙活动。松涛甫任不久，10月20日厅党组批准我辞去中心副主任，11月5日由袁伟副厅长到中心宣布，卸任前与其搭班子的时间很短。

调查组随督察组于9点到桅峰山麓的省级文物保护单位"兴义府试院"调研。

最早的试院不在今址，在府署旁，始建于清雍正九年（1731年）。后又迁建大佛山，毁于嘉庆二年（1797年），五年（1800年）重建。道光二十一年（1841年），知府张锳自捐廉俸银并向府属各州县劝捐银两，迁建于今址。据文献记载，原有房舍209间。新试院规模宏阔，时称"甲于天下"。

兴义府试院

公布保护单位时，现存建筑仅有大堂、二堂、红楼及议事亭，占地 2600 平方米，建筑面积 726.63 平方米。大堂面阔三间，通面阔 13.6 米，进深三间，通进深 18.4 米。穿斗式石木结构硬山顶建筑，前以抱厦为廊，施过垄脊。柱均为整石施造，其中大堂石檐柱镌刻有楷书阴刻"帝泽诞春敷，申鸿奖，劝鸠工，舍旧图新，庶一郡菁莪同游广厦；文风蒸日上，登龙门，舒凤翰，扬华离藻，看六庠英俊连步巍阶"对联。

2005 年时，成立不久的贵州省文物保护研究中心帮助编制兴义府试院修缮工程设计方案获省文物局批准。2011 年 4 月初，贵州保利文物古建公司在保护工程实施期间，于大堂前对后期更改为操场的地面进行截取后的降土作业时，发现下部埋藏的建筑遗址。5 月，我即率队赴现场进行调研，进一步确认，遗址除清道光年间试院的号舍基址外，其上部还叠压有民国年间新修学校的基址。随即要求安龙文物管理所寻求省文物考古研究所支持，对遗址进行全面的工程清理。此后的清理印证了当时现场的判断。随后产生究竟是选择遗址保护为主还是整体复原为主的矛盾，我明确表示支持后者。现南面的头门、龙门、魁星阁已经修复，而与大堂之间的左右号舍仍为遗址，号舍间的甬路暂以块石铺墁。大堂内展示了一些收藏的匾额，蛮好。

9 点 50 分又随督察组到第六批省级文物保护单位"安龙中华苏维埃国家银行旧址"进行调研。

1935 年 4 月 20 日，中国工农红军长征期间，中华苏维埃共和国国家银行随第一军团 2 师 4 团及中央军委纵队后梯队到达安龙县城。中华苏维埃国家银行设在今为招堤街道广东街的大田坝蒋德安宅，现已全面修缮。

安龙中华苏维埃国家银行旧址

在此结束安龙的督查工作后调查组又随督察组赶往兴义。行前向安龙同志介绍了即将赴安龙开展丝绸之路南亚廊道调查工作的目标和方向，请他们届时给予支持。

正午时分到达兴义，中餐后征求督察组意见后明确了下午调查组自行入住酒店，休整并整理内务。

入住酒店前，就此次开展丝绸之路南亚廊道调查工作的目标和方向，分别向周仕敏、罗松等说明情况，并请他们思考一下除已知的诸如茶马古道、桥梁等，可以考察的对象，同时请他们帮忙提供涉及兴义的古道、渡口以及徐霞客《黄草坝札记》相关内容的资料。

我则可以利用下午和晚上的时间，充分阅读一下黔西南的文献资料，为后几日在黔西南的田野考察工作做准备。

三十五、"西南屏障"捧乍镇

2021年11月18日,多云转晴。

调查计划:"西南屏障"捧乍镇。

清晨5点30分刚起,罗松便按约发来昨天我们调查组一行提出的所需资料,这是昨天中午调查组抵达兴义后与兴义同仁商谈的结果。资料内容主要涉及兴义的古道、渡口以及徐霞客《黄草坝札记》相关内容。

早餐前收到周仕敏发来的与南亚廊道相关的不可移动文物资料,其中提到"明洪武十九年(1386年)开置捧乍营,隶普安州12营长官司",这在昨天下午查阅的资料中未见记载,况"十二营长官司"应该是安顺府镇宁州所领。嘉靖《普安州志》卷一舆地志记载的"洲领十四营"中有黄草坝,未见捧乍营。而在乾隆《普安州志》卷十三兵制志中,倒是记载有安笼镇标左营,分驻黄草坝、捧乍。具体沿革是:康熙四十六年,以左营千总一,分驻捧乍及三江。雍正五年改设南笼府时,以游击移驻捧乍,捧乍之千总移驻黄草坝。乾隆十年时,由安龙存城守备移驻捧乍。而光绪《普安直隶厅志》卷一地理志的建置里,记载有明时的信息,称普安"州领九里十二营。明制,以九里处汉人,以十二营处夷人"。看来,明初设捧乍营的情况,还得进一步核查相关史实。

因核对上述资料,8点才到餐厅用餐。早餐时,从秀成处得知领队石斌已经赶到机场,准备赶回贵阳参加一个会议。还收到罗松送来2018年点校出版的《民国兴义县志》1册,他将书送到酒店后就下乡去了。该书正好可作昨日下午阅读的乾隆《南笼府志》、民国《南笼续志》、咸丰《兴义府志》《兴义府志续编》、嘉靖《普安州志》、乾隆《普安州志》等文献的补充。

西龙庙古道分布示意图

按时于9点抵达黔西南州博物馆，龙虎馆长已在馆里迎候，并为督察组和调查组一行重点介绍了商周至两汉出土文物的情况。

参观毕，在博物馆与周仕敏和王忠寿商量今日准备考察的对象。作为全国重点文物保护单位茶马古道组成部分的马岭古道（含木桥），是"达府之捷径"，其保护工程已经实施且通过竣工验收，因比较熟悉，决定此行不再调查，包括该河段上游黄草坝通南笼府重要桥梁之一的马别桥。另外，作为"两粤入滇路"要冲的江底渡、江底古道和民国年间修建的永康桥，2017年12月12日已经进行过调查，此行也不再进行调查。

最后决定前往明清设营、清乾隆八年（1743年）建城，又设巡检司、民国时期设兴义分县的商贸重镇，"西南屏障"捧乍进行调查，且重点调查已经列为市县级文物保护单位的"捧乍老街商铺"。此行由贵州民族婚俗博物馆馆长，捧乍人王忠寿陪同。

在州博物馆辞别正在开会的松涛主任一行和州文物局领导，调查组在品味一碗很有特色的兴义羊肉粉后，迎着暖阳向捧乍进发。历史上，自黄草坝往捧乍，经由洒金塘（今洒金街道）、马仡佬塘（今七舍镇马格闹村）、革上汛（今七舍镇革上村）、鲁坎塘（今七舍镇鲁坎村）后抵达捧乍城，现在也大抵如是，只是在当下渐趋完善的交通条件下，近50千米的山路，车程不到1小时，调查组就于临近下午的1点50分抵达捧乍镇。

车辆停靠在捧乍社区捧乍小学大门外X606县道对面，学校大门西南侧西向临街处，即1985年11月2日公布的贵州省第二批省级文物保护单位"'西南屏障'石刻"所在。石刻由高1.27米、宽0.9米的5块青石并列组成，"西南屏障"4字，每字各据一块，另一块为序文。石刻记清咸同年间回民起义事，系兴义府即补知府云南人孙清彦书，立于同治七年（1868年）。该石刻最初是立在关帝庙内的，后为了整体保护捧乍的石刻类文物，将该石刻并捧乍义仓碑和城门匾额等移至此，进行整体保护。

半小时后，沿公路南行后西转，来到捧乍社区的西街。街道中段偏西的南北两侧，确实保留了10数栋临街设置柜台的商铺建筑。绝大多数为三开间，偶有二开间的。形制普遍为穿斗式木结构硬山青瓦顶，两山墙与后檐墙均为石砌，山墙前檐端多做叠涩墀头。前檐屋檐下均加披檐，让我想起贵阳青岩的"眉毛厦"做法。为避免雨水淋湿柜台，披檐均采取由檐柱向外双挑二步架的做法，以使檐口挑出深远。屋檐和披檐上下间的墙面均加装漏窗，以利室内采光和通风。中间仍为堂屋，设香火壁。左右次间设有楼层，利于屯放货物。次间靠前为铺面，靠后为居室，典型的前店后寝布局。铺面柜台均由檐柱位置向外挑出，用料石制作，柜台台面皆用整石，石材最长者达4.5米，用料硕大。经调查，历史上，捧乍是滇、黔、桂三省毗连地区最大的牛马贸易市场，也因此而商贾云集，加之捧乍逢丑（牛）未（羊）日为场期，赶场时，西街热闹非凡，从现存建筑就可窥一斑。

"捧乍老街商铺"是2011年第三次全国文物普查工作中登录的，共登录15栋，归入近现代重要史迹及代表性建筑类的金融商贸建筑。但经过实地调查，从建筑形制、风格和功能分析，我们认为，归入古建筑类的店铺作坊更为恰当。上述商铺已于2019年公布为市县级文物保护单位，只是新近涂刷的红色油漆反倒使建筑失去历史厚重感。

于下午4点30分返程，至西龙庙路段时顺便调查了一座路边的清墓和一段古道。古道

"西南屏障"石刻

捧乍老街商铺之一

西龙庙古道（局部）

仅存700余米，已经废弃，鲜有人行，西南靠近居落处多被耕地侵占，东北坡地上则被植被覆盖，保存状况很差。在古道西北公路旁的"捧乍"石刻标识前，与忠寿合影后返兴义。

　　回到兴义，一众好友得以相聚，相谈间，从在义龙新区工作的王军那里得知，顶效绿荫还保存有古道，他强烈建议调查组前往一探。当下计划明天在机场接石斌后先看该道，再往安龙。

三十六、绿荫古道和下坝古道

2021年11月19日，多云间阴。

调查计划：绿荫古道和下坝古道。

17日上午在省级文物保护单位安龙兴义府试院和安龙中华苏维埃国家银行旧址调研过程中，向安龙同志介绍了我们即将开展的丝绸之路南亚廊道贵州段调查工作的目标和方向，今日便计划经义龙新区往安龙开展调查工作。

今日为农历十月十五下元节，民间习俗是送寒衣、祭三官。

根据昨晚与王军的约定，上午先期调查绿荫古道，但因航班延误，中午11点才在兴义机场接到调查组领队石斌，而此时，王军陪同省考古所一行在万屯开展的调查工作也快结束了。

赶到万屯与王军会合后，率先到全国重点文物保护单位万屯汉墓群20世纪80年代发掘的8号坑"打卡"，致敬考古人。

由于时间关系，决定先吃饭再调查。边吃边聊中，王军介绍了从当地村民中了解的一些情况。据称，该道自古就是原广西经黄草坝西向云南的大道，是一条被称为"马帮路"的古道。

饭后立即驱车赶赴绿荫村，车辆在一处小地名"新屋基"的地方停下，这里是今天古道调查的起点。准备好行头，启动轨迹记录后正好1点，调查组在王军一行的带领下，向西出发。

行进初，部分路段线形仍在，但铺路石被覆土和植被掩盖，部分路段一侧被村民的耕土挤占。让人意外的是，已临近小雪节气，古道旁的田土里居然已经是油菜花盛开。随后的古道路段，已作为乡村公路用水泥砂浆硬化。古道中段西南面的山坡，就是"贵州龙"化石埋藏丰富的地区。当年"胡氏贵州龙"的发现者中国地质博物馆的胡承志先生和贵州省博物馆的曹泽田先生采集标本时，所走的就应该是这条古道吧？

在靠近绿荫村三组约200米地方，有近80米古道保存相对完好，调查组对古道与石梯坎进行了测绘和记录。此时，还得以和一位89岁的汪姓村民进行交流，据称，他祖籍江西大鱼塘，年轻时穷困潦倒，8岁就帮别人放牛，比给我们带路的81岁的汪老支书大一辈。

绿荫古道新屋基路段

古道调查在史称"小寨"的三组所在地结束，全长1.6千米。因王军临时接到通知须赶回义龙新区开会，不能陪同我们继续往六广镇内遗存的"五省会馆"和马鞭田古道一探究竟，甚为遗憾。好在"五省会馆"保护修缮工程方案已经获批，工程启动可期。马鞭田古道情况则委托王军择机帮助调查。于下午2点30分离开绿荫村赶往六广镇。

抵达六广镇时，发现"五省会馆"大门紧锁，无缘入内，只好继续前行。

绿荫古道小寨路段

与89岁汪姓村民交流

龙广袁祖明旧居"卧雪山庄"现状

龙广"五省会馆"（局部）

在安龙城西与杨茜和马哥等会合后，旋即驱车赶赴下坝调查古道。

杨茜和老马哥带领我们一行沿市府大道西北行，在下枹才掉头后数百米，转向通村公路南向绕行，最终在老屋基与杨柳井间停车，此时已是下午4点20分。

停车处的东面是一块被称为下坝的坝子，面积不大，目测不会超过200亩。经查询，下坝原为木咱镇木咱村下坝组，今属栖凤街道，与钱相街道邻近。现存古道位于老屋基至娃娃井之间。

据文献记载，安龙府治西至兴义县治，其道里经杨柳井，但据老马哥介绍，古道是由杨柳井北边的老屋基往东穿行坝子走的。

由老屋基往娃娃井共约700米古道，其中老屋基东南小山岗100多米路段穿行林中，坝子中保留有不足500米路段是我们进行调查的重点。古道多被覆土掩盖，但从保存较好的路肩看，稍加清理，就能完整显现古道原貌。

在坝子中部，古道东南山体西北隅一凸出地表的岩石西侧壁体上，镌刻有"古垟砢"摩崖石刻一方，与古道垂直距离66米。摩崖石刻镌刻在离地约3米的石壁上，呈横长形，"古垟砢"3字横向楷书阴刻，字高0.6米，宽约0.4米。款识为"光绪二十一年冬""兴义府

下坝古道穿行于坝子间

古道旁有"古牂牁"摩崖石刻

"古牂牁"摩崖石刻

石廷栋志"。石廷栋，云南昆明人，清同治五年（1866年）署归化厅（今紫云布依族苗族自治县），光绪三年（1877年）署理思州府（今岑巩县），十二年（1886年）署大定府（今大方县），十八年（1892年）补授兴义府（今安龙县）知府。

从娃娃井原路返回，在通村公路上观察古道全貌，查看古道轨迹核实古道走向。实际上，今天调查的2段古道，应该就是文献所称"两粤入滇路"，且是"通云南大路"。该道自安龙，过杨柳井后经木咱、马鞭田、龙广、顾屯、邓屯、三家寨、郑屯、顶效、水倒流、木笼、龙井抵黄草坝，再经土桥、品德至江底后入滇。其中下坝古道是安龙至杨柳井之路段，而绿荫古道则是郑屯至顶效之路段。

因咸丰《兴义府志》录有《修兴义府南路碑》，文中描述，兴义府"壤接两粤，僻处边疆，远通羊城，近达象郡，贾商辐辏，货物骈臻。由粤入郡之路，自坡脚经石门坎、三道沟、梅子口、打坐坡诸处，山路崎岖，石径险狭，行道苦之"。而兴义府所辖之南部区域，有明以前均属西粤。于是向熟悉情况的老马哥打听通往坡脚的这条"兴义府南路"的情况，他说道路还在，特别是梅子口一段保存较好，还有深深的马蹄印，路边还有石廷栋题写的另一方摩崖石刻"独立三边"。遗憾的是，今天时间已经太晚，加之老马哥马上要赶回局里开会，而这两天党务工作繁重，还抽不开身陪同我们前往。看来，坡脚之行只能留待下次了。

带着今日的收获和些许遗憾，调查组驱车前往安龙城。

三十七、册亨县的古道和桥梁

2021年11月20日，阴。

调查计划：古道和桥梁。

今日，"南亚廊道"田野考察工作进入第10天。

5点30分起床，洗漱后整理修改昨日田野考察笔记后，收看央视"朝闻天下"，于7点30分早餐。

由于此行被迫放弃"兴义府南路"坡脚古道的考察，调查组昨晚与杨茜商量后，决定今早到位于全国重点文物保护单位"明十八先生墓"的文物库房拍摄出土文物照片。

于上午9点到达位于安龙县城西天榜山下的"明十八先生墓"时，杨茜和小甘已经先期到达，正在文物库房里为我们拍摄文物做准备。利用这个间隙，调查组一行先行拜谒收殓南明永历朝臣吴贞毓等18人遗骸的墓葬，以及祠堂和摩崖石刻等。想想永历等一众两千余人，由广东一路颠沛流离，辗转至此，再西行云南，当时的交通状况应该不错。

10点开始拍摄2008年7月出土的8件窖藏文物，其中，铜釜1件，铜洗（盆）3件，编钟3件，羊角钮钟1件。印象中，现任省博物馆馆长的李飞认为，从这批铜釜、铜洗的器型和铭文看，和云南发掘的同类文物相似，应该产于今云南昭通，是东汉时期的遗存。

10点30分照片拍摄完毕，帮忙将器物点交入库后，我们辞别安龙同仁，互致后会有期。

为了争取时间，调查组没有选择G552国道，而是经由G78汕昆高速转S62余安高速，于正午抵达册亨，得见彭龙馆长。中餐后没有休息，调查组在彭龙带领下直接前往册阳。下午2点车辆停靠在纳福街道册阳村村头。

安龙"明十八先生墓"

册阳是清雍正五年（1727年）由广西划入贵州时所设永丰州，以及民国设置册亨县时的治所，1957年8月迁往者楼建新县城。古道位于村西北隅，现存古道是1937年清末册亨州同知、湖南人刘迪康，为利于商旅行走捐资倡修的，由册阳至今冗渡镇板年村境的道路，习称"刘道"。全长2250米，道宽近2米。调查组由南向北行走，洒满落叶的道路用块石铺墁，路面平坦。百余米后，古道向西北缓慢下降，行约30米后，向西南折转后，坡度较陡，沿途石梯步间布满一种类似苋的草本植物，生长茂密。再行60余米又折向北西，数十米后又折向东北，不到50米，古道东侧有一岩溶洞穴，俗称"打儿洞"，洞口高3米，宽1.5米崖壁上镌刻有"德化册民"4字，每字0.6米见方。款识为"德章县长李公德政纪念""册亨全县民众恭颂民国二十六年元月吉日"，系册亨民众为纪念李德章在册亨县任县长期间修城墙、建碉堡所行"德政"而镌刻于1937年。"打儿洞"距离出发点共计350来米。此后古道向西北绕行往东北方向，一路下坡。行进至古道450余米处时，不能再行往下，因为其余路段皆淹没在灌木和荆棘下，无法行走。古道下部的"刘道"摩崖石刻和西北对面燕子岩崖壁上的"开发黔南"摩崖石刻无法考察和体验，只得折转，取间道回到西侧公路。这段古道，整体保存较好，未能一探究竟的剩余1500多米，得益于植被的掩盖，应该保存更好。个人感觉，古道命名为"册阳古道"更合适，至于"刘道"，可通过摩崖石刻述说那段故事。

于下午3点30分到达冗渡镇威旁村，原是威旁乡驻地，2016年撤销威旁乡建制，并入新设置的冗渡镇。车辆停在村东北山梁坳口处，在此，彭龙向大家介绍了古道的大致走向，从册阳西北行，经断山坳、冗坪，翻越冗贝丫口，过锅厂坪、三家寨后抵此。调查组全体队员与彭龙在坳口合影后，沿古道西南下，仅150米就进入村中。该段古道除局部地方铺路石块偶有缺失，局部路段被村民耕土部分侵占外，整体保存状况较好。由于中间有约500米路段作为乡村公路被水泥砂浆硬化，我们便沿古道走向，乘车到下一段古道的入口处，营盘脚东南公路边。

古道从营盘脚东南纳念溪边入，溪流上有单孔薄拱石拱桥一座，未见建桥碑记。溪流水量不大，据说是因为桥西南600余米处的一座"纳念山塘"所致。溪流东北流，淌过层层叠

习称"刘道"的册阳古道

"德化册民"摩崖石刻

威旁古道

调查组在冗渡镇威旁村口合影

叠的岩石，形成舒缓的瀑布。沿古道北东行，东北向溪流两岸是一块坝子。古道在临近被称作"营盘脚"的一个村民组时西转。从卫星影像图上观察，村民组西北后山山顶，似有营盘的墙垣遗迹存在，平面布局略呈弓形，弦边在东面。继续沿古道西北行进于两山间缓慢抬升的沟谷南侧，因形迹稀少而草木茂盛，道路略显狭窄。接近冗渡镇威旁村王李寨东南山谷口一段古道时，岔路口道边放置有数块木板制作的指路碑。进村一段古道，平缓地穿行于古树林木中，不久抵达王李寨，全程1千米。该寨是王家寨和李家寨的总称，史称"坡赖"，自此西行2千米左右，接安龙县兴隆镇大坪村下打牙，据文献记载，此地于清代设有打牙塘和打牙场，逢巳（蛇）戌（狗）日为场集之期。该段古道已被册亨县作为历史建筑，命名"陂萧古驿道"，看来是取"坡赖"谐音，此举不足取，称"坡赖古道"多好。

车辆在向北行走约10千米后，于下午4点50分抵达同属冗渡镇的坛坪村，在考察"红军桥"后参观"红军长征册亨陈列馆"，得知1935年4月19日，中国工农红军长征时，从贞丰石柱南下进入册亨洛帆、观音岩后西北行，在庆坪过庆坪河沿河谷西南行经邱家营、蒋家坝后，西北向过沙堡洒寨抵达坛坪宿营，次日继续沿庆坪河河谷西南行进，在定头村进入安龙。

因时间关系，眼见天色已晚，我们抓紧走了蒋家坝"红军井"旁百余米路段，查看一下古道保存状况后返回册亨。今天，得益于彭龙的精心安排，仅半天时间就得以调查了4段古道，收获颇丰。

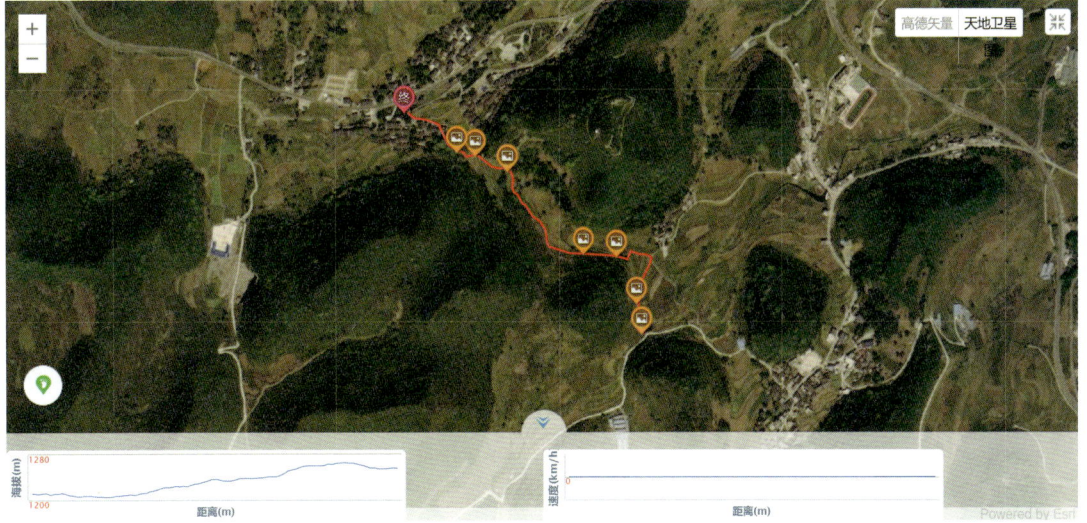

坡赖古道分布卫星影像图

"坡赖古道"营盘脚桥

"坡赖古道"王李寨路段

王李寨一隅

坛坪红军桥

坛坪"红军长征册亨陈列馆"

蒋家坝红军井

蒋家坝古道

三十八、从册亨到望谟

2021年11月21日，阴。

调查计划：郭家洞岩画和蔗香两江口。

清晨5点30分起床，洗漱并整理昨日田野考察笔记后，为今天的调查做一些准备。

原计划先行调查册亨南边南盘江畔的八渡镇。据文献记载，八渡地方为出广西西隆州的"大道"，应该保留有古道。很多学者认为，南宋时的大理国往横山寨的市马之路，其中一条线路就穿行过今兴义、安龙、册亨，并从册亨八渡过江。但彭龙说册亨往八渡的古道却很难寻觅，主要因为两点。

其一，册亨是贵州较早通公路的县。抗日战争时期的1938年，就着手修建联系滇黔桂三省的公路，并利用已经开通的"京（南京）滇（昆明）公路"，从晴隆县沙子分路，经兴义、安龙、册亨，从八渡过南盘江，全长267千米，因此该路习称"沙八公路"。经测算，由昆明运往广西的抗战军需物资，取道"沙八公路"至百色、田东，比经由安顺、贵阳、独山至田东缩短运程约500千米。但该道工程难度最大的"黔桂西路安（龙）八（渡）段"直至1945年春才得以竣工。当年即向广西运送抗战物资数千吨。也因为修建公路，穿行于沟谷坝子间的古道被公路路段取代。

其二，20世纪60年代，居住在八渡的人口数仅30余人，当时还属于乃言乡。1997年3月18日，南昆铁路全线铺通，1998年6月撤销乃言乡，设八渡镇。铁路和城镇化建设，加之龙滩电站建成蓄水，八渡的历史环境发生极大变化，原有古道、纤道、码头或渡口均淹没于龙滩电站的库区水下。

鉴于此，昨晚商定，今天先参观博物馆，然后前往与望谟交界的两江口，晚上住望谟。

彭龙早于我们一行到酒店大堂，待大家到齐并将行头装车后，他引领前往博物馆。

"中华布依族博物馆"就在我们入住的酒店旁边，彭龙以馆长身份陪同调查组一行，并在观展期间热情且详细地为我们解惑。

展厅里陈列有几通复制的清代晚期"禁革"碑，独缺立于今弼佑镇弼佑村，镌刻于清康熙二十三年（1684年）九月的禁革碑。资料上显示，因西隆州积弊日深，民怨日久，根据土舍岑颜、农应等人诉请查实后，镌刻的"广西思恩军民府永行禁革条款"，罗列了包括思恩军民府"知府张超、州同熊庆雄、州判赵廷佑、吏目孟锡祚、都司金书韦、安隆营守备事王遐龄、署安隆守备孙发成、千总□□□"等一众人员，以及"岑颜、农应"等21人诉讼者姓名，以期"永垂不朽"。碑对于今册亨在清康熙年间的行政归属具有史证价值。至于"禁革"一事，历史上多积弊已深，迄是镌刻1通碑文就能收获实效的，否则也不会在后期仍出现展示的这许多碑刻。

布依族先民长于养马、用马、市马，展陈的诸如马笼头的项带、秋带（俗称"马屁秋"）、马鞍、马镫和驮架等相关用具是调查组关注的重点之一。遗憾的是，这些用具展陈时只是零散放置在展台上，如果利用马匹标本，将这些用具归位，展示效果会更好。

参观后在彭龙馆长办公室小坐，交流中他赠送我们《册亨县志》《册亨风物志》各1册，不胜感激。

离开博物馆后赶赴两江口。彭龙带我们一行绕道洛帆，先考察郭家洞岩画。谁知途中因公路维护而不能通行，所幸得益于贵州脱贫攻坚中的村村通户户联工程，我们可以选择其他线路假道绕行。

郭家洞岩画是第四批省级文物保护单位，地处册亨东北界，与贞丰县邻。洛帆村曾为公社和乡所在地，今属1998年设立的岩架镇所领行政村，原设在郭家洞山体东南麓，现迁于山南坝子东南端的坝纳盘。郭家洞山体由贞丰境向南深入后止，南面为坝子，山体东西两侧为南北向的沟谷。郭家洞在山

郭家洞"朱绘符形文字"

体西南侧沟谷旁，洞口西向，内有伏流。岩画位于洞口崖壁上，以赭色涂绘4处，含义不明。1990年5月，原国家文物鉴定委员会副主任史树青先生考证，为"朱绘符形文字"，仍归入岩画范畴。该洞穴确是古人类理想的栖息地，但对于史先生就岩画"年代距今1000至2000年"的判定，在下不置可否。

1935年4月19日，中国工农红军长征时，从贞丰石柱南下进入册亨洛帆的古道，就在洞口西侧。古道向北600余米后折向西北，在大田河谷北侧者丫北行往石柱，向南沿山体南麓绕行坝子东侧后南行。现在的古道走向，大多已经作为通村公路。

山体东侧，有被称为"生命之源"的燕子洞，有伏流自洞中出，该水即大田河，自西北来，挟右岸庆坪河和纳温河在海尾入洞穴伏流后至此，在郭家洞内听见的伏流声即此水。出燕子洞后，在洞口右纳西南来之挂榜河（又称小洛帆河）以后河段叫洛帆河，东北流至浪界汇入北盘江右岸。

时近中午1点，驱车赶往岩架镇，路上翻越山岭时，得俯瞰"生命之源"燕子洞所在环境全貌。

于下午2点在北盘江右岸的岩架新镇吃中饭，饭后与彭龙及其同事话别，驱车前往蔗香两江口。

两江口指的是南盘江和北盘江汇合处，在册亨县东界北侧，也是册亨、望谟和广西乐业3县交界处。两江口地名在册亨，但因道路交通不便，我们改经高速公路到望谟蔗香，节约近4个小时的时间。站在蔗香渡口观两江口全貌，东南面河口为南盘江，远处南来之水为北盘江，汇合后的红水河在脚下右转东流去，原有古道、纤道、码头或渡口均淹没于龙滩电站的库区水下。

晚上6点30分带着些许遗憾，驱车前往望谟县城。

远处北盘江与左前方南盘江汇流的"两江口"

三十九、望谟和罗甸的古桥和古道

2021年11月22日,阴有阵雨。

调查计划:古桥和古道。

今日小雪,是我出生日的节气。

清晨5点30分起床时,看见女儿0点发送的祝福,甚慰。洗漱后,先行整理昨日田野考察笔记。天明后,见天色阴沉,感觉今日有雨。

7点30分吃早餐,餐后回房冲了杯咖啡,开始为今天的调查做一些案头准备。

于上午9点从酒店出发,经S62"余安高速"余册段到桑郎镇"七星桥"西侧桥头时,耗时还不到1小时。该桥东西向跨桑郎河,建于清道光三年(1823年)。为七孔石拱桥,长64米,宽4.3米,单孔净跨7.6米,矢高3.1米。

中午10点20分再上S62"余安高速"余册段转经G69"银百高速",在罗甸南收费站下高速进入G212国道,旋即转入X956县道,折返西南行7千米,于11点到达打玲桥所在八一村西。在此,东北蜿蜒而来的打玲河(又名所也河),在注入西北来的涟江(濛江)左岸前,形成一个S形河湾,打玲桥就巧妙地南北向跨越河湾中间。桥建于清道光十二年(1832年)。单孔石拱桥,长18米,宽8米,净跨14米,矢高5米。桥头西南道旁,立六角三层楼阁式石塔1座,高约2米,记捐资修桥人姓名及捐资数额等事。

还是在10年前,协助恩师巴娄(吴正光先生)与杨信共同主编《贵州的桥》一书时,对上述2座古桥有所了解。只是那年月,受制于贵州交通状况,未能亲临现场考察。今日得见真容,也算了却一桩心愿。

望谟桑郎七星桥

罗甸打铃桥

流连中，罗甸县局的同志来电询问，只得抓紧时间，沿原路驱车东北行，未上高速，径由 G212 国道，于正午 12 点进入罗甸县城。

下午，得罗甸黄昌亭这位老文物员和县文物保护服务中心年轻的邹莹引领，在雨中，调查组一行又新知仁里桥、龙滩桥。

中餐后的 1 点 30 分就从酒店出发，经 G69"银百高速"转 S62"余安高速"余册段，由逢亭收费站下高速后西北向行，在逢亭镇沿 X956 县道西行 12 千米许，抵达仁里桥，耗时 1 小时 10 分。桥在木引镇丛里村下丛组，东西向跨播来河（丛里河）。拍照时，小雨初下。该桥建于清道光七年（1827 年），为单孔石拱桥，长 22 米，宽 4.85 米，东西两侧分别有 11 级和 15 级踏跺。龙门石上部嵌"仁里桥"3 字石刻。

下午 3 点，继续沿 X956 县道西北行约 4 千米，来到同为木引镇的云保村龙滩寨，雨仍然淅淅沥沥地下着。"龙滩"实为一伏流出口，只是出水口在水下。龙滩水绕龙滩寨东南流，在仁里桥北合于播来河后东北流注入涟江（蒙江）平地河段。桥西北东南向跨龙滩东北滩口，因名。建于清代，为三孔石拱桥，长 16.4 米，宽 2.65 米。桥东北隅有保存尚好的碾坊遗址。

罗甸仁里桥

罗甸龙滩桥

盖今日罗甸所见打玲、仁里、龙滩3桥，均为历史上罗甸往紫云古道所经。道路由县城西南行经打玲桥后，沿涟江左岸西北行，在干送西渡涟江，过逢亭继续西北行，再经仁里桥、龙滩桥后往紫云。

半小时后，沿X956县道折返至逢亭镇，过涟江转X963县道逆江左岸西北行，过石门坎后东北行，1小时后抵达龙坪镇板庚村葫芦寨。板庚是清雍正五年（1727年）设置的罗斛州判所领九甲半之一，称板庚甲。板庚甲所辖七亭半的打供亭，亭目就住葫芦寨。

葫芦寨坐落在东北和西南两山之间的小冲里，小地名冲头。冲口有小河自南边流来，在冲口折而向东。通过卫星影像图查看，原来是所也河，我们处在源头附近，小河自此东去南转西南流，过打铃桥后注入涟江。

据介绍，即将考察的这段古道，从东南罗甸向西北经大搞往冲头来。我们自冲头古道沿东北山麓向西北行150米，山麓边有一岩穴，这里地下水丰沛，汛期从洞中涌出后东南流入所也河。相传古时马匹常在此饮水，故称马槽洞。洞口古道上架有单孔石拱桥，称"马槽洞桥"。

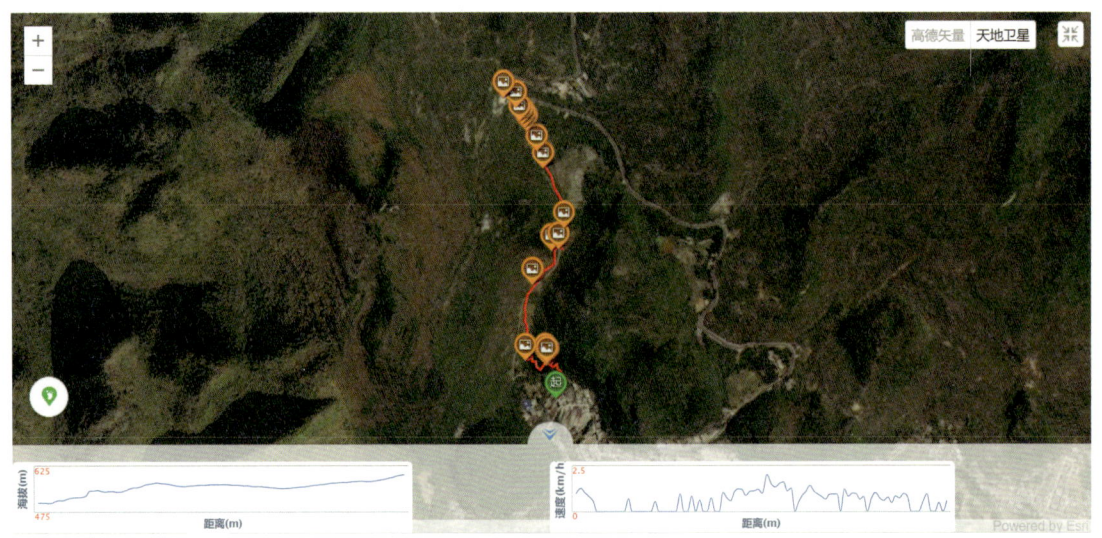

板庚古道分布卫星影像图

板庚古道弯道做法

板庚古道平缓路段

古道上的马槽洞桥

古道上深深的马蹄印迹

过桥 30 米后，古道折向西南，先下行再上行，下行处，铺路石上留有很深的马蹄印迹。西南行百余米后又折向北一路上行，转折处铺路石最宽约 3 米，又沿山谷东北绕行西北向 600 余米后，道上有一很深的马蹄印迹，其下行马蹄的滑痕印迹就超过 0.4 米。5 点 20 分抵达古道与 G212 国道交会处，古道全程 1 千米许，平均道宽 2 米，累计爬升 88 米。

在板庚体验的这段古道，既是清道光《贵阳府志》记载的"定番西南通泗城凌云路"之一段，道路出定番州南门后的大致走向是，经大坡塘、三都塘（今惠水县好花红镇三都村）、龙洞铺（今惠水县好花红镇毛家苑南）、犀牛塘、黄瓜铺、阿思塘，又西南八里青藤塘、断杉铺（今惠水县断杉镇），又经小里箐塘、罗路塘入罗斛境，又南经巴羊塘（今罗甸县边阳镇）、板庚铺（今罗甸县龙坪镇板庚村）后入罗斛城（今罗甸县城）北门。再由罗甸，东南行至双江口（凤亭乡勤丰村）西南，渡八茹渡后进入广西天峨。西南行至杨里（今罗甸县红水河镇羊里村），渡洪水江之把扬渡（今罗甸县红水河镇羊里村八羊）入凌云境。又是清光绪《四川盐法志》边岸运销线路綦岸的行盐道路之一，从狗场（今贵阳观山湖区金华镇狗场）、石板哨（今花溪区石板镇）、广顺州（今长顺县广顺镇）、长寨厅（今长顺县）、岜羊（今罗甸县边阳镇）、罗斛州（今罗甸县）至红水江（今贵州省罗甸县红水河镇）。

已经登录为保护不可移动文物的这条古道，是地处三叠纪大贵州滩地质公园和翠滩省级森林公园自然景观内的人文遗存，保存完好，堪称贵州最美古道之一。可参照茶马古道，姑且命名为黔桂古道之板庚古道。

阵雨纷纷，调查组只得于下午 5 点 30 分结束今天的调查任务，沿 G212 国道转银百高速回罗甸县城。

古道所经的三叠纪大贵州滩地质公园

四十、都匀凤啭遇仙桥和摆坑寨

2021年11月23日,多云转阴。

调查计划:凤啭遇仙桥和摆坑寨。

昨晚秀成在酒店不远处的烧烤店中,张罗着为我庆生。吃着烧烤,品着小酒,实在惬意。真心感谢秀成的安排。

清晨5点30分起床,洗漱后开窗,晨曦初曜。天气和心情俱佳。

平塘擦耳岩水库工程水淹区涉及位于都匀、独山、平塘交界处都匀境,横跨六硐河的凤啭遇仙桥,中心承担该桥保护的《文物影响评估报告》编制任务。项目业主单位请中心副主任石斌于今日下午2点在遇仙桥现场进行交流。调查组决定将独山、都匀和平塘的调查计划进行调整,先期赶往平塘。

上午9点20分,还在整理和修改近日田野考察笔记,收到兴义义龙新区王军通过微信发来的照片,内容是他们在龙广马鞭田古道拍摄的,据说近百米古道保存完好。这与我们那天在安龙考察的古道可以联系上。辛苦了,兄弟。

中午10点半下楼退房,10分钟后取道S62余安高速、G75兰海高速、G210国道往独山。

正午12点刚进独山,接到贵大美术学院赵竹老师来电,称《三联生活周刊》2位记者,因为期刊要做徐霞客专题来到贵州,想与我见一面。得知我们近期日程安排,他们决定赶来参与我们的调查。经与石斌商议可行后约定,明天一早,赵竹老师送他们到独山。

中午1点20从独山下榻酒店出发,30分钟后抵达凤啭遇仙桥。

早在10年前,我与恩师"巴娄"(吴正光先生)在陈嘉祥的陪同下考察过该桥。今日再见,桥梁没有什么变化,但交通状况大为改观。

都匀凤啭遇仙桥

该桥共有建桥碑记 14 通，分立南北两岸，桥北有"遇仙桥"碑、告示晓谕碑、"修建凤嘴遇仙桥落成后序"碑、"遇仙桥碑记"碑和德政碑，共 5 通。桥南为"募修凤嘴桥序"碑 9 通。查看后未见严重风化，碑文可识度较高，遂决定采用拍照记录的方式，放弃整体捶拓，以避免对碑刻的破坏。只将 1 通风化较为明显的交由兴致盎然的邓义镔进行捶拓。

拍摄完照片后，水库项目业主及相关单位人员相继到齐。利用石斌与他们交流之机，我得以认真识读碑文内容，获知桥梁建设的整体情况。而 10 年前，认真读碑的是巴娄，我重点负责测量和拍照。

桥梁所跨凤嘴河是六硐河之一段，为曹渡河东源。按碑文记载，"其源，由匀郡平浪□□包阳河，出墨冲、蟠桃、把猛滩，经骠马、摆坑等处，递汇独山翁奇、深河、丙里诸水，加以州城北水涌出漂里，至此汹汹合转平□□六洞，蜿蜒千里，会于粤之黄水江"。实际上该河发源于都匀翁谷大横山，在广西境内上大湾汇入曹渡河。

该地"上通滇蜀，下达粤湘""系黔粤要冲"，由于未建桥梁，"从古迄今，岁溺不知凡几"。

清光绪十年（1884 年）徐学成和李本仁在独山文昌宫门前商议建桥，但缺乏技术，于是邀请正在修建"了迷桥"的李芳森参加，李愿意独立解决建桥的技术问题。

了迷河桥我去过，位于贵定县，今属云雾镇，原大平伐长官司地。桥建成于清光绪十二年（1886 年），又名天顺桥。1929 年毁于山洪。存有断桥遗址，以及建桥碑记、古道、古渡和摩崖石刻等。

经过前期积极筹措，于光绪二十年（1894 年）五月下旬开工，至十月下旬修建好导流河坝，已经开始修建桥墩基础后不久，李本仁去世。次年七月，李芳森又故。虽徐学成努力复工，仍勉为其难，只得于十二月停工。不得已之下，光绪二十二年（1896 年）初先架设木桥供众人行走。到了六月，"米价高昂"，幸得岑世扬、徐廼迎、刘长青、张炳南，以及摆坑的罗河清、廷猷、邦林、洪泰一众的共同帮助。终于在九月初得以复工，经过近 2 年努力，于光绪二十四年（1898 年）大功告竣。

桥东北西南向跨六硐河凤嘴河段，为五孔石拱桥，长 88.27 米，宽 8.05 米，高 17.49 米。

建桥碑记之一

桥面两侧建有护栏，栏长27.25米，宽0.66米。西南端建7级踏跺，东北端建18级踏跺。中孔龙门石上，迎水面安石雕螭头，顺水面安石雕螭尾。

下午3点半石斌与水库项目业主及相关单位的交流结束后，凤嘴村主抓乡村振兴的第一书记和刚经选举获任的凤嘴村罗主任热情地向调查组介绍桥梁修建和道路走向的相关情况。罗主任说道，当时还用剩余的钱在古道上修了另外一座德顺桥。此事碑文里也有记载，但不只是德顺桥，还包括化龙桥和各处道路，共耗银"一百七十四两九钱一分"。第一书记则介绍了摆坑罗家的情况，据称罗氏利用便利的交通，通过马帮和船运进行贸易而富甲一方，独山"半边城都是罗家的"。至今摆坑罗氏老宅仍存。

在第一书记和罗主任带领下，我们从东南80米处的新桥，向北沿盘山修建的通村公路上行2.5千米，于3点50分到达凤嘴村摆坑组，探访罗氏老宅。

摆坑组坐落在山顶台地东南。下车伊始，见村口传统民居建筑上悬挂有几块古匾额，浓郁的历史文化气息扑面而来。罗氏老宅靠东南依山而坐，保存较好的2栋民居建筑并列，均坐东南向西北，轴对称合院式布局。

其中一座宅院建于清光绪十一年（1885年），系罗秋香在其子罗明卿婚后4年所建，时逢明卿考取都匀府生员。堂屋大门上悬挂的"慈翼鸿谋"匾额述说了这段历史。其款识为"恭为秋香罗老姑父大人令郎明卿表兄游泮暨华居合庆""愚内侄陆发甲仝男祖授、祖善顿首拜，光绪乙酉年季秋月吉旦"。建筑用料考究，门窗雕刻不错，室内陈设也保存较好，特别是明卿妻子陪嫁的家具都在。该建筑可命名为"罗秋香宅"并纳入传统村落或历史建筑进行保护。

5点30分辞别凤嘴村2位领导，在遇仙桥接上已经捶拓完碑刻的邓义镶后返回独山。当晚，秀成夫妇请我们在"石牛城虾酸王"品尝"虾酸"。

石雕螭头螭尾

摆坑罗氏宅院

摆坑罗秋香宅

摆坑罗氏宅院门楼

附：建桥碑记碑文

1."遇仙桥"碑

    大清光绪丁酉孟冬吉旦

    遇仙桥

    知都匀府事羊城区维瀚题

2. 告示晓谕碑

  钦加三品衔特授都匀府正堂加十级纪录二十次区，示谕事：按据监修风啈桥首士罗河清、罗邦林、徐学成、刘长青、张炳南等，□风啈桥河深莫测，鱼游其下，鳞介之藉以含淹卵育者不知凡几。乃竟有□□乡愚，多方捕取，且有用药毒害，殃及虫虾。区区口腹之微，害理忍心，遂至□□首等实有目不忍睹，耳不忍闻之概。是以协恳示谕，勒石严禁，以期鱼鳖咸若等。□□府据此，除批示外，亟应示谕严禁，以遂水族生机。为此示仰该处诸色人等，□悉：自示之后，尔等于桥梁上下十里内，毋用筌网，勿使水獭，勿放鹭鹚，擅□□族鱼鳞。至于用药毒害，无论河梁远近，一律不准窃放。倘有直视示谕□□文，藐抗不遵，仍前任意捕取，并敢用药毒害者，一经查觉，或被禀究，立即

□□治以应得之罪，绝不姑宽。其各凛遵毋违，切切特谕。

告示批据凤啭桥首士罗河清等具禀毒捕鱼命，请示垂碑一案。

准如禀，示谕勒石，以全物命而垂久远可矣。

光绪二十三年十月初八日示。

右谕通知实贴凤啭河晓谕。

3. "修建凤啭遇仙桥落成后序"碑

修建凤啭遇仙桥落成后序

夏令十月成梁，多是王会所经地。斯河劈落黔南隅，固禹迹，旧衍梁州境。从汉置郡，不当贡道。虽则上通滇蜀，下达粤湘，时□□往来人，官有不暇，及宜此间太荒未碑，焦石林立，舟楫难驾。春夏泛涨，涉者望洋，勉强褰裳，必至灭顶。按其源，由匀郡平浪□□包阳河，出墨冲、蟠桃、把猛滩，经骡马、摆坑等处，递汇独山翁奇、深河、丙里诸水，加以州城北水涌出漂里，至此汹汹合转平□□六洞，蜿蜒千里，会于粤之黄水江。从古迄今，岁溺不知凡几。《语》云："积德与儿孙，要广行方便。"而方便之大且远者，莫如造桥。□□略约横斜居然垂虹砥柱，有其心无其力，不能也。有其心有其力无其才，亦不能。若徐君学成、李君本仁，吾邑乐善君子也。岁甲申，偶于邑文昌宫门首，商建凤啭桥一座，窃笑才力不逮，因邀现修了迷桥之李君芳森，幸，愿其独立承办。两君遂踊跃□□，于甲午年五月二十六日，令力士开山徙河于坝。十月二十四日竖脚，不料□月三十日李君本仁慌忙仙去。乙未年七月二十三日，芳森君又同长往。八月散厂，徐君强再兴工，十二月又散。不得已，于丙申年二月架木桥与众人行走。讵至六月，米价高昂，得岑君世扬再帮桥费四百金，徐君廷迎刘君长青、张君炳南，及近绅罗君河清、廷猷、邦林、洪泰、扬元诸君共勷其务。于九月初二日□功嗣起，越年丁酉，抵戊戌告竣。复延锱流作水陆道场五昼宵，妥侑一切。通共费资六千八百余金。计各亲友助功德银四千□百余两外，统为徐君揽其成。结念十年，兴修五年，历十五寒暑。在心成象者至此，宛在目成形。此时设□□、芳森两君有知，□□题柱偕来将怀抱千秋，相与观稳渡，临安流，泮涣优休，起浩歌于鼋鼍背上也。绎思往事，手束问序于余，自维笔砚生疏，恐□□达君意，亦聊以君之言，缀各君之事迹。庶早晚过此桥者，于叱石成桥之后，万年犹想见一片悠悠永济之心焉。

时大清光绪二十四年林钟月上浣日，邑人，虚谷刘必诚略序于雨香虹霁之馆

独山徐学成全男秋培谨勒。

4. "遇仙桥碑记"碑

遇仙桥碑记

余观《一统·舆图志》云：天下山川之至险者，惟西南为最甚，西乃西蜀，南则黔南也。西蜀山高而崎，川广而曲。黔南山则崚嶒，川则阻碍，若盘江、重安江、七星桥、

177

葛镜桥等处，皆黔中至险难涉之川。我境风啅河者，介居匀、独之间，源□江，□流□六洞会于粤之黄水江。波涛起伏之冲徼，风雨雷霆之震荡。两崖夹峙，频听鹤唳猿啼，万顷奔腾，难驾方舟桧楫。春夏漂霖，鼓洪涛于鸟道，昼夜汹涌，阻行旅于蚕丛。叱石谁感，鼋鼍成梁，共瞻鸟雀，虽忠信如梁之父，莫敢涉也。自天造以来，溺此河者不知凡几。在庄蹻以下，曾未及此。独邑□□生李本仁乐施，监生徐学成晋省经过，望洋兴嗟，谓一苇谁杭，扁舟莫驾，且此津系黔粤要冲，结善缘于方寸，思创建乎石桥。□以斯意□禀明府大人区，蒙批如禀所行，并准变卖先年船田以作帮费。李、徐二翁即亲往贵定延请修了迷桥之善士李芳森、刘长青、张隐南等□地势之高下，审水性之缓急，睹沙洲之浅深。避崆□之石，寻坚贞之珉。鱼矶蟹窟之上欲腾未云之龙，驾未雨之虹。不过使烟波江上无□愁耳。讵之天从人愿，生两岸之美石以备用，产千章之杉木而待架矣，磨杵成铁之志，徽折梅寄槲之灵。自光绪甲午年五月廿六日，鸠工镂岊砌五拱，鸡嘴未成，而李君本仁西归。及乙未年七月，李芳森继故。此天之待善人可谓刻甚。余则谓之宽，何也？生者劳不若死者逸□为得。至是募化无人，工匠已去，桥已冷落矣。过此津者，交相谓曰：桥以如是而已矣！孰知冥漠中自有主宰，幸同事一人焉，振作于始者□振作于终。为之上下交通，前后密缝，往来调停。斯人也，何人也？即匀郡府学廪生罗河清也。复与始终不易之徐学成商酌，于丙申年九月转请刘、张二翁至桥所赞成其事高义，动容商之渊泉胜绿集郡邑之刀布，千夫万杵，动若鸣雷，肩石担泥，奔如集雨。李本仁捐银五百两，岑世扬功德亦如李数。其百余辆以至数钱者，盖勒石垂碑，以昭姓名，鼓舞后世为善之辈。至济其用者，惟徐学成共费资二千六百余两。督其事、司其簿者刘长青，董其役、监其工者张炳南。排解纷难、绸缪未雨者罗河清一人也。虽功成浩大，至戊戌年告竣。桥高五丈二尺，宽二丈四尺，直长二十二丈。共计费金六千八百余两。又设道场费以供超度沉江孤魂。行见中流砥柱，横拖一带，鱼鳞撑障，狂澜回报。五拱虹影，骑无输载，民不褰裳。共延府主区、州主伍临桥勘踏，题为"遇仙桥"名。首等命余作记，余荆楚末学童，一知半解，敢妄拟鸿功，但首等不弃谫鄙，谨遵所嘱，将永远元兀之绩可勒著堂堂之石，伏愿磷磷雁齿常与盛德而齐隆，蔼蔼龙光遂□恩波以不逝。薄言，观者勿替哂之。

时，大清光绪二十四年林钟月上浣日，乡臣罗秋云谨撰，王绍基书。

独山州小十字徐学成仝男秋培再勒。

5. 德政碑

钦加同知衔特授都匀县正堂□公祖印先大老爷、记名总镇署理都匀协镇都督府鼓勇巴图鲁□□祖印得贵大人、钦加三品衔补用道特授都匀府正堂区公祖印维瀚字丽泉大人、钦命布政使衔前任贵东古州兵备道摄理都匀府正堂乌勒兴□巴图鲁罗公祖印□□字星潭大人、钦加盐运使衔贵州补用道署理都匀府正堂王公祖印□□先大人、钦加同知衔署理独山州正堂张公祖印世□大老爷、赏戴蓝翎特授独山州正堂伍公祖印恩□大老爷德政。

6. "募修凤嗉桥序"碑

募修凤嗉桥序

窃闻乐善好施,仁人之雅量,捐资成美,君子之公心,况修千万人来往之桥,拯众商士陷溺之患,尤为博壮济众功□□□邑有凤嗉大河,水深难渡,既无舟楫,亦乏桥梁。水小则架木而过,无忧历揭之苦,水大则板经漂没,时虑灭顶之凶。惨目惊心,莫此为甚。久欲修桥以济,无人敢认巨艰。兹有善士李君芳森,自愿独肩其事,并有监生徐学成助银一千两,廪生李本仁、监生岑世扬共助银一千两以为之倡。唯虑工程十分浩大,独木难支,因思河海不择细源,众擎易□□□□仁人君子,量力捐输,集成巨款。俾用资不竭,计日告成,物便人欢,无惊无恐,将见长龙驾汉,人人沾利济之恩。勒石铭勋,世世垂不刊之绩。乐缀数言,以弁其首,锡名永济,以观厥成云。

光绪二十年六月吉旦,知都匀府独山州事,苏吴张世瑶谨序。

谨将官绅士庶商贾闺媛乐输功德数目全名开列于后……

以上共总入功德银五千二百五十二两五钱五分。

一、付修厂房瓦屋十一间,银七十一两零七分;

一、付树木价、解材板,共银一百二十三两五钱五分五厘;

一、付修化龙、德顺桥,修各处路,共银一百七十四两九钱一分;

一、付粘、糯米,三百廿四石一斗一升,共银九百九十七两八钱七分三厘;

一、付铁、木器,瓦用器共银一百三十五两四钱八分;

一、付盐、辣、小菜、酒、素、桐油、猪肉、油,共银五百一十二两一钱五分三厘;

一、付开山下脚、敬神建□、踩桥、来往路费,共银一百零二两一钱一分;

一、付石灰五十四万三千斤零,共银三百三十五两八钱五分三厘;

一、付石匠大小工程,共计五万五千一百卅七个半,去银四千一百六十两零七钱四分,又停工、散厂费用银一百七十两。

以上通共用去银六千八百一十三两七钱四分四厘。

罗炳金、靳世滔、高尚志、王绍基敬书。

承修首事:李本仁、徐学成、刘长青、李芳森、罗邦林、罗河清、张裕贞、罗廷猷、罗扬元、罗鸿泰。

雕龙匠士:斯云山、文海序、李伯基。

皇清光绪二十四年戊戌岁季春月吉旦立。

碑额内容:

官绅功德、功德不昧、泽国安澜、福田广种、凤嗉遇仙桥、浪静波平、河清海晏、节孝善果、福有攸归。

对联:

桥下堪欣鱼鳖聚;岸头尚有古仙存。

能为痴汉成桥事;且学愚公传善缘。

四十一、独山的古道、洞穴和桥梁

2021年11月24日，阴间多云。

调查计划：古道、洞穴和桥梁。

5点30分起床，先行整理昨日田野考察笔记。由于要等待《三联生活周刊》的两位客人，可以借此静下心来认真的识读和整理凤啭遇仙桥的建桥碑文，特别是桥北的"修建凤啭遇仙桥落成后序"碑和"遇仙桥碑记"碑各1通，桥南的"募修凤啭桥序"碑9通。桥北2通识读并录入电脑后，又顺带把另3通"遇仙桥"碑、告示晓谕碑和德政碑一并录入。

该桥的建桥碑记整体保存较好，但由于材料原因和人为损坏，产生局部风化、剥蚀和残损。所幸各碑述说的是同一件事，碑文中一些残损文字可以相互印证，因此得以通读。只是桥南的"募修凤啭桥序"碑，包含了大量的捐资人姓名和捐资数额，这部分因时间关系，暂未录入，留待日后需要时再行整理。

中午10点得知赵竹兄即将下高速，立即将已经整理录入的碑记作为附件归入昨日田野考察笔记后，赶紧收拾行头。

独山县文化馆莫应勤老师帮忙联系上20来年未曾谋面的改革开放后第一代文物工作者焦斌，75岁的老所长欣然表示愿意陪同我们一起调查。

在酒店门口接到赵竹兄，他向我们引见了《三联生活周刊》的两位客人，女孩是薛芃，前日与赵竹兄联系后加了微信，言语间透着乖巧伶俐，男孩没记住姓名，同行的还有赵竹兄的千金。

于10点20分左右出发，我们跟着莫应勤老师，顺路接上焦斌老哥后前往下司镇。在下司又接上文化站的陆秀丽后继续赶往拉播村。拉播村是由原来与广西接壤的拉号和其北边播寨2个行政村合并而成。

11点20分车队在拉简寨子西隅的通村公路边停下，陆秀丽指向西边山坳坳口，向调查队伍介绍古道所处位置和方向。继续西北行1千米后转西南绕向东南，共约2.5千米，抵达原播寨村驻地拉内寨西的停车场。

原想就直奔古道进行调查。但村民们介绍附近有一个徐霞客曾经考察过的溶洞，洞口还题写有字。我虽不信，但还是随一众先行踏勘该洞。通过卫星影像图观察，坝子不大，平面像一组不规则的三叶螺旋桨。洞在寨子西200米左右，坝子中间的孤山南麓，询问得知该山名"拉偶"。山前有溪自西北来，伏流一段后从西北山脚出，绕经拉偶山西面后东南流。

与薛芃抵达洞口时，多人已进入洞中。向焦斌了解，洞口壁题，在2009年第三次全国文物普查期间已经登录，命名为"播寨题记"。据当年调查，相传文字系一四川富家子弟，因屡病不治而游百病于四方。来到播寨适逢大年夜，投宿无门，只得夜宿该洞，次日题"偶来荫树下，高枕石头眠。山中无立日，寒尽不知年"五言绝句于岩壁。这倒是与徐霞客当年往下司时的情景十分吻合。想当年，徐霞客一路行来均投宿无门，直至进入旧司，仍是"门以内茅舍俱闭，莫为启。久之，守一启户者，无茅无饭而卧"。

拉内古道分布卫星影像图

播寨题记

小桥流水老树

秀成在洞中采集到陶片，认为应该请考古所的同仁们调查一下。观周边环境，确应该是一个古人类的理想居所。

于12点15分从拉内寨北侧公路边开始徒步行走古道。古道总体向东，百余米后折向东南，在200米后又折向东北行。这段坡道道宽约1.5米，道上铺路石保存较好，有不少马蹄印迹。至300米处，道旁有几株树木，可小憩，回看时，见一锥形山峰，原以为是坝子中的拉偶山。问后得知是其南面的拉扛山。此后继续东北行，虽略有起伏，但较前段明显平缓许多。道上也因此多为草地，只在起伏明显处施用石块铺筑。至500米处，古道南侧山坡西向有古墓数座，多为杨姓，葬于清雍正、乾隆间。再望来路，古道穿行于两山之间，主要分布在北侧东西向山体的南坡。至坡顶，已行走690余米，累计爬升85米。东南又转东北下山至一带状坝子西侧，该路段虽仅300余米，但累计下降66米，相对陡峻许多，且沿线植被茂盛，古道几乎被其覆盖。沿坝子一直东南行至拉简寨，该路段均被水泥砂浆硬化。至拉简，道路南北分行，

古道穿行于两山之间

拉内古道

而徐霞客是向北去的。根据其游记对行经环境的描述，只有"又北一里，再越岭脊，下行峡中。壑圆而峡长，南北向皆有脊中亘"，符合今日所行路段的地貌。

于中午1点30分回到下司镇政府食堂就餐。就餐后，调查组一行返回尧益，探访徐霞客在游记里记录的入黔第一处有名的村落及其描述的溶洞。

于下午2点30分许抵达尧益。所行自拉内一路南向，至尧益车程约5千米。尧益北

被徐霞客称为"由彝"的尧益一隅

距拉号组约900米。甫入尧益，便见以夯土作围护墙的民居上书写有"延徐霞客路，建大美尧益"的标语。很难想象，2009年时，《贵阳晚报》记者黄成德组织徐霞客古道考察队考察尧益时，村民们对徐霞客其人其事还一无所知。

据村民介绍，尧益有2个洞穴，一个在寨子东南500余米，一个在寨子西南500余米。东南一洞，在徐霞客所经道路西南。该洞为穿洞，主洞口朝向东北，另一侧则朝向西南。洞口位置较高，狭长的坝子间有溪流蜿蜒穿行，且该洞景观十分漂亮，让人流连忘返。而西南一洞，远离古道，洞口朝向东南，洞内有水。

哪一个是徐霞客所记之洞？只得根据游记进行判断。徐霞客从南丹所属的岜歹村（今广西壮族自治区河池市南丹县六寨镇银寨村北4千米）过来，临近尧益路段的描述是，"北下一里，就峡西行一里，始有田塍，又半里，峡转北，坞始大开。又北一里，有村在西坞中，曰由彝。此中诸坞，四面皆高，不知水从何出。然由彝村南石壁下，有洞东向，细流自畦中淙淙入，透山西而去"。据此，反倒是西南一洞更符合游记所述。但徐霞客在尧益时，心情是比较焦灼的，因为尧益人开始许诺提供担夫和马匹，几经催促，只得2名担夫帮他先行"负

尧益东南隅的洞穴

洞穴内修筑的步道

深河桥

担去",而他则"独坐其栏,从午至暮"。傍晚得到马匹后,又忙着追赶担夫,应该没有心情考察洞穴。再则,徐霞客在旅行中,并非每日作游记,像当晚"无茅无饭而卧"的窘况也不会有心情。何况他不喜欢在店铺里,而喜欢选择寺庙宫观"记连日所游",原因是店铺里纷乱嘈杂,远不如寺庙宫观"净而幽也"。我更倾向于尧益东南那个穿洞,或者徐霞客所记并非此洞,只是沿途所经无数洞穴中有印象者也未可知。

时间很快来到下午4点,鉴于薛芃他们此行时间所限,当晚还得返回贵阳,调查组决定抓紧赶赴深河桥。途经拉扛山东南坝子时,稍作停留,拍摄一下初冬暖阳下的田园风光。

于5点20分抵达深河桥。调查组一行除我外,都是第一次到深河桥。该桥徐霞客有记,时间是他进入贵州第4天往都匀途中,"有涧自东谷走深崖中,两崖石壁甚逼,涧嵌其间甚深,架石梁其上,为深河桥"。我们在探访深河桥后结束一天的调查工作。

莫应勤和焦斌安排,晚上6点在高速公路入口附近为赵竹老师和薛芃他们饯行。

四十二、都匀的古道和桥梁

2021年11月25日，晴。

调查计划：古道和桥梁。

清晨5点30分起床，天气晴好，今日是进入调查组此行的第15个工作日，计划调查凤啭遇仙桥在古代的水陆交通状况。

整理完昨日田野考察笔记后，见还有时间，便再度查阅一下乾隆《独山州志》。梳理发现都匀府赴粤西南丹州官道的大致走向，即从都匀过良亩、靖彝、椰木、深河、独山（设有在城铺），出独山后经瑶梭、甲榜、鸡公、黑石、高司、关经、者维、太平、下司、三埠、铁坑、黄泥、蛮维（疑为麻尾）后抵达南丹州六寨。查阅国家地理信息公共服务平台"天地图"，铁坑、黄泥均在尧益东边，如果蛮维即麻尾，官道断不会绕行尧益。那么，徐霞客自六寨入黔，为什么不走官道而选择绕行，这个谜只能放在日后研究中去探寻，当然也未必会有结果。

于上午9点离开酒店，驱车沿西环大道出城后取道乡村公路，西北向经五里往漂里、甲摆方向，行至S62余安高速公路桥脚，见路旁有寨子，停车询问得知，这里是独山县麻万街道甲摆村街上组。打开"两步路"户外助手，卫星影像图显示这里正是"漂里"所在，古道所经之地。我们问询的陆姓村民，祖籍江西，愿意引领我们探访古道。据其介绍，"街上"因地处交通要道，商贾络绎，逐渐形成街市而得名。"街上"地处山谷间洼地北面山麓，因人户较少称小寨，洼地南面山麓人户较多的称大寨。山谷自洼地向东南延伸，古道即穿行山谷间。街上组东南百余米，道旁依山有古树数株，树脚立有数通被称作"将军箭"的指路碑。其中1通指明方向为"左走五里出独山，右走大冲出新桥"。古树南侧古道下溪边，原有造纸作坊和蔡伦庙，以制作白皮纸为主，今造纸作坊和寺庙遗址尚存。现存古道不足千米，

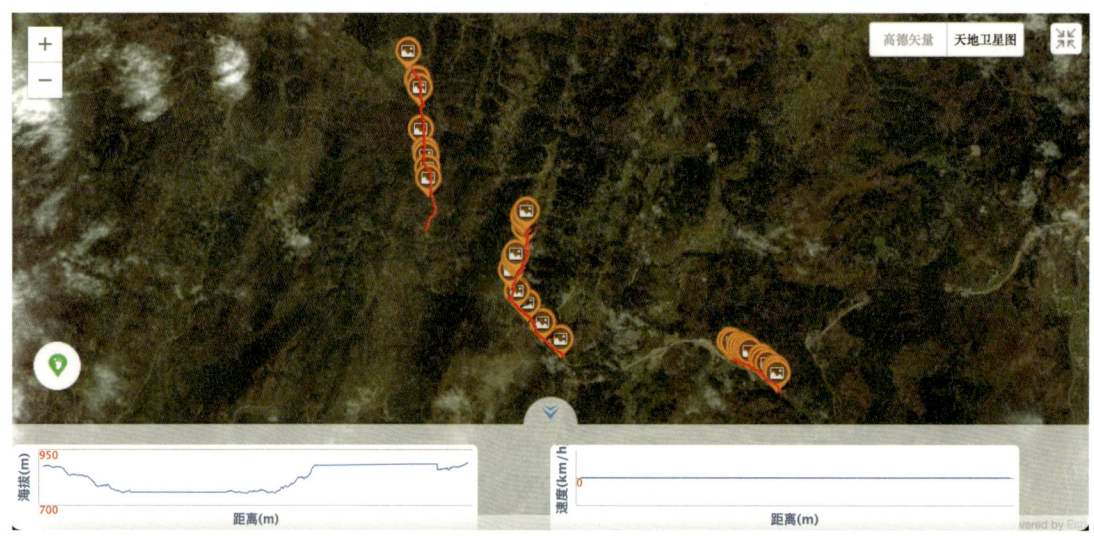

三条古道分布卫星影像图

街上古道

街上古道旁的指路碑

道宽不足 2 米。路面多被水泥砂浆硬化，未硬化的为沙土路面。

西南向经大冲、新桥后，于中午 10 点 50 分抵达凤啭遇仙桥。暖阳映射下，古桥与河面，一片静谧，清脆的相机快门声音反倒显得刺耳。

11 点 22 分，调查组从古桥东北桥头，沿河道右岸西北行，开始调查凤啭遇仙桥经皮沟至凤啭村（甲土组）古道。因下游 1.5 千米处筑有拦河坝，水位提升，导致沿河古道淹没于水下，我们是沿着村民走出的便道前行。行约 700 米，对岸是平塘县属沿河村，因山体曾经大面积滑坡，我们一行只得尝试翻越滑坡地段后继续前行，至皮沟沟口，得村民指引而折向东北，再一路沿皮沟上行至山坳口。全程 3 千米路段，皮沟内近 2 千米路段累计爬升 107 米，道路狭窄，应为小路。山坳北为一台地，东西两侧分布有聚落，为凤啭村甲土组，村委会设于此。驾驶员曾师傅已经如约将车停在村口等候。

于中午 1 点 15 分，才驱车绕行山梁西侧的红果冲，南下至六硐河后抵达左岸河边凤啭组，抓紧在街边小店购买泡面和火腿肠充饥，利用店家帮忙烧水泡面的时间，向村民们了解前往店子边的古道位置。

于 1 点 50 分辞别店家和村民，根据他们指引，驱车过桥返回右岸后西北行，不到 2 千米就到拉必基。随即徒步一路北向上行。古道与中午所走皮沟一段明显不同，道宽 1 米余，线路清晰。初 400 余米沿北东向沟谷西侧山麓平缓上行，此时溪流在东侧山麓南流。500 余米后，道路向西北行，路旁溪流从西侧山麓往沟谷中间流来。有民国二十四年（1935 年）建单孔石拱桥一座，西南东北向跨溪流。桥西靠山有建桥碑记，知此桥名"永德桥"。跨石桥随溪流左岸北向偏西行，仍为缓坡，但古道路面左右植被逐渐茂密。行至 1 千米处，沟谷逼仄一线，又有单孔石拱桥东西向跨溪流。过桥即北西向爬坡，坡度较此前明显增大。距桥 80 余米处，道西一凸出岩石上镌刻有李春山题"德顺桥"3 字石刻。原来刚才所经之桥即"德顺桥"。据"募修凤啭桥序"碑记载，"付修化龙、德顺桥，修各处路，共银一百七十四两九钱一分"，说明该桥与凤啭遇仙桥同时期修建，甚至这条古道也是那时期一并修缮的。过"德顺桥"石刻后，古道基本上顺山腰向上，我们一行也跟着在茂密的植被中慢慢爬升。行至 2 千米后到达山梁上，路旁田垄渐多。不一会到达此行目的地店子边。全程近 3 千米，最大爬升 104 米。

连接凤啫遇仙桥的古道已淹没在现有便道南侧的水下

甲土古道

古道所经凤啫村口

以泡面充饥

古道旁的"德顺桥"摩崖石刻

德顺桥

相传古时候，店子边为马帮所必经，开设有不少马店，故名。与村民交流得知，从店子边西行1千米后是鸡井，从鸡井北行鸡冠哨分路，继续北行可达墨冲和都匀，而西北行过鸡讲、凯口往贵定平伐司后走贵阳。而从店子边南下六硐河，过漂里后经独山可往广西南丹。也就是说，乾隆《独山州志》所记，独山"城西北十五里播寨，五厘渡王政河之下流出凯口等处，亦可通陇耸赴省"一路，其所经应该就是我们今天考察的这段店子边古道。凤啃遇仙桥相关碑记称该地"上通滇蜀，下达粤湘""系黔粤要冲"，所言非虚。虽非官道，但店子边的马店间接印证该道是一条商贾络绎的商道。

店子边古道

在店子边收到远健兄通过微信传来的照片，他们此时已经完成黎明关碑刻的捶拓任务，小冉虽是第一次拓片，但效果不错。想起那日远健兄最后爬到黎明关时的窘况，真是辛苦啦，兄弟们。

因西行鸡井的古道植被过密，决定放弃。选择原路返回，顺便对德顺桥和石刻进行法式测绘。

于下午4点50分回到拉必基，今日徒步所行，再次突破25000步。调查组自拉必基驱车经鸡井、鸡冠哨后过墨冲，一路观览着夕阳下的景致，前往都匀市。

四十三、从都匀到贵定

2021年11月26日，多云。

调查计划：古道、桥梁和牌坊。

清晨5点30分起床，先行整理昨日田野考察笔记。

昨日晚饭即将结束时，州局陈守国和都匀市文物保护中心蒙富春主任来到餐馆，听说我们此行调查的目的后，蒙主任介绍了一条都匀经王司往三合（今三都县）的古道，叫"陈蒙坡古道"，并答应陪同我们考察。

蒙富春主任介绍古道情况

这是一个全新的信息。印象中，从都匀往古州（今榕江）是渡鸡贾河，经过八寨（今丹寨）往普安、丰乐、三合后过都江前往。民国《都匀县志稿》就记载到，鸡贾河"与八寨德禄汛毗连，原能行舟，水由都郡发源，设有渡船。陆路系走八寨连古州大路。由河而下直达清江厅，因沙石淤塞，碍难行舟"。

该志关于陈蒙坡也有一些记载，主要在地理志山水卷中。

关于山，陈蒙坡是大卡山的一支，大卡山自老姥坡分支，其中一支自老姥坡"东南迤二里经羊塘，五里经杉木寨，二里为冷风坳，二里为黄青山"，自此往东南延伸的就是陈蒙坡。陈蒙坡"位县城东南七十三里，俗名城门坡。高等黄青山。坡东即三合县境。宋元于山麓置陈蒙州，遗址尚存。独山李世钧'访陈蒙遗迹'诗云：陈蒙山下访州址，行人漫指山腹里。荒榛蔓草乱烟中，度地征文迥无似。迢迢溪水去欲回，簇簇云峰合更开。百年遗迹今谁是，使我踯躅心疑猜"。

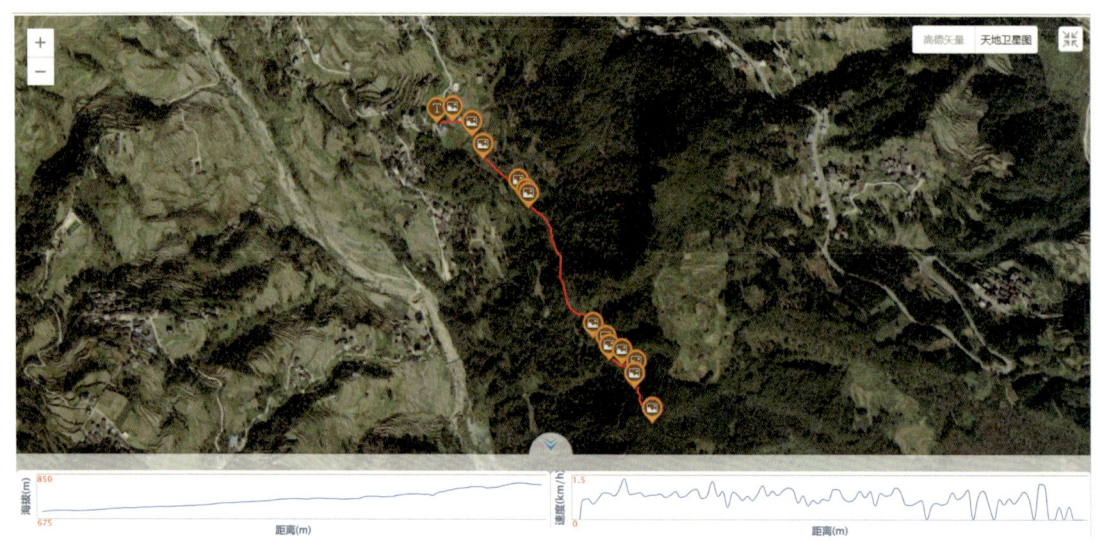

陈蒙坡古道分布卫星影像图

关于水，说的是都柳江上游左岸支流马场河，该河有二源，"右源出城东南七十里之水对冲，经山口、老猫口、大冲、羊登至格篙，长五里。左源自河口寨东南流经中寨、岩寨，流十四里来注。二源既合，经班洞、谢家店、康寨，至城蒙坡出三合县境，首尾三十里"。

第三次全国文物普查工作期间，都匀市已经对该道进行登录，命名为"城门坡古道遗址"。

于上午9点30分从酒店出发，调查组随蒙主任经G321和G210国道转X901县道往阳和。2014年将原奉合、阳和、基场3个水族乡撤并为新的归兰水族乡，乡政府驻奉合。阳和的潘硐村原是乡政府驻地，裁撤后为行政村。蒙主任即此地人，其父母仍居住在潘硐村的毫蛮。

中午11点时，在潘硐村东约5千米的兔场北，小蒙将车停在X901县道旁。据其介绍，兔场又称谢家店，谢姓是汉族，擅长做豆腐，生意兴隆后开店而形成地名。顺河往上有一个人口很多的寨子，主要居住的是熊姓的汉族，普遍以打铁为生，所做的犁铧很受欢迎。现在的公路从毫蛮过来基本上是沿古道修建的。

潘硐村所在东西20余千米内均是两山夹一谷的河谷地貌，马场河由西南迤逦而来，过谢家店后在陈蒙坡蜿蜒东南去。远处横亘在山谷东南尽头处的山体，就是陈蒙坡。与谢家店对峙的西面山头，就是归兰山（又名斗篷山）连体山峰东端有名的"鼻子岩"，因人像口、眼、耳、鼻俨然，但鼻子尤为突出，故名。

继续东南行3千米，于11点30分抵达目的地，福庄村东南的拉全寨。现存古道起于拉全寨后北侧向东南分布的带状台地上，沿古道东南行160米，道东北田埂旁有2通"指路碑"，一说"左走交然出平寨，右走潘硐出王司"，一说"上走即姑出潘硐，下走交然出马场"，其中交然、平寨、马场（马场河因之命名）均为今三都水族自治县大河镇所辖行政村，"即姑"即福庄村所在，王司为今匀东镇所辖行政村。综合来看，该道走向大体是由王司经潘硐、谢家店、福庄，至此后下交然，过平

鼻子岩

又称谢家店的兔场一隅

古道西北可眺望鼻子岩

寨后到马场，而王司可到都匀，马场能达三合（今三都水族自治县三合街道）。

古道前 500 米甚是平缓，以沙土路面为主，仅局部起伏路段铺设石块。靠山一侧，多坡改梯，许多路段逐渐被植被侵占。靠河谷一侧有带状茶园分布，系近几年所为。随后进入杉树林区。

600 米后，有山沟，道路折向东北往沟内绕行，山沟处古道因山水冲毁严重。跨越塌方残留体继续南向行。700 米后，古道皆

古道上疑似哨卡的遗址

为块石路面，有明显爬升感觉。800 余米处，古道边有一岩穴，虽未见供奉之神灵，但明显感觉香火旺盛，不时会有村民或路人前来祭祀。刚折转向东南不几步，上一台，即到与三都交界处，也是古道最高点。总计千余米古道，最大爬升 110 米，其中有 55 米是最后 300 多米爬升的。据小蒙所言，至此分界，东南以陈姓居多，西北则以蒙姓为主，陈蒙坡之名缘于此。而交界处古道两旁有类似关卡的遗址，东北西南向的砌体遗存也掩映在丛林草木中，由此观之，第三次全国文物普查登录时命名为"城门坡古道遗址"也就不足为怪了。

到交然尚有近 2 千米古道，因小蒙下午还要赶回都匀参加孩子的家长会，只得放弃。一行原路返回后驱车回到毫蛮时，已是 1 点钟。

小蒙安排我们在他父母家吃中饭。进到屋里，蒙母已经将鸡炖好，还有翠绿的蔬菜和白嫩的豆腐，盛放辣蘸的陶豌在铁锅里的汤面上飘浮着，热气腾腾。围炉坐下后得知，蒙父已届七十，小蒙正好小我一轮，也属蛇。在老蒙盛情邀请下，我们一行欣然往碗里盛满酒，以向主人表达敬意。

豆腐放在鸡汤里煮后十分好吃，虽已经不再是历史上"谢家店"的豆腐，但依然嫩滑爽口。老蒙和小蒙一样健谈，且善于表达，年轻时常外出务工，见多识广。其间不时向我们介绍古道所经的山水林木和风土人情，让调查组一行受益匪浅。小蒙先行返往都匀后，我们继续与老蒙"摆白"。原来，文献里记载的"黄青山"实为黄金山，古道上原来确实有"城门"，而且与黄金山上的营盘门洞东西相对。看来，田野调查对方言的认知和理解十分重要，今天遇见的"黄青山"和"黄金山"、"陈蒙坡"和"城门坡"，前几日的"由彝"和"尧益"均如是。实际上，县志稿曾经就认定过，"城门坡即陈蒙之讹也"。继而还得知，归兰历史上曾先后归属三合和三都管辖，每年挑谷子交皇粮或公粮都是经陈蒙坡古道往三合，后来才改归都匀。不由想起文献中关于元至元二十八年（1291 年）改陈蒙洞为陈蒙州的记载，古陈蒙州在洪武二十四年（1391 年）改属合江州陈蒙烂土长官司，隶都匀卫，其范围除今三都水族自治县西部的大河、中和、周覃 3 镇外，还应包括今都匀市的归兰水族乡。合江和烂土在南面，陈蒙则当在北面，至于在归兰抑或大河，目前还不清楚，至少陈蒙坡古道仍然联系着归兰与大河。

惜别时已是下午。调查组于 2 点 30 分离开阳和，驱车赶往贵定。4 点 30 分调查昌明镇

旧治社区古城村西的旧治大桥，一座建于清末，西北东南向跨瓮城河上游独水河的十一孔石拱桥，长110米，宽7米，单孔净跨6.2米，矢高3米。离开旧治西南行16千米，于5点20分抵达沿山镇新龙村西南，独水河河湾左岸，东北西南向跨道而立的市县级文物保护单位"巩固牌坊"。

该坊实为"贵定县学庠生罗含光之妻节孝坊"，建于清道光二十八年（1848年），系四柱三间三楼石结构。高7米，宽6.5米。由于建"摆龙河国家湿地公园"和公路，古道整体痕迹难觅，唯牌坊与跨东北溪流小桥之间一段古道遗存形成的地标，证明古道曾经的存在。

在结束全天调查工作后，于晚上6点20分调查组迎着一抹残阳驱车赶往惠水。

旧治大桥

巩固牌坊

牌坊西北面的小桥

四十四、惠水牛场桥

2021年11月27日，阴间多云。

调查计划：牛场桥。

清晨5点30分起床，先行整理昨日田野考察笔记，其间抽空到餐厅吃早餐，很简单的一个鸡蛋、一碗面。回房间时还不到7点30分。携带的挂耳咖啡昨日告罄，只有沏茶了。

为期17天田野调查工作任务，今日即将结束。一路走来，应该说收获颇丰，因此，可以利用出发前的时间，对此行的调查进行一下梳理，便于返筑后的总结和工作简报的撰写。

此次调查计划，拟在核实南亚廊道贵州段初步认定线路路段基础上，以赤水河流域沿线跨越乌江南向进入广西出海为重点进行拓展，并辐射黔东北乌江流域通往黔中腹地的"牂牁要路"。涉及贵州省毕节市、遵义市、贵阳市、安顺市、铜仁市、黔西南州、黔东南州、黔南州。鉴于近期省内疫情防控情况和区域气候特点，决定先行开展珠江流域丝绸之路南亚廊道贵州段出海通道的田野调查工作。

2021年11月11日至27日，调查组辗转黔东南苗族侗族自治州榕江县，黔南布依族苗族自治州三都水族自治县、荔波县、独山县、都匀市、平塘县、罗甸县、贵定县，包括今日将要调查的惠水县，以及黔西南布依族苗族自治州册亨县、望谟县、安龙县、兴义市和义龙新区等14个行政区域。刚从驾驶员曾师傅那了解到，我们的行程已经3000余千米，涵盖珠江流域北盘江、南盘江、红水河和柳江4大水系，拍摄了7700多张照片、57条视频，捶拓了6通碑刻的拓片。调查基本完成将丝绸之路南亚廊道贵州段出海通道的历史演变、

牛场桥

路线节点、关联设施、沿线文化遗迹，以及道路在不同历史时期的功能变化作为重点的目标任务。

北盘江和南盘江水系，调查从义龙绿荫村一条被当地村民称为"马帮路"的"绿荫古道"开始。继而是安龙"下坝古道"，道旁崖壁上有石廷栋"古牂牁"摩崖石刻一方，该道向南可抵达南盘江，往北可达黔中，前行西向可接义龙的"马鞭田古道""绿荫古道"。再到俗称"刘道"的册亨"册阳古道"，道边"打儿洞"崖壁上镌刻有民国"德化册民"摩崖石刻，以及被命名"陂鼐古驿道"的2段古道，均道通安龙和贞丰。还包括道通贞丰的蒋家坝古道和因修建公路以及部分路段荆棘密布而未能探访的郭家洞古道，古道旁的郭家洞存有岩画。还调查了被誉为"西南屏障"的捧乍镇，虽古道保存状况很差，但密布老街的商铺保存较好，令人印象深刻。

上述遗存及早前发现较多的秦汉时期遗存，是否可作宋《岭外代答》中记载的，"宋广西市马路，自邕州横山寨至自杞国三十二程"，以及王士性《广志绎》"广右一路可通贵州，一路通云南，一路通交趾"，又自"广南府路出广西安隆、上林、泗城"等的支撑，有待后期进一步研究。

红水河水系，是此次调查的重中之重。调查组将都匀、独山、平塘和惠水、罗甸作为两条主线开展调查工作。

都匀、独山、平塘一线，以都匀六硐河上凤啭遇仙桥为节点的水陆交通状况进行调查。通过对独山麻万街道甲摆村街上组的"街上古道"和都匀墨冲镇凤啭村的"皮沟古道""德顺桥古道"的调查初步印证，凤啭遇仙桥作为古代交通要津，西北经"德顺桥古道"过店子边、鸡讲、凯口往贵定平伐司后走贵阳，东南过漂里"街上古道"后由独山往广西南丹。凤啭遇仙桥相关碑记称该地"上通滇蜀，下达粤湘""系黔粤要冲"，所言非虚。虽非官道，但店子边的马店间接印证该道是一条商贾络绎的商道。建桥碑记还提供了贵定了迷河桥的相关信息，可纳入下一步补充调查的计划。

据乾隆《独山州志》记载，都匀府赴粤西南丹州官道走向是，由都匀经良亩、靖彝、椰木、深河、独山（在城）、瑶梭、甲榜、鸡公、黑石、高司、关经、者维、太平、下司、三堡、铁坑、黄泥、蛮维（疑为"麻尾"）后至南丹六寨。因此，徐霞客虽道经下司，但其所行从尧益过"播寨古道"一线，恐非独山往广西南丹的大道。

惠水、罗甸一线中，望谟桑郎桥和罗甸打铃桥、仁里桥、龙滩桥及板庚古道上的马槽洞桥，只是古道沿线桥梁的一部分。而板庚古道属清道光《贵阳府志》记载的"定番西南通泗城凌云路"之一段，保存完好，且地处三叠纪大贵州滩地质公园和翠滩省级森林公园内，堪称贵州最美古道之一，可作为下一阶段南北向拓展调查的基础。

上述调查所获，基本可以作为《太平寰宇记》"唐都长安，自牂牁而外通交桂"，宋《岭外代答》卷五"经略司买马"称西南番"皆有径路，直抵宜城"等相关文献记载的印证。

柳江水系，调查的重点是都匀经三都、榕江一线，该水陆通道直下广西柳州。陆路一段，都匀与三都交界的"陈蒙坡古道"、榕江八开的腊西塘桥和古道尚存。其中榕江车江一处贵州稀见的广东客家围屋已经得到保护，该围屋是赖氏160多年前徙居古州所建。赖氏一门由两广贩盐入黔，再将黔中木材和山货运销两广。

被明万历间王士性所述，"荔波无一民，皆六种夷杂居，自思恩县西去，陆行数百里，深则重沟，高则危岭，夜则露宿，昼无炊烟，人多畏而不敢入"的那条黔桂古道，至今尚存。古道穿行在两省区世界自然遗产名录中国南方喀斯特的核心区，广西环江境内10千米余路段已作为"黔桂古道"进行保护修缮和展示，贵州境内5千米余路段仅在黎明关内作了局部展示。这条全程近16千米的黔桂古道，调查组耗费6个多小时，行走25000多步。

中午10点刚过，邓义镔将昨晚拷贝完成的，此行所有队员拍摄照片的移动硬盘交我保管。

10点30分，收拾好行头，续满茶水后退房，前往此次田野调查的最后一个文物点——牛场桥。

桥位于涟江街道上马路，原名"迎恩桥"，始建于明嘉靖初。后程番长官司程良弼、程良金、熊梦吉捐资续修，于嘉靖二十七年（1548年）告竣。清康熙五十一年（1712年），定番知州李朝柱倡议修葺。该桥在惠水城北东西向横跨涟江支流马林河，马林河于桥北东南绕行约2千米后注入涟江。桥为七孔石拱桥，长60米，宽6米，单孔净跨8米，矢高4米。

11点30分，调查组沿G212贵惠大道前往花溪青岩，在青岩东门外吃午饭。午后回到曦阳山庄中心办公地点，圆满完成此次调查任务。

四十五、石阡困牛山红军战斗遗址

2021年12月22日，晴。

调查计划：石阡困牛山红军战斗遗址。

昨天是大雪节气的冬月十八日冬至节，比常年要早一天。垂涎于传统美食，几个朋友相聚小酌，酒后早早休息。

今日早起，7点20分到办公室，时澄澈天开，晓月依旧高悬。

今日将应石阡县文旅局国琴和道天2位王姓局长邀请，赶赴石阡县龙塘镇困牛山村，就第六批省级文物保护单位"石阡困牛山红军战斗遗址"保护现状、保护和展示利用项目进行调研，与长江流域暨南方"丝绸之路"（贵州段）调查工作一并开展。查阅石阡县分布在龙塘镇、龙井仡佬族侗族乡第三次文物普查登录数据并拷贝后，调查组领队、中心副主任石斌带领唐秀成、杨雨燃和我，以及做形式设计的刘光源，于9点20分离开中心，出曦阳山庄，从杨柳湾路转新添大道南段后在火石坡上高速，先后沿G6002贵阳绕城高速、G69银百高速、S32玉新高速，于11点50分在困牛山收费站下高速，高强兄与王局们一行已经抵达。

中午在龙塘镇困牛山村甘溪槽组吃过中餐后，赶赴与困牛山村相邻的龙井仡佬族侗族乡老君山村王群寨组，调查一栋由两位失散红军联手建造的民居。

老君山村在解放前为思南县文家店区允文乡第七保，1952年划归石阡县，先后隶属龙塘区晏明公社、晏明乡，更名为金明村。20世纪末撤并建后，属龙井乡构树湾村，近年恢复老君山村。也就是说，包括老君山在内以北地区，历史上都是属于思南辖地。

民居所在，地理坐标为东经108°4′51.23″，北纬27°36′36.80″。建筑坐东南向西北，四榀三间，七柱十五檩穿斗式木结构悬山青瓦顶。前檐柱均为方柱，其中明间二柱起海棠角，

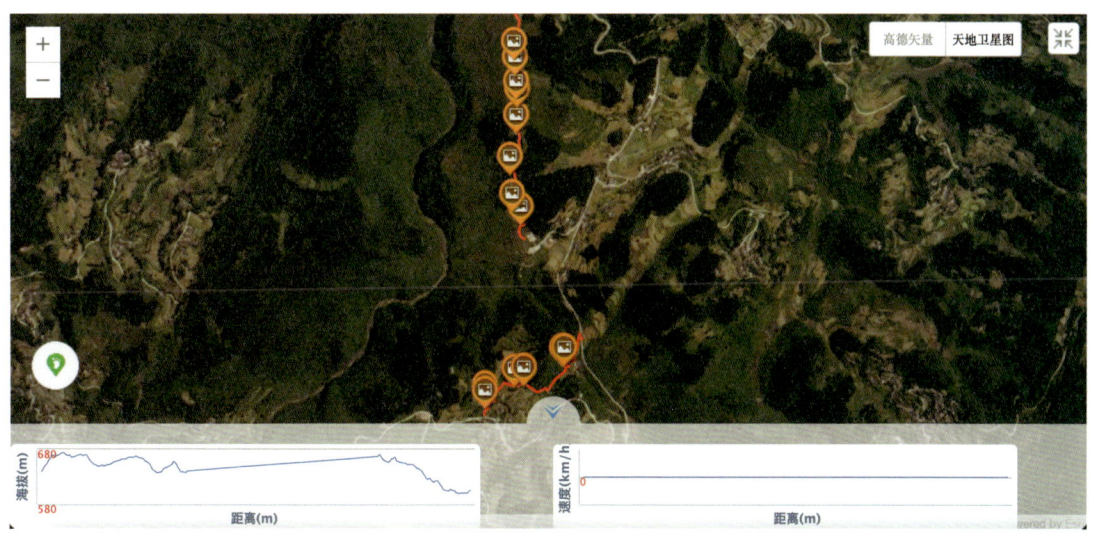

困牛山古道分布卫星影像图

两侧角柱抹角。台明上，堂屋大门退二步架设"吞口"。大门为双开板门，两侧分别装饰二合五抹隔扇，但不可开启。隔扇心和绦环板雕刻精美。隔扇心居中为四组八仙人物，周围饰以拐子龙、蝙蝠、八宝和花卉。上绦环板为镂空雕卷草，下绦环板为浮雕"喜上眉梢""麒麟玉书""花开富贵""野鹿衔芝"吉祥图案。

从堂屋内香火壁上"陇西堂"3字看，原以为现今住户为李姓，细看文字内容，才知是彭姓，屋主为彭恩才。香火壁前置神柜，神柜前部居中高浮雕"福"字，由象征富贵的牡丹和吉祥长寿的仙鹤组成，寓意富贵吉祥、福寿绵长。上部三组变化的浮雕鹑鸟和牡丹图，寓意"平安富贵"。

据高强兄与王局们介绍，联手建造该房的两位失散红军是师徒二人：师父李有杰和徒弟汪忠明。

师父李有杰，1891年6月6日出生于江西省宜春县江东乡下领村。后参加中国工农红军。1934年作为红六军团18师52团战士随部队进入贵州。10月16日在困牛山战斗中，因弹尽粮绝，敌众我寡，李有杰与众多红军战士一样，毅然选择跳下悬崖。幸运的是，李有杰跳崖时落在半山腰间的古柏树和青杠藤交织的岩石夹缝中得以幸免。后娶妻养子，定居于今石阡县龙塘镇凉风阡村榨房组，1966年10月7日去世，享年75岁。李有杰木工手艺好，人称"李木匠"。

徒弟汪忠明，1914年8月出生于江西省吉安田湾。小学毕业后参加中国工农红军。1934年作为红六军团18师52团战士随部队进入贵州。10月16日在52团担任后卫负责掩护军团主力向南转移时，于赵家山，也就是我们吃中饭所在的甘溪槽组东南面与部队走散。得益于当地民众掩护而脱身。后经晏家湾吴口寨杨家引荐，拜李有杰为师。

至于该民居具体建造时间尚不清晰，大致是20世纪40年代初所建。据说汪忠明善于书画，难不成他们师徒二人是分工合作？师父李有杰掌大墨主大木作，徒弟汪忠明事雕刻主小木作。就现存实物的雕刻工艺看，汪忠明学艺精进，实在难得。

1点刚过，我们由彭宅下到乡村公路，沿公路驱车西北行500余米，先在八子湾一民宅西南隅，调查失散红军汪忠明的墓葬。

李有杰和汪忠明联手建造的民居

"福"字雕刻

失散红军汪忠明墓

黄泥桥

墓葬所在，地理坐标为东经 108°4′34.87″，北纬 27°36′41.41″。墓为土封墓，封土堆不大，墓碑为圆首，碑文粗略记载汪忠明身世。还得知其木工学成后改经商。1947 年底，突发"恶疾"死于地主张朝富家后，葬"寒风岭"。1949 年 4 月 2 日，李有杰自己出钱为汪忠明墓立碑写序，足见二人战友情深师徒情重。

由于我白内障比较严重，碑文内容主要由高强兄和秀成转述。高强兄答应稍后将已经捶拓过的墓碑拓片发给我。

继续驱车西行 1.5 千米，于 1 点 30 分到达黄泥桥头，在桥头石阡县所立市县级文物保护单位保护标志处下车。该桥西北东南向跨黑滩河已作公路桥使用。

黑滩河，发源于石阡县本庄镇狮柳村沙塘。经上瓮仰、过袁家坡后为石阡、思南二县界河，左岸为思南县瓮溪镇和三道水土家族苗族乡，右岸为石阡县龙井仡佬族侗族乡和龙塘镇，途中左纳汇入三星溪后的孔家河、右纳虎井沟过困牛山后再纳陶家沟，在打麻溪进入思南境内，过杨家寨、三道水，在浪溪口汇入乌江。其中黄泥桥所在河段又称"毛家河沟"，过川岩坝后一段称跳墩河。河流走向总体从南到北，局部蜿蜒曲折。两岸水系发育分布较均，小支流较少。河流全长 27.7 千米，流域面积 162 平方千米，平均海拔 700 米，相对高差 200 至 500 米，多年平均降水量 1000 毫米左右。

测得黄泥桥地理坐标为东经 108°3′53.10″，北纬 27°36′34.85″。过桥后在思南界桥头处立有第六批省级文物保护单位"思南瓮溪红军战斗遗址"保护标志。顺桥头古道西下后上行路段，是小地名"杉树坡"，古道未被公路破坏，所行数百米路段皆保存较好。沿该道西行，过瓮溪后至本庄可接通省大道。据石阡同志介绍，1934 年 10 月 16 日，红 18 师师长龙云和 52 团主力撤到老君山突围后，经此往瓮溪。折返时寻西侧桥南山沟摸索下行抵达河边。该桥利用河湾北侧河道最窄处外凸岩体，开凿出可支承桥体的平台后起拱。为单孔石拱桥，据高强他们此前调查时测量，桥长 12 米，宽 3 米，单孔净跨 8 米，矢高约 4 米。现场观察，桥梁整体保存完好。

高强带我们到桥东南山崖旁，古道边立有修路桥碑记 1 通，得知该桥始建于清乾隆十三年（1748 年）。遗憾的是碑刻文字已经漫漶难识。

时近下午。驱车折返至八子湾后，下车进入一条东北向通往困牛山的古道。下行不足百米，有数株古柏，小地名"凉水井"。路旁确有泉眼，涌出后形成小股水流。周边有几座被当地称为"生基坟"的古墓和一座清道光年间墓葬。据说52团团长田海清于困牛山脱困后，撤至此地，因伤重难行，最后牺牲。

因我们前行目的地是龙塘镇的困牛山村，属于龙井乡老君山村的村支书准备在此与我们分别，大家以古柏树为背景合影，与村支书话别后继续沿古道前行。

于下午2点45分到达距离八子湾650余米的平桥，全路段累计下降67米，此地仍属老君山村地界。平桥实为一座单孔石拱桥，东北西南向横跨虎井沟。虎井沟发源于老君山村王群寨西南，同属龙井仡佬族侗族乡的丝栗坳村。据高强介绍，该桥建于清代，具体年代不详。桥长10米，宽4米，单孔净跨5米。现桥东北端建有石级4步以供上下。用奥维地图测量，自此沿虎井沟河床至当年红军跳崖处仅400余米。至半坡车辆停靠处，古道全长860米。

下午3点10分，抵达第六批省级文物保护单位"石阡困牛山红军战斗遗址"，地理坐标为东经108°4′51.74″，北纬27°37′1.12″。

在困牛山红军跳崖处上面小道旁，偶遇一放牛后返回的村民，闲聊间发现对当年红军在困牛山的战斗过程十分熟悉。问及营盘垴，据其所指，营盘垴就是红军跳崖地西侧的一个小山头。

村民介绍，困牛山一带，历史上可向东北走甘溪槽、楠木窝、朱家坝往板桥。向西南老君山方向，则从甘溪槽上困牛山，经虎井沟平桥上凉水井、八子湾，西走黄泥桥、杉树坡往瓮溪。当年红六军团渡过黑滩河下游河段跳墩河进入今石阡县川岩坝，沿桐梓坪、

平桥

困牛山古道

愿为调查组带路的村民

川洞、十二山梁子、朱家坝一线前进时，就准备经板桥渡过石阡河，前往印江与红三军会合。还得知我们今天所行经八子湾至黄泥桥一段乡村公路是去年才铺设水泥砂浆的，此前是村民们投工投劳沿古道沿线扩展的毛路。

带我们走一段困牛山道路的请求得到他的欣然应允，拴好牛就带我们往上山走去。行走途中得知，困牛山一带村民多是从今重庆秀山徙居于此，他家在此已经五代，即百十来年了。

上行不到300米的缓坡处，小地名生基坟。有一说团长田海清就是在这里因胸部中弹牺牲的。南北两处生基坟，都有关于团长田海清牺牲的故事，这是一个值得深入研究的问题，史实一定要明确。再行150余米，是"鼎罐堡"，当年红军阻击追兵战斗处，已被树木和草丛覆盖。过鼎罐堡后是一段平缓的山脊，称"梁子"。继续下行400来米后是"倒旋涡"，最终行至1.5千米处，进入红军当年困牛山阻击战起始处，山北面是川岩坝村，红军由东面楠木窝过来。

1934年10月16日发生的困牛山战斗，是红六军团西征经石阡期间，前卫18师52团改为后卫，确保军团主力南撤时经历的一场惨烈的阻击战和突围战。最终，团长田海清在组织100余名红军战士掩护师长龙云和52团主力撤往老君山突围后，率红军战士战至营盘垴无路可退时，为避免伤及被敌人挟持的群众，在黑滩河支流虎井沟北侧悬崖上，飞身跳崖，幸存者只有20余名。

下午5点，将村民送回其拴牛之处后，调查组一行又在王局们带领下绕行到甘溪槽村皮子厂组东北考察"红军洞"后，从川

营盘垴战斗遗址

老君山远眺

红军洞

岩坝村上高速返回石阡县城。

车上就一路所见，结合卫星影像图观察，处于低山沟垄和丘陵河谷区的困牛山红军战斗遗址所在，山体多呈北东走向。困牛山西侧隔黑滩河与青岗园、荆竹园山体形成峡谷，北侧和东侧以陶家沟水为界，南侧隔虎井沟与老君山相望，东侧与十二山之间为丘陵谷地，坝子零星分布。因之思考，作为第六批省级文物保护单位的"石阡困牛山红军战斗遗址"，空间范围包括石阡县龙塘镇困牛山村、川岩坝村和龙井仡佬族侗族乡老君山村。其文物构成不应该只是"战斗遗址由战斗地山体、跳崖地、困牛山红军壮举纪念碑、黄泥桥等构成"。其文物本体应该包括鼎罐堡战斗遗址、营盘垴战斗遗址、红军突围道路、红军跳崖地、幸存红军撤离所经的平桥、黄泥桥、凉水井红军洞和红军壮举纪念碑，以及困牛山山体、老君山村王群寨及以北山体、黑滩河和虎井沟水体等自然环境部分。

附：汪忠明墓碑碑文

汪忠明，江西吉安田湾人。生民国甲寅八月，由小学卒业，善书画。被洪（红）军投入贵州，脱险于思南赵家山，学木工于李有杰□师，学成改经商。得恶疾殁于张朝富家，埋寒风岭，此民国丁亥冬月内也。有杰以师、弟感情，不忍坐视，自出钱立碑，将前后生死情由草此刻明，如后有忠明亲人来处寻查，一见即知。是为序。

民国三十八年三月初五吉旦立。

师李有杰送。

（注：碑文根据照片结合高强提供拓片整理）

四十六、贵阳黔灵山

2022年2月27日，阴。

调查计划：黔灵山。

周日，正月将尽。女儿提出去黔灵山走走，我们老两口欣然应允，我也想顺便对省级文物保护单位黔灵山的现状进行了解，权作调查。

由金狮小区巫峰苑乘坐314路，仅5站就到北京西路口，下车沿北新区路可就近穿行至黔灵山公园大门。时近中午，农贸市场沿路人流已是熙熙攘攘。

于10时许进入公园大门，15分钟后经三岭湾人行隧道到达黔灵湖畔。黔灵湖于1954年拦大罗溪水筑坝形成，水源地在今黔灵镇所辖偏坡、雅关两村。大罗溪水过黔灵湖后一路南流，在二桥汇入三桥下五里流来，史称水磨河的市西河，经转弯塘，过头桥，在雪涯洞北面两江口汇入长江流域乌江水系右岸一级支流清水河上游南明河。

早春时节，阴天的湖畔依然凉意袭人。在徒步绕行完黔灵湖后，于湖东岸1958年修建的"解放贵州革命烈士纪念碑"东南，沿公路上弘福寺。

坐落在黔灵山杖钵峰、宝塔峰、象王岭三岭交会处的弘福寺，系赤松和尚创建于清康熙十一年（1672年）。后乾隆、嘉庆、道光、咸丰、光绪屡有修葺。赤松俗姓韩氏，师名道领，法号赤松，祖籍浙江，后迁湖南长沙，复徙四川潼川，明末随父避难入黔。少小习儒，秉性嗜佛，十五岁即出尘入南望山，先后拜灵药、西识、九峰、敏树等僧人为师，后到广顺白云山。康熙六年（1667年）在贵阳药王庙寿世禅院闭关三年，后"开黔灵作弘福道场"。

于11点40分左右到达弘福寺西北角历代僧侣及部分居士墓塔组成的塔林。母女二人均觉塔林阴森而不愿入，先入寺逛逛。记得《黔灵山志》对历代留存墓塔记载详实，今日我也只需拍摄一些照片备用。

现存弘福寺，自20世纪90年代以来，改扩建频繁，其文物建筑本体的历史真实性几乎丧失殆尽，只在山门前拍摄一张照片。于正午时分，在弘福寺大门外与娘俩会合。

弘福寺东北山麓道旁立有保护标志，称"贵州省文物保护单位弘福寺"，但1982年公布为省级文物保护单位时，公布名称为"贵阳黔灵山（包括弘福寺、麒麟洞和碑碣、摩崖）"，这里却只选择了弘福寺，由贵阳市文物管理委员会立。

保护标志不远处，是1通立于岩石上的高浮雕"心平等尊者"造像碑，无款识。网络检索得知，尊者为500罗汉第212尊，所谓"心平等"，大致是一视同仁，无差别对待一切众生的意思，均大慈悲心，普度众生。因此，心平等尊者的佛性修习已达心性完全平等的境界。

往下，所见第一方摩崖石刻，为董必武所题"黔南第一山"。1959年10月，国庆10周年之际，董必武来贵阳，登黔灵山。是年后，董必武长时间担任国家副主席和代主席。除此，董老还赋诗"竟上黔南第一山，老夫腰脚尚称顽。泉清树古叶微脱，寺外双峰峙若

弘福寺塔林

关"。原只用于弘福寺山门，1996年，时任住持释慧海率弟子再行镌刻于此。

其下南向数步，路边出露岩石上，有镌刻于1991年的"正法眼藏"摩崖石刻。又是佛教用语。相传释迦牟尼以正法眼藏付与大弟子迦叶，是为禅宗初祖，为佛教以"心传心"授法的开始。正法，即禅宗用来指全体佛法。眼指宇宙，藏指万物。

古道临近转角处，为阴刻草书"佛"字摩崖石刻，款识为"嘉庆丁丑年""临川徐纯书"，镌刻于嘉庆二十二年（1817年）。旁边是横向行书阴刻的"南无阿弥陀佛"摩崖石刻，款识虽已风化难识，但赵朴初3字尚能识读。

古道转角处"佛即是心"摩崖石刻，所谓心净即佛，佛即是心。如我等心中杂念太多，不清净，注定只是凡夫。摩崖上部有一岩溶洞穴，据说对着洞口大口吹气，洞内会嗡嗡作响，因名响石洞。

洞南又是1通造像碑，与"心平等尊者"高浮雕手法不同，此碑造像为线刻。所刻人物，世人皆说是吕洞宾，但吕洞宾号纯阳子，与该碑额题之"纯清道祖圣像"如何关联呢？

"纯清道祖圣像"系贵州兴义人刘显世所题。时间应该是在其1916年初任贵州都督、督军兼省长后。1917年，刘显世参加孙中山领导的护法运动，任川滇黔三省护国联军副总司令。1925年因军阀派系之争隐退，于2年后病逝。

遗憾的是，碑中文字因风化严重，即使捶拓，可识者也为数不多。至道路转角处的西侧岩石上，有摩崖石刻1方，额题"万古不磨"4字，首题"修路碑记"4字。碑文涉及"贵州等处承宣布政使司布政使蒋寅、贵州等处提刑按察使司按察使李之粹、督理贵州粮盐事务监理贵东道布政使司□□□□，康熙二十七年岁次戊辰□□□□"。落款是"开建黔灵赤水道领"。镌刻于清康熙二十七年（1688年）的该方摩崖石刻，系黔灵山所见年代最早者。

周边，有阴刻小篆"明心""见性"摩崖石刻2方，系新刻者。旁边亭子里岩壁上还有1990年11月30日弘福寺复原的"佛"字摩崖石刻，原字为嘉庆中贵州布政使陈预所书。

古道由此折向东南下，阴刻草书"赤松旧隐"摩崖石刻又是重刻的。从款识介绍看，原系同治九年（1870年）立夏时，贵州书画家袁思韠题石，已毁。1989年由贵州书法家曾了凡重书，弘福寺重刻。

看来，释慧海住持弘福寺期间增加和复刻了不少摩崖石刻，也可算是传统文化的一种传承手段。

向下一段古道较平缓，中有古佛洞，原祀苦行僧。人们普遍认为徐霞客在其游记中所记四月"十二日，止贵州，游古佛洞"，即指此洞。那此山还能称为赤松所开吗？存疑。

确如文献记载那般，"洞上岩削如壁，高数丈""其巅尚有凿石开堂一二处，则险峻不可测矣"。在洞北西侧崖壁上，有摩崖石刻2方。分别为贵州郎岱（今六枝特区郎岱镇）人赵德昌所书"虎"字和"多行好事，广积阴功"8字，摩崖均为草书阴刻。其中，"虎"字离地2米许，字高6米余，宽近4米，款识为"咸丰庚申□月""岱山赵德昌书于九华宫"，同时镌刻有印章3枚。摩崖镌刻于咸丰十年（1860年），是年英法联军入侵北京。后者款识有"戊戌岁孟夏"，镌刻于"戊戌变法"的光绪二十三年（1897年）。而古佛

"修路碑记"摩崖石刻

"虎"摩崖石刻

洞南西侧崖壁下部，有竖向行草阴刻"第一山"3字摩崖石刻，上款"嘉庆庚午"4字存，下识损毁。

古道临下行路段最后拐角处立有新的保护标志。与寺庙前不同的是，这里文物保护单位的名称选择的是"黔灵山摩崖"，由贵阳市云岩区人民政府立。文物保护单位标志的国家标准虽已发布14年，但至今符合国家标准的文物保护单位标志，实在为数不多。

于12点30分抵达古道登山步道前，北面不远处就是三岭湾人行隧道出入口。此处立有石碑1通，竖向阴刻行书"九曲径"3字，款识为"庚申端午""陈恒安"。也就是说，该碑立于1980年端午节。

陈恒安是贵州当代著名书法家，尤以大篆与行书见长，生前为中国书法家协会名誉理事，贵州书法家协会名誉主席，贵州省博物馆名誉馆长，贵州省文史研究馆副馆长。记得1984年参加国家文物局泰安培训中心举办的"古代石刻艺术保护"培训班期间，参观淄博蒲松龄纪念馆时，接待室中堂悬挂的就是陈恒安先生的一幅大篆作品。

下至步道与园内公路交会处前行10数米即白象泉，泉东为"七星潭"最后一潭。七星潭水，源于檀山之山泉，泉水从麒麟洞涌出，南流过至杨柳井、白象泉黔灵山公园大门后不知所终。麒麟洞也是1941年和1949年先后幽禁张学良和杨虎城之地。

午时三刻离开黔灵山公园。

因康熙"修路碑记"有部分文字无法识读，下午回家后查阅释慧海住持弘福寺时重刊的《黔灵山志》。果然，卷十"塔垆及铭"中，对历代留存墓塔记载详实。"第一山"摩崖为"黄宗源临"，镌刻于嘉庆十五年（1810年）。

虽然康熙"修路碑记"未见诸记载，但"艺文"中却有乾隆五十四年《重修黔灵山石路碑记》和咸丰《修山路碑序》。特别是前者文中提及，"逮康熙二十七年间，有方伯蒋公、廉访李公、观察傅公三君子者，始于山前开辟大路"，通过康熙《贵州通志》卷十三职官，查得康熙时"观察傅公"应为布政使司"参议傅作楫"，正好弥补所缺5字。遂将上述碑记和碑序一并录入附后，以备查阅。

附：碑记

重修黔灵山石路碑记（碑在窈亭下）

天地灵秀之气，结而为山，其列名五岳者固已。他如梁为晋望，会稽名浙，英霍缘以立县，蒙峰因之称鲁，亦各据一郡一邑之秀，而名以传。全黔皆山也，连峰叠嶂，一成再成者不数里皆是。即以省垣论，去城西北隅三里许，黔灵一山，耸处万壑之中，三台锡杖诸峰，罗列左右。上则翠竹苍松，掩映禅宇。后则一泓澄澈，圣泉在焉。虽下敢与五岳称尊，亦可比于一郡一邑之秀，考古者略之，何歉？

夫蓬莱琼室，不能使视听之外者，详其地而纪其胜。足迹所经，期有稽之言，可传而可信。原兹山之始，地为大罗木寨苗民所有，木不拔，道不通，乌知山之灵也者。

自康熙十一年，有僧赤松策杖来游，见群峰环绕，堪为选佛之场，谋修建禅院。

尔时居处栖息，不过班荆荫松。高下出入，不过攀萝扪石。仍由大罗木寨故道，荒径未辟，人亦罕至。逮康熙二十七年间，有方伯蒋公、廉访李公、观察傅公三君子者，始于山前开辟大路。因地之广狭累以石，俾来此者得拾级而登，乃共知有黔灵也。然迄今越一百一年矣。上雨旁风，苔侵路毁，山石荦角，行径甚微，畏而裹足者有之，山之灵终未得著。

余自丁未岁秉臬臬事来黔，闻兹山清静峻削，陟其巅可视全黔形势。公余至，止及山腰，肩舆不能进，缓步以上。国助论捐赀，并劝同志者共襄厥事，旋命土工、石工重修之。

其径较前广而方，无颇无偏，荡荡平平，徒步可行，山车可入，庶几幽谷无私，有至斯乡。揽胜者接踵而游，访道者梯山西至，由此荫法云于真境，曜慧日于通衢，灵山之胜，流播寰区，使探幽之士，纪其实以笔之简编，佥知山之佳者，于黔称贵阳黔灵为最，可附群岳后传之不朽，则兹山效灵于黔，黔亦借兹山灵矣。功成，爰书数语以纪事。其捐金各姓氏并录之碑阴焉。是为记。

署贵州布政使司布政使按察使司按察使陈大文撰并书

署贵州布政使司库大使试用州同唐英撰额

乾隆五十四年岁次己酉秋八月谷日（各姓功德未便录）

附：碑序

修山路碑序

为善必昌，古之道也。自国朝康熙初年，有赤松祖师云游四海，遍访名山，寄迹黔南。偶见城之北隅，有一荒凉之地，山明水秀，层峦叠翠厝赞维翠，有仙人之境界焉。于是创修佛殿，大兴法门，名曰黔灵，二百年来，葺修屡矣。癸丑，主刹悟证，见山蒋嵯峨，险处甚多。每至佛诞之期，纷然拥挤，失足不少，久欲修砌栏石，以便往来，庶几稳步无虞，惟心有余而力不足耳。乃承于檀越，大发慈悲，捐资修葺，新铸鼎炉。并建天子台，补修古路，添砌栏石，永垂不朽。爰将善姓芳名开列于左。（芳名略）

咸丰五年乙卯六月黔灵主刹悟证等公立

四十七、贵定了迷河古渡古道古桥

2022年3月23日，多云间阵雨。

调查计划：了迷河古渡、古道和古桥。

了迷河桥位于贵定县云雾镇大塘村，原属窑上乡，明清时期属原大平伐长官司地。桥建成于清光绪十二年（1886年），又名天顺桥。1929年毁于山洪。存有断桥遗址、古渡，以及建桥碑记、古道和摩崖石刻等。

因领队石斌上午须向中心全体职工传达昨日电视电话会精神，调查组在食堂吃完中餐后于12点出发。邓义镔因病不能同往，唐秀成下午有会，晚上才能赶往都匀会合。由杨柱学开车，经G76夏蓉高速在贵定昌明转G321国道向南，过大平司村和铁厂村，在把朗坝转入S207省道东南行，进入曹渡河了迷河段后，沿河流右岸东北行，在破长河桥进入Y008乡村公路，东北经酸枣坝转西北行不一会，于中午1点45分抵达了迷河桥所在大塘村桥头组。

车到桥头时，遇一北边长寨走来的村民，上前询问过河方式，他介绍说喊对面船家就行，随即帮助我们吆喝了一声。等船家之际，向村民了解往大平司古道的情况，据其介绍，古道仍在，从西南桥头西北行经马冲往大平司。只是走的人少了，大部分被植被覆盖。见船家已经撑船过来，我们向村民道谢后往桥北50余米的渡口上船。利用渡船缓缓过河之机，拍摄西岸遗存的了迷河桥二孔断桥遗址。

了迷河桥遗址

"了迷渡"摩崖石刻

了迷河古道

上岸后，得知船家姓莫，大号跃森，布依族，他头戴那顶藤条编制的安全帽很有特点。向其介绍我们此行的目的，他乐意带我们调查。狂吠的黄狗老远冲了过来，见我们与主人家说笑后立马摇起了尾巴。

桥头组现仅有5户居住，均为莫姓。老莫的家就在渡口东南不远处，是一栋一楼一底四开间砖混结构平顶小楼，前有庭院，建筑面朝西南依山而建，可直视断桥。老莫家东南2栋民居建筑，仍然是传统的穿斗式木结构悬山青瓦顶，用手机"指南针"测了一下，大致均坐东向西偏南25°，与断桥走向相当，其中南面1栋靠近古道，建筑前的院坝西南侧，面向桥头立建桥碑记7通，而面向民居建筑，立"老实糊涂"石刻1方，款识为"清之戊子""野人乐书"。7通碑记，自南而北并排而立，分别额题"欲广福田""官绅功德""千秋不朽""顺天桥""万古长存""节孝善果""须□心地"，最核心者，当数中间1通，包括槐三杨连元撰的序和春山李芳森撰的铭。可以确定的是，所谓"了迷河桥"，应称"顺天桥"，除西南二孔遗址外，东北端的桥台也保存着，只是桥面被村民占用。无暇细读碑文，只能抓紧时间拍摄照片。从碑刻风化程度看，远较都匀哨唪遇仙桥严重，须进行捶拓。

下午2点20分，老莫带我们从民居建筑后面向北行，然后向东上山，他不时清理着沿途的杂草，约爬升10米高程后，大致在与"顺天桥"轴线相对应的位置，有一岩穴，宽不过3米。岩穴内壁竖向镌刻有"白云窝"3字，"白云"所指，应是岩穴顶部岩石的形状，"窝"则与岩穴空间十分贴切。岩穴上部凸出的一块岩石底面，镌刻行草"不做公侯与大夫，权将八字唤迷途，归来隐卧云深处，免得君王问有无"4句，系"清之甲子""糊涂野人手笔"。对照下面"野人乐书"的"老实糊涂"石刻之"清之戊子"，如彼时为光绪十四年（1888年），这方摩崖会否是其镌刻于同治三年（1864年）？岩穴东南侧顶部，还横向镌刻有"了迷渡"3个大字。老莫介绍，在刚才上山所经，还有2处石刻，只是长时间被山土和荆棘覆盖而无法查看。

下山时，老莫还介绍，古时候，此地为商贾行人所必经，马店、饭店、客栈一应俱全，是前后几十千米沿线道路所经服务设施最齐备的地方。且原来最大体量的建筑为二楼一底，

了迷河桥建桥碑记

"老实糊涂"石刻

"白云窝"摩崖石刻

七言绝句摩崖石刻

建筑密布，相邻建筑通过挑楼和屋檐形成"骑楼"状，即使下雨也不会打湿鞋。遗憾的是，20世纪70年代的一场大火，将桥头组的建筑焚毁。

2点45分我们被带到"顺天桥"东南30余米古道上的另一座古桥处，该桥称"贞女桥"，西北东南向跨小溪，为单孔石拱桥。桥东南隅古道旁，有四棱碑1通，西北面竖向镌刻"贞女桥"3字，东北面竖向镌刻"旌表贞女，李张氏系儒童李□□未婚之□，处士张如□之女，龚刘氏系儒童龚承恩未婚之妻，处士刘□□之女"，东南和西南面被块石砌体遮挡。虽未见旌表或镌刻年代，但据此得知旌表之"贞女"共二人。

得知这条通往窑上后走凯口的古道仍能通行，我们决定改变计划，直接走往窑上，柱学则开车到窑上去等我们。

"贞女桥"碑

于3点辞别莫跃森,与石斌一道沿古道东南行。初始150米许直上,折向西北行70余米后又东南行。此后坡度明显放缓,西南称酸枣坝的河湾一览无余。沿途生长有为数众多的黄饭花,这种在黔东南普遍用于染制黄色糯米饭的植物,在这里无人问津,恣意盛开。共行800米后,古道两旁遗存有许多建筑基址。900米后,眼见东南高处的山坳坳口,古道却向北延伸。继续走了约400米,发现一直向北,感觉不对,与石斌商量后折返向南,终在返回近500米后发现往东南坳口的古道。到坳口查看卫星影像图发现,该坳口所在北东向山梁称横坡,延伸至北面2千米处了迷河上游河段止。沿坳口东南直下约200米后进入谷地,此时古道已被新辟泥土路取代,路面有明显的履带碾压痕迹。穿过谷地时,见东北方向高处台地上有聚落,根据地形判断,我们选择向东南狭长的沟谷行进,天空开始飘起小雨。刚转入沟口,对面山腰公路上一辆白色SUV经过时停下,估计是对不速之客的我俩表示好奇,我们也借机询问往窑上的古道。对方告知我们,所走方向不错,但前面道路已经不能行走,须上至他们所走公路才行,随即驱车离去。我们尝试着继续沿古道走了近400米,发现古道确实已经被植被覆盖,加之此时雨渐大,不得已,我们折返寻道上公路。

沿公路越过最后一个坳口时,已经能够看见远处山上的建筑,那里就是窑上,原来的乡所在地。此时雨住,查看轨迹,去除走错路段,我们沿古道走了约3千米,此时已是下午

了迷河古道分布卫星影像图

5点，眼见已经无古道可行，为节约时间，我们向柱学发送定位，请他开车过来，我们则继续前行。500米后，公路转向西南，发现对面山顶有岩溶洞穴，查看卫星影像图，标注为"卷营洞"。再下，发现道路与沟谷间有古柏数株，怀疑原来古道应由此行。向南沿公路转弯过桥，回望古柏时欣喜异常，沟谷两岸古柏间，藏着一座单孔石拱桥。

桥头一株古柏上挂有文物安全包保责任公示牌，得知该桥称"飞云桥"。该桥西北东南向跨摆吾河，东南桥头立有建桥碑记4通，其中3通向东南并排而立，1通单立于东北侧，南向。单立之碑，额题"万善同缘"4字。碑文因风化及光线原因，能识读者不多。大意是此地"从来路道崎岖，躅□可步，山河阻隔，跋涉惟艰"。原有桥，由三人承首修造，但被水崩坏，致使往来者进退为难。于是，清光绪初，包括大平伐长官司宋某等一众，再次捐资建桥，并立碑记其事。碑立于光绪二年（1876年）冬十一月。

另3通碑刻，分别额题"飞云桥碑""了迷渡记""洞天福地"，"飞云桥碑"所记为"修飞云桥序"，该桥建成于清光绪十一年（1885年）。其余2通均为捐资者姓氏名讳及捐助数额或物件。还获知窑上史称"福山场"的信息。

拍完照片后沿公路走出不久，柱学的车也到。上车后已是5点30分。在窑上进入G7611都香高速往云雾镇，5点50分到铁厂把朗桥，调查完保存现状后，6点10分折返进入G7611都香高速，驱车前往都匀。

晚上8点，利用iPad Pro整理"顺天桥"碑和"修飞云桥序"建桥碑记。获知了迷河一带，系"黔广通衢""上抵南黔，实官商之要道，下达西粤，为众客之通衢"，道路从平乏司经了迷河渡往窑上、凯口，东可以走平浪、都匀，东南过店子边、凤啸河经独山往广西。在修建"顺天桥"前，李芳森不但"设了迷渡，修补数十里之崎岖，开通千余丈之道路"，还建造了"飞云桥、贞女桥"，修建"顺天桥"后，又"造□□桥、一品桥，共成九拱"。

飞云桥

飞云桥建桥碑记

把朗桥

据此，后造之□□桥和一品桥也是单孔石拱桥。想他还应允参与修建都匀凤啭遇仙桥，那碑文中"□□桥"会否是去年11月25调查的，店子边古道上的"德顺桥"呢？因为德顺桥摩崖石刻就是李春山题的。遗憾的是，遇仙桥尚未建成，芳森即于光绪二十二年（1896年）病逝。李芳森其人其事，真是值得赞颂。

整理完碑文已是24日凌晨，抓紧洗漱后休息。

附："顺天桥"碑

额题"顺天桥"3字。

碑文：

云□混混孰夸□海之能□□□□□□□□方舟之可□□□□□□□□□□□□□□/功以为玉磊□劳驾□临河顺□□□造□□□□车□问□有□□□□之□□□□□□□□□□□□□□□□/滇黔□须弗□，尚非巨梁之作，安凭□□之□□□□腰，始自道光，时年庚戌申月□□□□□□□□□□□/张公大□、夏公□宣，□□石脚弗坚□□□□□□陡，俄尔倾颓，由是望□而□□□□人□□□□/蒸涉而嗟者数十载无从舟建良详唯芳森李君非必擅润屋之资而公忠□邀众赏未尝有固袍之助而□□□/为人。钦建飞云桥、修镇风路、改福山道、作了迷船，贫者尚乐□而何论乎富有远者尤喜□而矣。问乎近邻是以□/□□成善心□固因□然倡造桥之奢愿，不畏艰难，作驾石之洪图，遑辞辛苦，阅五载余之寒暑，经□无间□□，费/四千余之锟金，出入无虚用度。丙戌兴役，庚寅落成。三十二丈之□腰，舆马□□□□。二丈四尺之□□路□□其/宽平。集腋成裘，固为需乎人力，依方设矩，实自顺乎天心。愿兹永庆安澜□德□河山之永恒，存砥柱鸿功固金石/而□不胜为森兄幸焉！是为序。槐三弟杨连元谨撰。

窃闻知礼者度德而处，见机者量力而行。以半生驾钝之材，为千古完全之事，稍□世故讵不□其□哉。然而事有/□已者，如了迷河一带，黔广通衢，前蒙诸路乐施，因建飞云桥，设了迷渡，修补数十里之崎岖，开通千余丈之道路，/□□乃已无如舟子难招，且乏工食。至森，以济人为□，日昃弗遑□，非方便之长策也。森因是思之且□□之。夫世/之解，衣以衣，推食以食者故大有人安知不慨发橐金作了迷渡桥，立不朽之德耶。乃商之于张君桂五、□南、星海，/李君西□、松泉、润生，宋君鹤轩、兴齐、书田，邱君作夫、笃生、步云，周君在田、正邦，王君□光、治平，庭君守元、□万，余君/□□、表亭，吴君厚堂，谭君介卿，乐君容之，龚君清臣，李君开邦，陈君良卿，杨君槐三，徐君相九，邹君礼堂，毛君□□，/曾君有容，厉君寿亭诸良友等，佥曰：是举善矣，然必多方劝募可也。森罔顾德力，可否□仔其□□南各□□□□／名公鼎力襄资□幸森之表兄刘在山总理各务，森之胞弟李芳荣照料一切，森亲张一堂协助各项，森友陈□□／代买米粮，曾有容出力搬运，许德超下苦辛勤。自光绪丙戌年兴工，庚寅岁落成，凡五历寒暑，费四千余金，□前修飞云桥、贞女桥，连后造□□桥、一品桥，共成九拱，乃得视□有□□之吉，临河无返□之□，□为人力之□□□□／心之顺也，否则□深二丈，水高百尺，费不过千金之多，用未足万夫之力，即得□□□□石脚□□□□月谷□□／贵，虽有捐助，入不敷出，倘思□步人不协力□顺天心何□□光是以□□□□。

各大宪蒙□□□锡其桥为"顺天"云。春山李芳森谨铭。

附："修飞云桥序"碑

额题"飞云桥碑"4字。

碑文：

赏戴花翎，补□□□□州，特授贵阳府贵定县正堂，加五级，记录十次，李。

修飞云桥序。

盖闻积善者余庆，作善者余降祥，是以盛德之家恒占履泰厚福之士／每□丰亨行方便以济人，人人济而功乃大。结良缘以裨世世世裨而德□□斯□□，莫若修崎岖路，造来往桥，兴作普渡慈航之为美／也。如且兰所属之福山场，上抵南黔，实官商之要道，下达西粤，为众客之通衢，弟了迷一渡，买舟者多叹囊空，飞云一河，闻蹚者时虞□／险，兼之道途阻隘，步履艰辛，人每有由径之思焉。春山李君，其地之乐善人也，概捐一己囊金，先倡美举，更募多人□钞□结良缘□□／则戴月披星，弗惮经营之。若督匠则栉风沐雨，莫辞缔造之。□由是／浪卧长桥，涉川无虞，□□揭浪横巨槛，渡水无虞。丁卯□而且□□□／平□坦要，皆李君之所赐也，其善果盖亦伟矣。余因巡查地□□／历斯境，而见驿路之宽平，□舟之稳便，虹桥之浑坚，知其利济苦，□／为无穷也，及接乎仪范□之话，言则又谦谦弗遑所谓善则归人，非／斯人，谁与归乎？余嘉乃德因并志其巅末云。

大清光绪十一年岁次乙酉桂月上瀚吉旦立。

四十八、再走都匀

2022年3月24日，小雨转阴间多云。

调查计划：古道和桥梁。

6点才起，因昨晚已将当日考察所见及重要碑刻的内容整理完毕，需要整理和修改的田野考察笔记内容不多，一会儿就完成了。

秀成已于昨晚乘坐高铁赶到都匀。

7点30分用早餐，酒店提供的蒸饺、土豆红烧肉和娃娃菜口感都很好。放弃加糖的咖啡，自己回房间冲泡。

今日计划的调查范围虽不大，却是都匀市域内长江流域沅江水系和珠江流域红水河水系相关支流的源头区域。由于斗篷山古道在都匀斗篷山剑江风景名胜区内，得先行联系，遂将斗篷山古道的调查计划调整至下午。

9点刚过，正检索与今日考察相关的资料，秀成来电，称大家已在车上等我。不是约定9点半出发吗？赶紧收拾行头，下楼退房。

从酒店出发向北行，在都匀北上G75兰海高速后向南，行驶至墨冲下高速，向西南沿S206省道行至秀峰村，右转向西进入S311省道，该道公路里程碑与导航显示线路不同，导航显示为X903县道。继续往东北绕行至平浪镇。9点40分，车辆停在墨冲河平浪河段左岸继善桥东北桥头停车场。

平浪地处山地丘陵地带，坝子和小盆地较多。平浪河，属珠江流域红水河水系六硐河主要支流之一，发源于平浪西北卡鲁村西南陡地坡南，东南流经平浪称平浪河，在邹家院右纳西南虫蚁坡东北来之水，过继善桥后在坝子边缘再右纳西南拉力沟入八莲河后东北来之水，

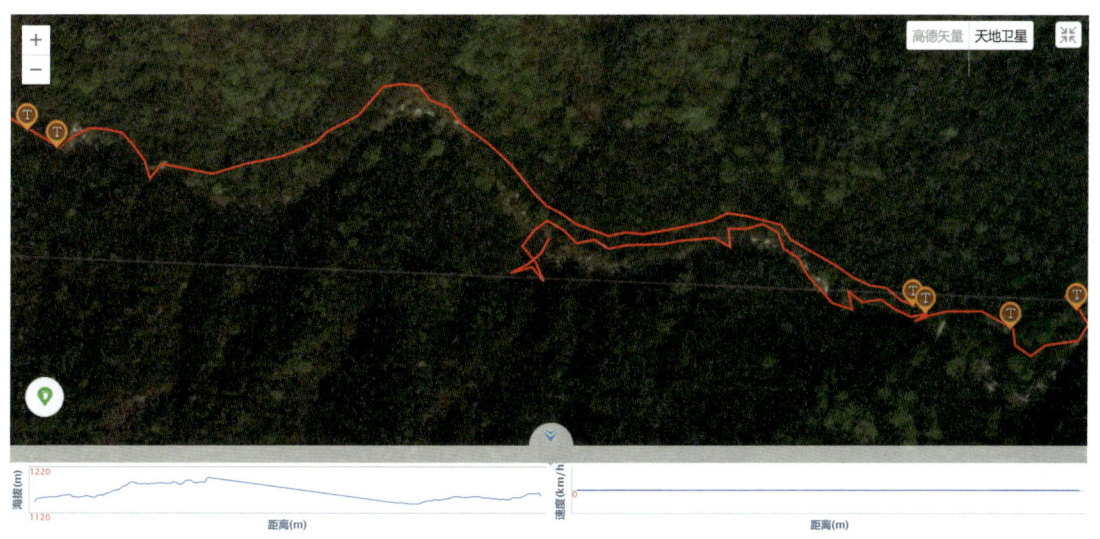

斗篷山古道分布卫星影像图

向东流经墨冲镇河段称墨冲河，折向东南流后弯曲度很大，流经凤席、漂里，过凤啭遇仙桥后在新桥西南流。

平浪史上长期为土司管辖地。元代时为平浪蛮夷军民长官司。明洪武十六年（1383年）改为平浪长官司，二十三年（1390年）属都匀军民卫，弘治七年（1494年）以后一直隶属都匀府。

平浪镇政府驻地平浪村坐落在坝子中凸起山丘的东北麓，继善桥在村东北隅，是东北过文峰、老猫冲、包阳走都匀所必经。桥西南东北向，桥身轴线偏东7°。所跨平浪河段，也称浪口河。据记载，该桥始建于清乾隆三十五（1770年）。原为三孔石拱桥，桥长41米，宽6米，单孔净跨8米。桥墩迎水面和顺水面均设分水尖。桥两端有石梯步，桥面两侧有块石护栏，护栏两端各安放石狮1对。中孔桥面上建有木结构八角重檐攒尖顶桥亭，亭高6米，翼角悬挂风铃。东北桥头北侧立建桥碑记3通，均高2米，宽0.6米。桥南50米处东西向分布各高5米镇桥石塔4座。20世纪70年代，建桥碑记、石狮、石塔被毁，桥亭也因年久失修而倒塌。后改做公路桥使用时，在桥东北向增加2个泄洪孔。20世纪80年代初开展文物普查时登录，2004年公布为市县级文物保护单位。后于桥西新建公路桥，公路改道。今桥面新修有桥亭和桥廊，其中中间桥亭为木结构八角重檐攒尖顶，两端桥亭为木结构四角攒尖顶，连接桥亭的桥廊各四间。桥两端各增设石狮1对。但日常保养维护工作明显缺乏，铺设的木地板已经严重糟朽。继善桥上下游的河道治理工程正在实施中，河床两侧的天然河岸将全部被混凝土砌体取代。

于中午10点离开继善桥，驱车转入S206省道，西北向顺河流上源进入两山夹一谷的河谷地带，过迎河村后在凉水井离开河道，越过不高的山丘，在罗雍村再次进入谷地，从杨家寨往卡鲁村。谁知自杨家寨上山不久，雾气越来越浓。

继善桥

之所以选择卡鲁村，一是卡鲁所在，是长江流域和珠江流域的分水岭苗岭之一段，山脉从云雾山东北过昌明，在斗篷山南折，经摆忙至卡鲁后向东南，又在归兰东北往丹寨。昨日调查的曹渡河了迷河段，其源头就在昌明和摆忙之间，而卡鲁西南就是六硐河主源平浪河段的源头，再西南不远，是六硐河支流凯口河段的源头，凯口河南流过米寅后汇入六硐河。二是根据都匀市以往调查资料，卡鲁与罗雍有古道遗存，疑惑的是，均命名为"黔桂驿道卡鲁段"的古道遗存，20世纪80年代提供的信息是在平浪镇卡鲁村西，而第三次全国文物普查登录数据则称在平浪镇罗雍村，我们最终选择地处分水岭的卡鲁村。

浓雾中的卡鲁已经无法观察苗岭山脉的山形走势，着实让调查组感到遗憾。从卫星影像图上观察，卡鲁村在山脊附近洼地南缘。

于10点30分抵达卡鲁。在村中，初遇一看似年长的村民，询问路边立有清道光年间整修道路碑记的古道所在，不得要领。随后与石斌在村北口遇见一位驾驶三轮车的村民，看其年龄与我相仿，再次询问。其称我们所言往凯口方向的古道已经不存，往平浪的确实有，在村东南面，沿古道过罗雍后往平浪，只是近年通村公路开通后已经无人行走。还提供了一条重要信息，卡鲁村北面的桥边组有一条古道，是向北走毛尖的。毛尖就是历史上的江州，也有文献记载为江肘的，因为都匀毛尖重要出产地，2014年改设为毛尖镇。见我们意欲前往，便主动答应为我们带路。赶紧呼叫在村西一侧了解情况的秀成和在村中车上的柱学，驱车跟这位村民驾驶的三轮车前往桥边组。

于10点50分在桥边组南面一岔路口停下，村民告知，因为施工车辆进去后无法掉头，只能停在村口。经了解，该村民就是这个寨子里的人，姓苏名天朋，自称1951年生人，是当地有名的阴阳先生，这让我们一行大吃一惊，见我们不信，还掏出身份证向我们证明。据老哥哥介绍，当年江州、卡鲁和平浪这条道路十分繁荣，往来货物以盐、大烟为主，反倒没有提及茶叶。很多路段都能行走，特别是通往毛尖一线，但因近日多雨雾，道路泥泞不说，很多被植被覆盖路段会导致全身湿透，建议改时间再来，他愿意为我们带路。为此我们深表感谢。留下他的联系方式并互致后会有期。

桥边组得名于横跨桐水河源头溪流的利济桥。桥为单孔石拱桥，东南桥头旁立有"利济桥"碑和指路碑各1通。"利济桥"碑因风化漫漶，年代只"民国"2字隐约可识。指路碑明确指出，"左走平浪司""右过河走江囗"，"江囗"的"囗"应该是指江"州"或江"肘"。而桐水河是六硐河的支流之一，在墨冲汇入六硐河墨冲河段左岸。也就是说，卡鲁村北的桥边组所在，仍在苗岭山脉分水岭岭脊南侧。

我们在"利济桥"南北，尝试着梳理一下古道走向后，于11点40分驱车返回平浪。在平浪村东北S206省道旁寻一餐馆就餐后，沿X905县道在冬青树左转进入G210国道，向北直行，这与历史上由平浪过继善桥往都匀古道所经方向大致相当。过迎恩村后左转进入毛尖大道，在大道西段右转入长洲路，经茶园路，过绿茵湖街道斗篷山村后，于下午2点40分抵达斗篷山风景名胜区。得益于市文化和旅游局的联系，调查组根据疫情防控要求登记扫码后顺利进入，开始对"黔桂古道斗篷山段"进行调查。

斗篷山在中午调查的卡鲁村北，直线距离不足30千米。古道分布在斗篷山村岔河厂西北，

利济桥

利济桥碑

沅江主源清水江源头之一的马腰河畔。在总长不到2.5千米的沟谷中，西侧的幽谷壶口右岸处，存有古道20余米，宽1.2米。东侧的孔雀开屏左岸处，存有古道不足200米。剩余路段现在已经修建为旅游步道。调查时，碰见在景区服务的一对采茶的夫妻，他们向我们介绍了旅游步道走向和古道所在，问及古道能通往何处，被告知"很远，通往坝芒"。

于下午4点50分离开斗篷山原路返回都匀，于下午5点40分到达市县级文物保护单位关厢桥。该桥位于都匀府城北门外，南北向跨高基河，历为入省孔道。始建于明代，二孔石拱桥。

晚上得闲梳理今日所行古道。中午卡鲁村了解到的古道走向信息，能与文献相互印证者，包括《贵阳府志》记载的"自贵定别于驿路而东南至摆忙可达都匀"一路，以及民国《独山州志》所载独山"赴省捷路"。

前者是除驿道以外的大道之一，起于贵定南门，南行经乐芒（今贵定县金南街道乐芒村）、龙场（今贵定县金南街道虎场村大龙场）、都卢坪和谷里堡（今贵定县昌明镇都六村）、小龙场（今贵定县昌明镇桐荡村）、官里堡（今贵定县昌明镇新安村），转东南过摆龙（今贵定县昌明镇摆龙村）、摆忙（今都匀市毛尖镇摆忙村）、江肘（今都匀市毛尖镇江洲村）后"入都匀界"。实际上，包括江州南面的平浪镇罗雍村，至民国间一直隶属贵定县。后改属都匀，最新的行政区划变更，是2014年撤销江洲镇、摆忙乡，设置新的毛尖镇，镇政府驻江洲村，摆忙为行政村。

而后者，道路自独山西北经五里桥、漂里、凤啼桥、宂米（今都匀市墨冲镇白头村）、平浪、江肘、摆忙、尖山营（今贵定县昌明镇新安村）、小场（今贵定县昌明镇）、狗场，至龙里合大路。卡鲁村就是连接平浪与江肘的节点。

残留的斗篷山古道

关厢桥

民国《独山州志》记载的另外一条，道路还可以从冘米的落汤分路，向鸡贾（今都匀市匀东镇鸡贾村）、凯口（今都匀市平浪镇凯口村）走平伐（今贵定县云雾镇抱管村大平司寨）、羊场（今龙里县湾滩河镇新营村）、关上达省。我们昨日调查所经的了迷渡经飞云桥至窑上（福山场）古道即该道之一段。

坝芒是麻江县最西边的一个布依族乡，下午调查的斗篷山古道可通坝芒，就能连接《贵阳府志》记载的"贵定东微南通麻哈路"。该道出贵定东门后，不走玉杵关、观音阁和半边街的驿道，而是偏南走东山坪、马家屯（今贵定县宝山街道农庄村），从乐坪（今麻江县坝芒布依族乡乐坪村）"入麻哈州界"，而乐坪就在坝芒北。古道虽非都匀北走文德永兴庄、靖道关的"晋省大道"，但确实是一条捷径。

时至午夜，收拾洗漱后躺下，发现有三穗县疫情最新通报。

四十九、清镇卫城

2022年4月2日，阴间多云。

应履新不久的贵州文化旅游职业学院党委书记、院长（兼）陆勇昌和清镇市卫城镇党委副书记、镇长田萍的邀请，就长江流域乌江水系的省级历史文化名镇卫城镇不可移动文物的保护和展示利用进行调研。

卫城，即镇西卫所在。明崇祯二年（1629年）兵部尚书，总督云、贵、川、湖广军务兼贵州巡抚朱燮元，大败奢崇明、安邦彦。"奢安之乱"平定后，朱燮元上疏朝廷，以"水外六目之地"置敷勇、镇西二卫。咸丰《安顺府志》卷三沿革载：镇西卫者，本水西水外六目之地，崇祯三年置。领守御所四，曰威武，曰赫声，曰柔远，曰定南。镇西治今清镇北，水西之引枼遮勒也。威武所在卫东，治今清镇东北，水西之泷夜也。赫声所在卫北，治今清镇北之鸭池，水西之化那也。柔远所在卫西，治今安平北之齐伯房城，水西之阿戈也。定南所在卫西南，治今普定北。又有乐平所，盖亦同时置，寻废。卫城迄今虽仍保留一些不可移动文物，是贵阳地区保留不多的古镇之一，但究竟现状如何则不得而知。

上午9点30分从中心所在曦阳山庄出发，沿黄山冲路转新添大道，经G6002贵阳绕城高速和S82贵黔高速，在卫城收费站下高速沿寻味大道西北行一会，于中午10点30分即抵达约定地点。

见面后大家一同前往首个考察地点黄家洞遗址，于10点45分到达。

遗址在清镇市卫城镇永乐村姚家寨东南隅。因曾经采集到人类使用过的打制石器和陶片，被认定为一处商周时期的洞穴遗址。洞内壁上还留存有以马和人物造型为主的岩画。

遗址所在山体不大，洞口有二，东北侧较大，南侧较小。遗址东面有河流自西南向东北

卫城龙关井古道分布卫星影像图

遗址内遗存的岩画（局部）　　黄家洞遗址

蜿蜒而过，该河段称干河，下游称马厂河，系乌江鸭池河段右岸支流暗流河上游跳墩河段支流之一。三进三出的暗流河，最后出口就是网红打卡地，挂在半山腰的羊皮洞。遗憾的是，遗址东北新近修建的污水处理设施对历史环境影响较大。

然后绕到姚家寨西北隅干渠旁的龙关井，利用保存的古道，徒步走去卫城。根据文献记载，该道属于县城西北"至白猫河"路段，至民国年间"皆有石块铺路，唯凹凸不平"。古道初向西偏南行，很平缓。但路面已经较以前明显狭窄，铺路石块也缺失较多，保存状况较差。"撑腰岩"过后在400多米处向西北行。地名朝明寺处，寺庙已无迹可寻。近城处有叫"狗场坝"的，看来史上这里是以戌日为赶场期，该路段路面已经水泥砂浆硬化。行走至1.2千米处，到达新建的南门外。

新南门内，保存有贵阳市人民政府公布的市县级文物保护单位"镇西卫城垣遗址"，这是南门靠西侧一段，残长仅数10米。据民国《清镇县志稿》卷三"建设述要"载："卫城，在县城北六十里，即明镇西卫城。俗呼'卫上'。《府志》记载太略。考崇祯四年朱燮元《督黔善后事宜疏》，只规划威武、赫声、簸箕陇诸城，于镇西卫城殊未之及，或者崇祯三年置卫时已开始筑城，故疏中毋庸再提也。城今尚完好，开四门，内分东西南北四大街及数小街。视县城略小，然县城本合老新二城而成。"城内道路较宽敞，新铺有石板。上述文献称，1929年修清毕公路时，"马路贯通老城后，复自卫城之南穿入，经城北而出，两城盛况可曰伯仲"，自那以后，路面不应再有石板。想20世纪80年代至90年代初，举凡出差毕节，返回时多会在此停留，吃"卫城辣子鸡"，那时的城垣保存尚好，而今仅存残石十数方。而那时的清毕公路，已改道走城外西侧。

所走500余米主要街道，临街保留有较好的传统建筑，年代多为清末和民国年间建造者，且以前店后宅布局居多，最具代表性者，首推省级文物保护单位，建于清同治九年（1870年）的"菖蒲堂"。

建筑为一进合院式布局，临街店铺面阔三间，但中间开间很大，占通面阔的一半，中间两根檐柱间的大额上，加两根立柱和挑檐枋以承托屋檐，立柱间挂匾，堂名"菖蒲"，大概

龙关井古道　　　　　　　镇西卫城垣遗址

因为菖蒲是中国传统文化中可"防疫驱邪"的灵草，家家户户有在端午节将菖蒲和艾叶捆绑后挂于门上或檐下的习俗。

按新冠疫情防疫规定扫码测温进入院内，后宅为一正两厢，正房带廊。天井内堆山造池，盆栽合围，整体干净整洁。坐在店铺内药柜前者，是年近九旬的老中医钟家荣，这家有着数百年中医传承的"菖蒲堂"主人。见钟老正在为人看病，不便惊扰，拍了一张他专注于书写处方的照片后退出。田镇安排人在街上买来"清明粑"请我们品尝，虽实在不喜甜食，盛情难却接了一块，味道确实地道。想不日即是清明，还蛮应节气的。

街上许多传统建筑外檐有明显被改造的痕迹。将原有那种在青岩被称作"眉毛厦"，贵州其他各地也多见的重檐做法改造为单檐，导致柱、檩、枋错位，增加的垂花柱及花牙子等与原有风格迥异，令人遗憾。

历史上的寺庙宫观祠堂会馆等，多在大街东北靠山分布，现今能留下的，也皆为遗址。在文昌阁遗址处，听镇里同志介绍，清末曾任翰林院大学士的王仁阁先生，在此题词"百亩田、万卷书，栽青松、种绿竹、琴三弄，酒一壶，半作农夫半作儒，非是仙家非是佛"，反映了卫城的市井生活，这是静的一面。而卫城的喧嚣，则从《县志稿》所记可以得见：卫城往昔行旅云集，商贾星罗，唯在新城。老城形成冷静。卫城则住居者、过往交者易者萃聚一城中。清咸同光宣间，烟泥畅消（销），外商争先至此，因而吸引他业，并驾活跃，市容较县城为盛。

城内最后考察地点是位于城中心区域内的广场。1936年中国工农红军红二、红六军团长征经过卫城，2月2日（正月初十日），军团总指挥部由麦西经永乐进驻卫城后，在此召开千人大会并打土豪分浮财，深受群众拥戴。2019年贵阳市人民政府以"卫城红二、六军团千人大会会址"命名，公布为市县级文物保护单位，竖有保护标志牌。

12点40分从广场边驱车离开，10分钟后到达黎明村大竹林组北的跳蹬河边，考察始建于明代的"毛桥"。桥西北东南向跨跳蹬河，为三孔石拱桥，桥长33米，宽6米，桥面距水面4.2米，中孔跨径略大。桥面石板铺墁，无桥栏。2019年贵阳市人民政府以"卫城镇毛桥"命名，公布为市县级文物保护单位，西北桥头公路边竖有保护标志牌。据介绍，毛桥为俗称，又名"安家桥"。查卫星影像图，S82贵黔高速和老清毕公路分布在桥的南北两面。黎明村

"菖蒲堂"

"菖蒲堂"庭院局部

年近九旬的老中医钟家荣

和大竹林组就分布在桥南跳蹬河东西两岸，其东西两侧就是安家大寨和安家小寨。显然，"安家桥"应为安家大寨之人出资修建。桥南古道仍能通行安家大寨，桥北古道已改为通村公路，仅西北约400米处一段爬坡路尚存。当年红军长征过境卫城往黔大毕，主力部队完全可以行经清毕公路，不知是否有部队经过此桥。

来到曾只身护送陶铸与曾志的女儿陶斯亮从陕北延安至吉林白城的清镇王庄人，老红军杨顺清的墓地时已是1点10分。墓是由花溪迁至此地，墓前有陶斯亮立的"恩重如山"碑，还镌刻了她撰写的"杨叔叔"一文。

20多年后，终得以再次在卫城品尝"卫城辣子鸡"。饭后已是下午2点过，辞别田镇后与勇昌先后离开卫城。

卫城清晚期建筑山墙做法之一

俗称"毛桥"的安家桥

红军杨顺清墓

五十、贵阳南明区四方河寨

2022年4月8日，阴间多云。

调查对象：南明区后巢乡四方河村四方河寨。

在食堂吃完早餐不久，石斌到办公室，问下午能否去四方河村四方河寨看看，称他不久前会同省住建部门的去过，那里保存了许多很不错的传统民居。想四方河，是长江流域乌江水系右岸一级支流清水河上游南明河之一段，正好将其纳入我们正在进行的长江流域暨南方"丝绸之路"不可移动文物的调查对象，于是欣然应允。利用上午时间做一些准备。

网上还真有一些介绍四方河寨的内容，大致归纳后得如下信息。四方河寨以葛姓为主，留有《葛氏族谱》。据族谱记载，葛氏自称于明代万历初"调北填南"来黔，其入黔始祖葛英，系祖籍江西吉安府卢陵县大塘营杨柳村人。入黔后，在万历八年（1580年）买得水东司头目"阿孔之庄"田土，背靠大岩山卜宅营居。清道光后出了应授"武德郎"葛凤鸣、"登仕郎"葛凤翔，武魁"武德郎"葛荣岫、应授"国学仕"葛呈芳、举人葛子义、进士葛燕等人物。迄今，传统民居因"寨民将老宅改扩建一部分，荒废倒掉一部分，早年由寨中大户捐资修建的四方河小学老房失火烧毁一部分"而不完整。

根据上述线索，重点在文献中查询四方河和水东长官司的内容。

信息相对丰富的道光《贵阳府志》记载，清康熙二十六年（1687年）置贵筑县时，四方河属贵筑县捕属里管辖的八十五寨之一，"在城南八里，其东三里小河界，南三里甘堰塘、火烧寨，西四里阿哈寨，北二里新庄。居民四十余户。有交椅山。有四方河，即南明河"。而记载最早者，为明弘治《贵州图经新志》，其山川志中就有"交椅山，在治城南五里""四方河，在治城南五里"。其后嘉靖、万历、康熙、乾隆等《贵州通志》皆有记载。又，万历郭子章《黔记》卷四舆图志"贵阳地理图"称，四方河哨、甘堰塘哨、尖山哨所经，为"往定番州小路"。该道"由次南门起，四方河哨四十里至青岩，六十里至定番州"。万历间，四方河哨有"军兵二十名，民兵十名"，布防较其他各哨为重。

明弘治《贵州图经新志》记载，"水东长官司，附郭，元为水东蛮夷军民长官司，寻改水东寨长官司。永乐元年以水东仡佬蛮夷军民长官司省入，置水东长官司"。嘉靖《贵州通志》卷一记载大致同："元为水东蛮夷军民长官司，寻改水东长官司。本朝永乐元年以水东仡佬蛮夷军民长官司省入，置水东长官司。"万历郭子章《黔记》卷五十八土司土官世传记载稍详，"水东司，正长官向四，土人，洪武四年征南有功，授土官。永乐元年开设水东司，二年授本司长官。六世孙权龙绝，弟有疾，男承祖袭。副长官胡文英，土人，充把事，节次调征有功，授副长官。男祥袭，绝。弟勇袭。至五代孙继，残疾，弟俊袭，沿希尧袭"。另据道光《贵阳府志》卷八十八土司志下记载，"水东长官向氏、胡氏，洪武五年，土酋向氏归附，置水东长官授之，而以从征官胡文英副焉。明末，向氏、胡氏皆绝，因革司"。综合上述历史文献和族谱，明代的四方河一带，当是贵州宣慰使司同知宋氏所领贵竹等十长官司及红边十二马头之一的水东长官司辖地，其南面即中曹长官司辖地。

下午 3 点过后才出发，由杨柱学开车送我们前往，于 3 点 50 分左右抵达沙冲南路与四方河路和黄河北路交叉口，我们下车后，柱学返回单位。

贵阳坐落在云贵高原东斜坡的盆地中，南明区则居于盆地南部，地势较高的山地主要在东西两侧，呈南北向分布，中部较低处以坝地为主，如飞机坝、玉田坝等。四方河就在盆地南缘与南北向喀斯特宽谷衔接处。

卫星影像图显示，依山傍水的四方河寨，靠山就是交椅山，大概因山体分布呈交椅的"月牙扶手"状得名。寨前是南明河四方河段。贵阳南部，有南北向喀斯特宽谷中分布的两条带状山体，交椅山所在是其中西面一条，起自北面玉田坝南，过交椅山、董陇山、尖坡大岩、青龙山、牛角坡、桐木岭后至青岩簸箕山和狮子山。东面一条起自云关乡的南岳山，过蛇脑壳、尖坡、凤凰山、将军岩后至青岩金凤山、老鹰坡。南明河过石板镇半边山后一路东流，在牛角坡南棉花关西折向北流，又在尖坡大岩和青龙山之间的姚家冲穿过山体后，于东北三江口右纳小黄河后折向西北，蜿蜒流经交椅山东麓，再在四方河寨北西穿山体后北流去。

四方河寨坐西北向东南，依交椅山麓沿等高线垂直分布。北面寨前路边，立有 1 通贵阳市人民政府于 2019 年公布"四方河寨"为市县级文物保护单位的保护标志碑。在石斌带领下，比照他提供的总平面图，我们从寨子中部偏南面一点的巷口向西进入。巷口处，首先映入眼帘的，是一处改造得面目全非的宅院那依然保留下的朝门，这是编号 14 的葛志宅。朝门位于宅院东南角，与建筑一样坐西北向东南，为穿斗式木结构悬山青瓦顶垂花门，面阔一间，进深两间，前檐檐柱外双挑出檐带垂花柱，采用硬挑结构。挑檐檩下随檩枋高浮雕"连升三级"和如意卷草纹等图样。花牙子均为镂空雕。后期自中柱大门两侧向外加建有八字墙。朝门左侧山面靠庭院也开一门，门扇东北西南向启闭，在中柱和后檐柱间加单挑，有瓜柱置于挑枋上。庭院内空间已被各种搭建的小屋、鸡圈和堆放的盆栽充斥，虽杂乱无章但颇具烟火气，让我顿生回到 50 年前很多同学家所在院子的穿越感，挑檐上的花牙子、大门上的门簪、庭

四方河寨卫星影像图

院铺地石板等，一如熟悉的贵阳传统建筑的手法。

葛志宅院墙后是一条北东向分布的主巷道，感觉其后院墙占用了部分主巷道。根据石斌建议，我们先行往西南的葛锦馨宅和葛春奎宅，从主巷道西南端折向西行，巷子较主巷道略窄，葛锦馨宅靠山，前为葛春奎宅，二宅均坐西向东，是四方河寨仅有的两处，仔细观察，主要还是因地形使然，只是葛锦馨宅更为靠南一些。两个宅院的正房均是以七榀六间穿斗式木结构悬山青瓦顶建造，实际按三间一户各设堂屋的布局。正房两侧再各加厢房，其中葛春奎宅右厢已改为砖混结构。建筑周遭用砖墙围护，朝门都设在东北角临巷道处。葛春奎宅临巷院墙因地制宜砌筑为折线。

葛长生宅在东北侧另一条支巷西南，与葛锦馨宅和葛春奎宅布局大致相当，只是入口处利用左厢东南一间设置大门，门朝东北。右厢不存，但庭院东南院墙留有残段。紧邻其东北侧，大门正对巷道的葛锦龙宅和葛如春宅，实际是以七榀六间穿斗式木结构悬山青瓦顶建造，分户后在中间靠东南院墙处增减一个门洞，作为葛如春宅出入的标志。

时近5点，刘光源也赶到四方河，没曾想这个做展陈设计的对传统建筑也蛮有兴趣，我们计划在葛春良宅等他。

坐落在主巷道西南端西北侧的葛春良宅，是整个四方河寨现存建筑中布局最为特殊的一处。正房三间，一正两厢布局，朝门相对居中，朝门外八字墙相对规范，正房台明仅比一尺略高，整体上符合典章制度对庶民居住建筑的要求。从连接葛长生宅、葛锦龙宅和葛如春宅的支巷，沿其宅院右侧和后院墙转折分布看，葛春良宅应该是四方河寨建筑较早者。与其东北面相连接的葛锦轩宅，与葛志宅前后以主巷道相隔，但大部分进行了改造，不知为何也被纳入保护。在葛春良宅与葛志宅东北有过街楼，作用不明，其西北两根立柱紧贴葛春良宅院墙，东南两根立柱在葛志宅院内。

由低向高依次分布的葛华山宅、葛锦华宅和葛勇宅，与葛春良宅以一条基本笔直的支巷相隔。

葛锦龙宅的影壁墙

巷道及过街楼

葛华山宅保存相对完整，从规模和空间布局看，改造过大的葛春良宅应与其相当。但其五开间的正房，七级踏步上下的过高台明和正房明、次三间不用吞口而用前廊等，不得不让我怀疑此前的用途是否为居住建筑。改造过分的葛锦华宅因大门紧锁而放弃。葛勇宅右邻葛如春宅，靠山。奇特之处在于，七榀六间穿斗式木结构悬山青瓦顶正房，两个堂屋设在中间两间，堂屋两个吞口之间取消隔墙，形成前廊，且前檐柱为方柱起海棠角。前部院墙和墙顶脊饰保存基本完好，正对支巷的朝门，局部使用有土坯砖。

　　再往前，至主巷道转向处之内，保留有遗存的，包括葛家烈宅和葛良国宅，周边建筑均已改造，支巷道路已不清晰，其中仅存三间的葛良国宅，右次间东南角还被迫作为通往葛家烈宅的通道。二宅遗存虽少，但香火壁前均有风格相似的神案。葛良国宅还存有众亲友所赠"年迈秦奚，快觌兰馨并桂馥；寿期周召，争看婺焕与星辉"抱对。查"秦奚"，即百里奚，帮助秦国称霸春秋的重要人物，活了104岁。看来，四方河葛氏也有长寿之人。

　　主巷道在经过葛良国宅这一列的一处现代过街楼后，向西北折转。折转后，主巷道的东北侧，依次排列了两组龙姓宅院，龙姓是四方河寨葛氏外少有的几个异姓之一，迁入较晚。其中命名"龙氏民居"者，是四榀三间正房带左厢的宅院，因闲置过久而显得破败，朝门开在右侧主巷道旁，东北西南向启闭。在大门上发现一块带有二维码的门牌，标注为"四方河村民组四方河路小组"，这应该是最新的行政区划标识。该宅东北紧邻的，是龙兴铭宅，一正两厢，正房五间，厢房三间，均带楼层，朝门在东北角，西南东北向启闭，该朝门应该是保存最为完整的一处。

龙兴铭宅

葛锦岗宅垂花门

主巷道最后在"龙氏民居"又折向东北,直至出寨。在这段主巷道西北侧的是葛锦岗宅和葛锦明宅,葛锦岗宅又是大门紧锁,宅院布局不明,只得见利用左厢楼山面所建的朝门。葛锦明宅与龙兴铭宅布局相仿,但院内干净整洁得多,只是朝门所在已被改造。最后的葛锦庭宅,让我们费了些周折,按图索骥找到入口询问,租赁户们茫然不知,只得回头询问几个路边摆龙门阵的老妪,才告知入口所在,应从我们刚才询问处隔壁铺面进去,往后院绕行。该宅建筑没什么特色,但左厢下沉式牲畜圈令人印象深刻。

总的来看,鳞次栉比、错落有致的四方河寨民居建筑,最令人欣喜的是保存了十多处朝门,这在贵州还不多见。但正房台明普遍偏高,有僭越礼制之嫌。民居建筑山墙以硬山为主,也偶有屋檐在硬山山面出山的。已纳入保护的民居建筑,除改造过多、过大外,未改造者,房屋闲置而损毁严重则更令人心痛,如葛锦馨宅左侧一栋正房。从保护的角度看,小青瓦已经严重缺失,即使像葛华山宅那样院内码放有小青瓦的,也未必能够满足其自身所需。

离开时已是晚上6点20分,在黄河北路口的停车场,乘坐光源的车前往小河去吃他推荐的牛肉火锅。

葛华山宅

葛锦明宅

五十一、平坝高峰镇的古道和泉井

2022年4月12日，阴有阵雨转多云。

调查计划：大狗场古道和泉井。

贵安新区整体委托贵阳市管理，贵阳市将贵安新区行政区划内的文物保护工作整体交花溪区代管后，应花溪区文物保护管理所邀请，今天将对高峰镇的大狗场古道进行调查。

计划在上午8点30分从中心办公地点出发，而食堂早餐时间多在8点30分后，于是决定自行在"陈二肠旺面"吃早餐，照例1两面，宽汤、红重、少许绿豆芽。搁以前，吃肠旺面时，习惯是宽汤、红重、免"底（绿豆芽）"，陈二会在下面时多放些许面。这是因为自从检测数据显示自己已经走在糖尿病的路上，为加以控制，首先减少进食碳水化合物类主食。今日太早了点，煎鸡蛋未出，只好选择卤鸡蛋了。

早餐后在新添大道乘坐公交，到达办公室正好8点，秀成已在办公室。烧水沏杯茶的功夫，做一些出行准备，8点25分到车旁等候，直至几人陆续在食堂吃完早餐后，于8点45分出发。沿东二环向贵安大道方向，当行至中曹司大桥上时，西南方向天空上的云层由黑转灰，感觉是暴雨下起，果然，不一会儿我们就进入大雨中。从高峰山大道转北斗胡路，最后在狗场村大狗场组的希望小学旁将车停下时，已是中午10点20分，仍下着小雨。

就在联系上代管贵安文物保护工作的花溪区文管所同志，并在村中与贵安新区高峰镇文化中心干部和村党支部书记见面后，雨停了。我们于10点30分开始，沿着村中已被水泥砂浆硬化的小道往北东向出发，对古道进行调查。

雨后的古道，铺路块石更显圆润且透着光泽，不时出现的马蹄印中还积满了水。半坡上，曲径处，古树上的新叶青翠欲滴。15分钟左右，行走不到700米，来到山坳上，古道在此略呈南北向分布。回首南望，整个丘陵地带被层层叠叠高差相近的群山环抱着。越过山坳，是北西向的一条被当地人称作"陇"的沟谷，村党支部书记告诉我们，前面还有一个更大的"陇"。古道沿沟谷东侧山麓缓慢下降。惊奇的是，路边的数株野花椒树，大者有4米许高，胸径将近0.3米。而托着水珠的"紫蝴蝶"鸢尾花，娇艳似"蓝色妖姬虹彩绮"。

古道西面山体向西呈弓形，古道径直似弓弦。行至1100米后，始有明显的石梯步，

大狗场古道爬坡路段

大狗场古道山顶路段

过此,两山豁然开朗,古道东北面是一个硕大的山间盆地,村民们习称的"大陇",就是指的这里。盆地内地势平坦,古道西北下至盆地东转50余米后折向东北穿过整个盆地,只是在我们行走至1400米以后的路段,已经看不见块石铺墁的路面,实际上也不需要。盆地中静静吃草的牛群,因石斌和秀成抵近拍摄而躁动,随即奔跑起来。拍摄下跑动牛群的视频后,回放清点,这群健硕的水牛足有40余头。从卫星影像图观察测算,

古道北面的桃子陇

盆地南北长约600米,东西宽约300米,占地约270亩。站在盆地中,不觉想起养马城,这里倒真是一处牧养马匹的绝好所在。东北端还向西北延伸有一小"陇",据说古道沿此在距离大狗场东北2千米的长陇处出山,东北可走马场。由于须原路返回,我们在此结束对古道的调查。查看记录的轨迹,所行全长1.53千米,靠近大狗场一段,累计爬升64米,进入"大陇"一段,累计下降43米。

返回临近大狗场时,又开始淅淅沥沥下起阵雨,回到高峰镇时,雨仍然下着。

大狗场古道分布卫星影像图

在政府食堂吃饭时，镇文化中心徐国科再次提及徐霞客走过我们调查的这段古道。确实，原有不可移动文物登记资料中，这条被命名为"大狗场古道"的资料显示，该道"位于平坝县高峰镇大狗场村狗场组'大陇关'段，始建于明朝，清代屡有维修，残长 2000 米，均为青石铺墁，残宽 1.5 至 2 米不等。该道通广顺、安顺、贵阳。据《徐霞客西行游记》载，徐西行时曾经此道达平坝卫城。现村人生活、生产仍沿用此道"。但我认为徐霞客没有走过该道。徐霞客下山后从白云山西北"干沟"（今花溪区马铃布依族苗族乡），经"谷精"（今马铃布依族苗族乡谷增村）后，西北向过水车坝上游马林河段，这没有问题。此后所记，有几个关键节点，可作判断的参考。一是提及所经道路，"一从东北行者，从黄泥堡、天生桥而达省；一从西北行者，为野鸭塘出平坝道"。前者即《贵阳府志》记载的"贵阳西南历广顺通安顺汛路"，黄泥堡在今胡朝苗族布依族乡广兴村。徐霞客选择的是后者，行走六里后，"西过野鸭塘"，且"绕堡前西南行半里，望西北山崖间有洞高穹"。野鸭塘（今云岩区金鸭社区野鸭居委会）西北确实有洞，在下湾子哨，称"羊奶洞"，其西南就有狗场（今观山湖区金华镇）。贵州历史上开场设市中因为逢戌日赶场而形成"狗场"的地名很多，不一定就走大狗场这里。但这个野鸭塘远在"从黄泥堡、天生桥而达省"道路十几千米外。谈完我的想法后，与小徐相互加了微信，把《徐霞客游记》电子版发给他。

镇文化中心主任陈永刚和分管的段镇长来到餐厅看望大家，借此机会也将此次长江流域暨南方"丝绸之路"文物资源调查工作的情况向她们做了介绍和汇报。饭后到石甲村考察一处乾隆年间与井有关的碑刻，段镇和小陈主任也一同前往。石甲在镇南 1 千米许，下午 1 点 30 分，车行至村口，见一女孩引导停车。下车后经介绍得知，女孩名叫姜婷，是 90 后大学毕业生，新任村党支部书记，本村人。小姜书记径直将我们带往村后，沿山麓古道上行，映入眼前的整个山体是一面高耸的峭壁，古井就在半坡峭壁下，系山体内渗透出的泉井。山泉由南北泉眼处淅淅沥沥滴入下面砌筑的池子里，终年如是。所谓古碑，是镌刻在泉井北侧 5 米左右古道旁的崖壁上，离地不足 3 米。摩崖石刻因风化漫漶，可识别文字已经不多。

经引导，首题处的"乾隆五十六年三月"尚能识读，只是"乾隆"2字风化严重。据小姜书记介绍，原来井边还有记录泉井名称的碑，不过我们最终寻找未果。在井泉旁做了定位标记后返回村里，路经过街楼时，仔细查看后发现，下部石砌体年代应该比较久远，做法似门洞一类。咨询小姜书记后得知，这里原来是"朝门"，也就是我们常说的寨门。上部的门楼后期改造为关帝庙，庙内现存放有100余面很老的地戏面具，看来，石甲村韩、宋、陈诸姓也是屯堡人的后裔，也许还包括小姜书记的姜姓。

十甲堡摩崖石刻

出到村口停车处，刚过下午2点。调查组一行答谢和辞别镇村领导后，驱车返回贵阳。在车上，打开卫星影像图查阅一下石甲村的地理环境，村子背靠称为白洞顶的山体坐西向东，村前为南北走向的带状坝子，堪称平畴。靠近石甲村南隅白洞顶山体上东西向分布有一陇，称石夹陇，陇内面积感觉与大狗场那个相当。今日之"陇"在我脑海里总是一个大牧场的感觉。山体北面即高峰镇，西北角有一个村落，叫江青。江青？一个熟悉而陌生的地名。赶紧打开《徐霞客游记》，找到临近平坝那天的文字，果然，游记说道"路复循南山之北，西向入峡。二里出峡，有村在南山下，曰江清"。切换地图，放大比例，马鞍山在高峰镇西北不到1千米，洛阳桥在江青西北最多3千米洛阳河上，地图上显示为猫跳河。回到石甲村，应该是游记所言"复西北上陇，六里，有村在西山下，曰二家堡"，该"堡"在大比例地图上显示的是"十甲堡"，那么，石夹陇是否本应为"十甲陇"之讹。

回到家后继续对照卫星影像图和《徐霞客游记》进行检索。经几小时努力得出结论，徐霞客真的经过今日调查的狗场村大狗场组，古之"狗场堡"。至于当晚经岩脚后住在河湾还是小寨，有待进一步考证。次日经"九甲堡"，即今之普马村，"雇得一夫"后过石甲村往平坝。

今日收获虽丰，但思考着有必要拟定一个自白云山至平坝的详细调查计划，通过发现文化遗存，丰富沿线文化内涵，服务乡村振兴。

五十二、清镇玉冠山

2022年5月6日，阴转多云。

姚海英受玉冠山紫云道长所托，邀请我们中心就玉冠山摩崖石刻拓片之事进行调研，正好近来新冠疫情相对稳定，便答应今日前往。

于上午9点30分出发，原计划出单位走杨柳湾、新添大道南段后经G60沪昆高速、G76厦蓉高速前往，哪知平常不用导航的杨柱学今日使用导航后被领偏了，在清镇市绕了一段冤枉路才返正，中午11点才由G76厦蓉高速犁倭收费站下高速。

与海英和他们分管局长黄涌会面后，由他们引领继续东北转西北走乡村公路，在S307省道折返一段后北行，该道在二十几年前是前往织金县常走之路。向北绕过盘龙山东北行，11点15分抵达位于清镇市犁倭镇小屯村东南玉冠山北的山腰处，在此放眼西望乌江右岸流长苗族乡方向，层峦叠嶂。

玉冠山寺，现称"玄武紫云观"，而道长道号"紫云"，自称武当派第十五代弟子。接待我们的是一个身材修长，身穿道服的小丫头，不知是否算"知客"，虽戴着口罩，但从眉眼看应是很清秀的。经介绍和了解，小丫头与我女儿同龄，出家前曾开有酒庄。一会其师兄也到。因紫云道长上午有会，正在返回途中。我们利用等候之机，对道长搜集来堆放在板房前西侧堡坎边的门当、狮子、太平缸、抱鼓等石雕构件和一个硕大的铺首衔环铁香炉进行拍照。

道长到后，建议先吃饭再上山，客随主便。

于中午12点45分开始上山。山道曲折，道长新近建有护栏。至山门前，沿路或路旁山体上镌刻有俗称"连山碑"的摩崖石刻数方。首先看见的，是康熙六十年（1721年）"七月吉日立"的一方，剔地竖向楷书阴刻，凡6行，满行10字，只是多数文字漫漶难识。首题"□玉冠山□□碑记"者，是所见摩崖石刻中最大的一方，看面呈横长形，碑文竖向楷书

清镇玉冠山远眺

山门

万历"玉冠圣境"摩崖石刻

阴刻，凡22行，满行20字，于乾隆九年（1744年）"三月吉旦立"，文字同样漫漶难识，但较比康熙年间那方要好。而镌刻于雍正十一年（1733年）"春三谷旦"的一方，看面呈竖长形，剔地为圆首碑状。额题"永垂万古"4字为横向双钩线刻，碑文竖向楷书阴刻，凡9行，满行15字，其文字可识度是最好的，但也需捶拓后才能全面辨识。

山门向北略偏西。拱形门洞，券脸石五块。拱门上嵌有石质门匾，横向阴刻行楷"玉冠圣境"4字。门洞两侧竖向楷书阴刻"金阙化身百千载，威灵如在；玉虚上帝万亿年，圣德昭明"门联一副。从门额款识可识读的"万历己亥"等文字看，山门现有遗存当为明万历二十七年（1599年）所建。入门洞内所行几步，让我不禁联想到平坝的天台山五龙寺，说出后大家颇有同感。有意思的是，道长在改建步道时，刻意保留了不同时期步道的痕迹，难能可贵。

山顶平台上，紧邻建筑遗址东北角，在山体上凿泉井一眼，因施工原因，泉水不甚干净。玉冠山寺遗址坐南向北，体量不大，因目前仅存部分建筑外部围护墙体，其内部分割无法探明，原有建筑是面阔三间还是面阔五间难以判断，个人感觉应该是三开间的。

遗址北相对居中处有一豁口，初以为是开设的门洞，但细观后发现异常，且不说豁口处石块的规格和垒砌方法与门洞做法不符，特别是遗存的两块带有雕刻的材料所在位置，表明这段墙体后期明显扰动过。一块在豁口西侧残存墙体顶部，雕刻内容为外套火焰纹的"阴阳鱼"，一块在豁口东侧下部的墙基上，雕刻内容为"龙"形，但头部缺失。二者均为浮雕且材料高度大致相当，应为"二龙抢宝"的组成构件，遗憾的是，未见对应的另外一块带"龙"形雕刻的材料。

豁口往西，保留有未曾扰动还相对完整的门洞遗址。也是拱形门洞，门柱石上券脸石五块，门柱抹角，

玉冠山寺遗址

雍正年间摩崖石刻　　　　　介绍玉冠山的紫云道长

柱头和券脸石以及墙基石均浮雕如意卷草纹。可喜的是，券脸石与墙体材料搭接关系的信息基本保存完整。门洞两侧墙体上还保留有外凸似八棱柱的做法，给人的感觉该处似为牌楼式大门。果如是，当为贵州牌楼式大门遗存较早者。

玉冠山寺遗址整体上被新建的玉皇殿底层罩住，客观上如杭州雷峰塔遗址那般得到保护。遗憾的是，遗址内部两根新玉皇殿的立柱使保护效果受到影响，如果柱间用横梁跨过更佳。

在客堂落座后听紫云道长介绍新建玉皇殿过程中保护玉冠山寺遗址的情况，对其将整个过程通过拍摄照片和视频全面留存资料这点，深表认同。至于针对摩崖石刻的捶拓事宜，初定在建筑和装修工程基本完成后，再履行报批手续后进行。此间加了小丫头陈微一的微信，便于联系。

时至下午，因道长有会，我们辞别下山。刚到山腰台地，便见一青年准备上山，问其缘由，竟是要上山拓片的。海英赶紧对其进行普法宣传。看来，现在对古代碑刻和摩崖石刻进行"野拓"者越来越多。

下午2点50分，在玉冠山寺北面山头转了一圈后辞别黄局和海英。返回途中，用手机初步刷了一下民国《清镇县志稿》与玉冠山有关的内容并做了星标。从徐文鉴"玉冠山纪略"言，寺庙创建于明洪武八年（1375年）。是年水西霭翠"率土归附明朝"才4年，并与奢香结婚。又言清雍正十三年（1735年）重修。此与所见摩崖石刻中雍正十一年（1733年）有差。同治初年因动乱，寺庙被焚毁，仅存故址。光绪初年再建。至民国间徐文鉴所见时，已经逐步培修完好。该志转录《安顺府志》内容中，还提及明末奢安之乱时，安邦彦曾"据此以为天险。寺前有一石夹耳，即安酋建桅遗迹，土人尚能道其原委"。所言石夹耳，即石桅子，这在今天中午拍摄的石构件中未见。

从上述信息看，只有通过下一步对玉冠山现存摩崖石刻进行捶拓后，才能更多地获得玉冠山寺的历史信息。先将相关文献记载整理附后备查。

附：文献记载
1. 民国《清镇县志稿》

玉冠山

嘉庆重修。《一统志》云：香炉岭，在清镇县西，山峰陡峭，形如古鼎，故名。又名玉冠山。

《贵阳府志》云：曰玉冠山，城（贵筑）百余里，耸拔如羽士星冠。

《安顺府志》云：玉冠山在城西南六十里，高约七十余丈，形似道人冠。三面巉岩壁立，势同刀削，无林木，独中间有狭径通顶，两旁陡绝。顶有庙，旁无尺寸隙地，僧无住宿处，早晚至庙焚香而已。山腰宽广可容数千人，僧建住持房舍。黛峰环抱，无他处可通。小径盘旋，状类羊肠。昔安酋之变，据此以为天险。寺前有一石夹耳，即安酋建桄遗迹，土人尚能道其原委。邓福谦"登玉冠山绝顶放歌"（见艺文）。

登玉冠山绝顶放歌　邓福谦：
我闻玉冠名已久，今日来游二月天。
老僧见我如相识，斯□始信有前缘。
平生事事肯居后，唯有登临独占先。
东眺金筑百余里，西瞻比喇俨目前。
南北极目同一望，诸山罗列起苍烟。
缥缈五城十二楼，一一□□更骋妍。
有如拱立相迎迓，又如执笏来朝参。
或如狮象盛驱从，或如旗鼓仪仗鲜。
又如龙蛇体般屈，亦如鸾凤势高骞。

我想鸿濛以前山水人物陶铸一炉内，至今上为星辰下为河岳奇巇瑰异蟠际在人间。兹山实为八垒祖，往往毓秀产高贤。游人到此空归去，谁为山灵表壮观。

玉冠山纪略　徐文鉴

玉冠山，在城西五十里。昔为水西据地，明讨平之。洪武八年创建庙宇。清雍正十三年重修。同治初年苗变焚毁，仅存故址。光绪初年再建。今则渐次培修完好。兹山雄壮奇特，由大路旋绕至山麓，斜长十数里。又里余至山腰，平坦宽广。中建正殿五间，耳房两间，两庑各三间，下殿五间，山门一间。前后墙、坝均以石。殿左白岩壁立，三面悬绝，高愈百丈，宽数十丈，形圆平，如帽置桌隅。石梯如之字形者十有五，蜿蜒而上。岩顶竖玉皇殿六间，全用石，工作精美。余地莳花竹。墙脚有井，水清冽。殿中有露珠石自鸣钟。半路三官楼高三层，中供铁灵官及铜关圣像。殿右复有岩对峙，形势略相垺，上有观音阁，直插云霄。对面为韦陀殿，上下之路由生成石捲洞门出入。纵目游览，万山拱朝，奔来眼底。四面村落，排列阶前，不惟清景宜人，足供游眺。而设险扼要，胜于长城，无感乎昔年水西据为天险也。近今匪势猖獗，邻近居民避此，视为桃源云。

2. 咸丰《安顺府志》卷二十

玉冠山寺，在城西南五十里。山顶有庙一，无尺寸隙地。山腰有庙一。左右危峰环抱，仅一小径通寺内。

五十三、赶赴赫章县

2022年5月17日，阴有阵雨。

调查计划：重点是大地牌坊。

因邓义镔折返回去取手机，致调查组上午9点40分才得以出发。取道S82贵黔高速、G56杭瑞高速、S20毕威高速，于下午1点多赶到赫章县，过鸭池河大桥后一直下着的雨也逐渐停了下来。

根据午饭时赫章同仁的建议，下午先行了解哲庄坝红军战斗遗址现状，再行考察大地牌坊。

据资料记载，1936年3月12日凌晨，敌第八纵队司令万耀煌率领13师在哲庄坝走进了红军的伏击圈。伏击战打响后，贺龙亲临前线，在哲庄蛇保梁子指挥作战。红军在三锅庄、桃园大丫口、哲庄坝等地段将敌军分割包围，围敌夏楚中旅于桃园、围敌潘祖信旅于哲庄坝，致敌首尾不能相顾，落荒而逃。

一天之内，红军歼敌2个团，毙（伤）敌120余人，俘敌200余人，缴获轻重机枪30余挺、步枪300余支，险些活捉敌第八纵队司令兼13师师长万耀煌。

哲庄坝战斗是红军乌蒙山回旋战中极为重要的一次战斗，为红二、红六军团冲出10万敌军重围和北上抗日创造了条件、奠定了基础。

因S11镇赫高速赫章段尚未全面开通，调查组经S61赫六高速在古基转S212省道。据说，就在本月初，国家发改委与交通运输部联合印发的《国家公路网规划》中。将上述高速公路由省级提升为国家级高速公路，归属屏山（新市）-兴义高速公路，编号为G8517，为银川-昆明高速公路（编号G85）的联络线，主要连接屏山（新市）、宜宾、筠连、镇雄、赫章、六盘水、兴义。

下午3点刚过，抵达哲庄镇第六批省级文物保护单位哲庄坝红军战斗遗址，车辆停在"哲庄坝红军战斗遗址纪念碑"旁的停车场。

纪念碑碑面镌刻时任全国人大常委会副委员长廖汉生题写的"哲庄坝红军战斗遗址纪念碑"12字。1935年11月从桑植出发长征时，廖汉生任红二军团第六师政治委员。

省保推荐材料中的简介，涉及文物的仅描述为"遗址占地面积2.2平方千米，有纪念碑一座、烈士墓7座及碉楼2座"，与今年春节前和此次调查所得差距较大。看来，哲庄坝红军战斗遗址不可移动文物清单的调查认定工作亟待加强。

弥补春节前调查时因浓雾造成的遗憾，补拍一些照片后，于3点50分离开哲庄坝，沿S212省道西南行经古基后，于4点30分到达六曲河镇板房村大地组，考察大地牌坊。

"大地牌坊"是公布为市县级文物保护单位的名称，因牌坊行政区划所在而命名，时为石径乡岩门村大地组。该坊于1982年结束的全省文物普查工作中发现。

六曲河得名于河流形态，是乌江最大一级支流六冲河左岸的一级支流，六曲河镇则因河

红军隐蔽点

哲庄坝红军战斗遗址纪念碑

得名。自镇南民祥村出之九股水，成家竹村以下河流之别名，流经达依乡后，在大花水出口汇入六冲河左岸。

大地组所在，是一西南东北走向，相对低矮山梁的东南麓，山梁在村东北数百米处折向东南。村东南面是西南东北走向分布的更为高大的山梁，层层叠叠。村东北U形地带是相对平缓的台地，称红稗坝。东北越过山梁有古基河，也是六冲河左岸支流之一。

牌坊立于大地组东北台地上。坊有2座，相对而立。"两坊间距约12米。西北东南向。均为四柱三门三楼。青石质。高4米许，宽6米许。雕刻工艺以高浮雕为主，局部透雕，内容以卷草、云纹、花卉等图案为主"。

形制上，中间前后浮雕"缠枝莲纹"的定盘枋置于正楼楼柱顶端。枋上以5个"如意礅"承托悬山顶正楼，礅间装透雕花板，中间1礅，看面镌刻"旌表"2字。楼顶正脊脊端为鳌鱼吻。

正楼定盘枋下楼柱间依次为圣旨牌、上额枋、字碑、大额枋和雀替（已不存）。圣旨牌和楼柱间装透雕花板。上额枋两面均镌刻"安从龙母王儒人节孝坊"10字。字碑镌刻文字不同。西北一坊北面和南面分别镌刻"节孝""乌撒闾范"，东南一坊北面和南面分别镌刻"巾帼完人""彤管扬辉"，二坊字碑北侧款识位置均镌刻有"大清道光辛丑孟秋月吉日立"12字建坊时间，也就是说，二坊建于1841年8月。奇特之处是，"节孝""彤管扬辉""巾帼完人"皆为从右向左书刻，唯"乌撒闾范"是从左向右书刻。大额枋，二坊北侧均镌刻"二龙抢宝"，只是图样略有变化。二坊南侧，分别镌刻"丹凤朝阳""葵花向日"。

两侧前后浮雕"缠枝莲纹"的额枋，一端嵌入楼柱，一端置于边柱顶端。枋上以3个"如意礅"承托悬山顶边楼，礅间装透雕花板。边楼额枋下楼柱与边柱之间，依次为透雕花板、净面小额枋、裙板和脚枋。楼柱和边柱均为方柱抹角。抱柱石前后对称呈葫芦瓶形，下置须弥座基座，基座间有石槛。

据当地口耳相传，牌坊及建筑所用石材是从东南方向山梁上开采后用牛拖运过来，开采石材处也因此得名"牛拉石"。

大地牌坊

牌坊雕刻

宅院基址上已作为耕作面

"拉乐汉墓"保护标志

  二坊楼柱前后均镌刻有对联。北面一坊分别为"庭列桂兰获作字；名归天地冰为心""一代芳型著囗编；九重锡命光闾里"。均系"乙酉科举人张吉熙顿首拜撰"。南面一坊北侧为"懿徽著史囗，囗囗囗囗囗囗；旌诏光门楣，凤彩辉煌邀棹楔"。系"贵州贵康道署贵西守备道囗囗囗囗囗囗"撰。南侧一副未及记录。

  经镇村干部和村民介绍，牌坊并没有按常规立于道路上，而是立在安氏宅院前面的台地上。现宅院仅存基址，基址上已作为耕作面。牌坊西北外，是古代云南镇雄通往贵州威宁的道路，就近而言，北走古基，西南过大地组后走六曲河。据说王儒人生前常在后来建坊的台地上，向行者布施茶、粥。遗憾的是古道废弃日久，已难觅踪迹。

  离开牌坊后从联户公路经S212省道，于5点30分抵达六曲河镇江子村。市县级文物保护单位"拉乐汉墓"就在S212省道旁。车辆停靠在墓址旁的一处农村公交停靠点。

  拉乐曾经是公社和乡所在地，后并入六曲河镇。1973年，施工时发现两座墓葬，收集陶罐、铁剑4件，五铢钱90余枚。采集文物后将墓穴回填。2003年，赫章县人民政府以"拉乐汉墓"命名，公布为文物保护单位。

  于5点40分沿S212省道经六曲河镇返回赫章县，沿路的乌江北源六冲河一级支流六曲河九股水河段清澈见底。

五十四、从赫章县到六枝特区

2022年5月18日，阴有阵雨。

调查计划：重点是古道。

5点过自然醒。今天上午主要安排考察古道，其重点是位于水塘堡彝族苗族乡营丰社区丫巴山组的全国重点文物保护单位茶马古道——鹦哥嘴古道，这也是贵州茶马古道所有文物点中，我唯一没有体验过的路段。其他几条古道包括小哨口、冲门口和黑泥寨古道。

据相关文献记载，相关古道至迟形成于秦汉时期。唐宋开辟的泸（州）永（宁）乌（撒）段即经今赫章一线。主要道路形成于元成宗大德七年（1303年），北起叙州（今四川宜宾），南达中庆路，乌撒为其冲要之地，无论走永宁（今四川叙永）、芒部（今云南镇雄）或乌蒙（今云南昭通）、东川（今云南昆明东川区）、水西（贵州大方）都由今赫章县境经过。明洪武二十四年（1391年）辟为驿道，清初拆撤驿道后仍为大道。清道光《大定府志》记载，由毕节经威宁出云南道，今赫章县至妈姑镇线路走向是，自"黑章汛（有铺）、七里店（有塘）、双山（有塘）、水塘（有铺有塘）、了巴山（有塘）、歇凉亭（有塘）、水漕汛（有铺）、小哨口（有塘）、银厂沟（有塘）、旱莲花（有塘）、瓦甸汛（有塘）"，其中了巴山为丫巴山之误。今日调查对象，除黑泥寨古道外，均为该线路遗存。

上午8点30分，调查组如约抵达县委党校门口，在与县文物局王志勇局长一行会合后出发，沿S212省道和G326国道，经过水塘堡彝族苗族乡，在营丰社区西南丫巴山麓转入毕威高速公路水塘收费站匝道西行，距收费站约200米左转进入村道不远，就是水塘堡彝族苗族乡水潮村塘边组，在村口水塘旁停车时，9点刚过。塘边组东北隅就是毕威高速公路水塘收费站。

查阅卫星影像图，塘边组所在"水槽堡"有水塘，面积不足1公顷，平面西北东南向呈葫芦形，而乡所在地本是以水塘命名的"水塘堡"反而无水塘，令人不解。

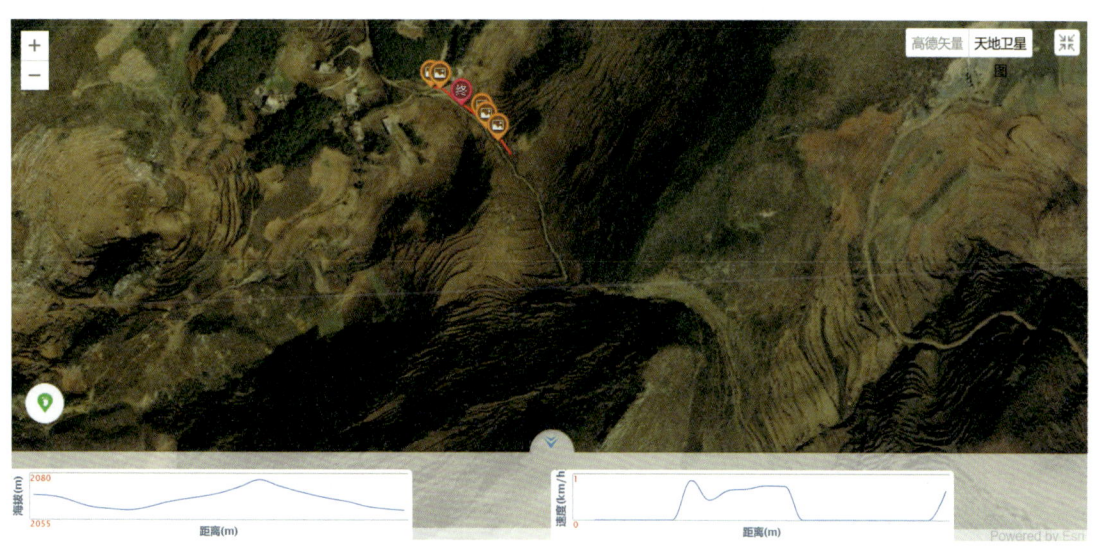

黑泥寨古道分布卫星影像图

水槽堡遗存的景观道

赫章同志介绍，在2009年修建毕威高速公路和后来修建通村公路时，从G326国道至塘边组经街上组到一碗井组全长5千米公路中，自塘边组以西多利用古道线路进行铺筑，因此，第三次全国文物普查时以"小哨口奢香驿道遗址"登录的，从水槽堡（今水潮村塘边组）到小哨口往天桥，近3千米道路中的4段古道已被新建乡村公路覆盖，除小哨口东南约500米残存外，仅在村口将部分古道铺路石块另行铺设数十米一段作纪念。

在这段景观古道旁，竖立有一块"奢香古驿之奢香九驿、歇凉三汛"的宣传牌。"歇凉三汛"容易理解，"歇凉"指的是"歇凉亭""三汛"指的是黑章汛（今赫章县）、水漕汛（今水潮村）和瓦甸汛（今妈姑镇）。但奢香九驿，指的是"龙场九驿"，则与赫章县无关。因为史称"龙场九驿"者，是由贵州宣慰司宣慰使完全管理出办的驿道，具体指的是龙场驿、六广驿、谷里驿、水西驿、奢香驿、金鸡驿、阁鸦驿、归化驿、毕节驿。我在《"龙场九驿"考辨》一文中认真梳理过这段历史。

据《明实录》洪武十五年（1382年）二月癸丑记载：谕水西、乌撒、乌蒙、东川、芒部、沾益诸酋长曰：今遣人置邮驿通云南，宜率土人随其疆界远迩，开筑道路，其广十丈。准古法以六十里为一驿。符至，奉行。

二十四年（1391年）八月甲戌：置永宁至沾益州邮传四十八。贵州都指挥同知马烨巡视新置邮传未有邮卒，请以谪戍军士应役，每十铺置百户一人总之，就屯田自给。从之。

嘉靖《贵州通志》卷十二艺文志中《景川侯曹震开通河道事迹记》，直至洪武二十四年（1391年），自永宁至曲靖驿桥道路，因"委贵州都司同知马烨提调永宁、赤水、毕节、乌撒等卫军、夫以修理之"，才最终于洪武二十五年（1392年）正月得以告竣。

而今之赫章县，由宋迄清末，县境均属乌撒辖地。因此，"置邮驿通云南"事应为"乌撒"土司所为，而非"水西"也。

问及鹦哥嘴古道，赫章同仁均一脸懵。他们只知水潮村与妈姑镇天桥村之间的小哨口古道，即文献所记水漕汛、小哨口至银厂沟路段。而水塘堡经丫巴山、歇凉亭往水潮村路段却不了解。据我所知，鹦哥嘴古道，是省考古所在2007年因修建毕威高速公路进行调查时，由张合荣带队调查发现，但其成果为什么没与赫章分享，则不得而知。

问及小哨口古道现状，赫章同仁称因近日雨雾较多，泥泞湿滑，加之大部路段被植被遮盖，不利行走，今日只得放弃。能看的只有天桥一段。

调查组沿通村公路在街上组南口东南行，进入G326国道西南行，在安家坡北转入C117村道后西北行，总体呈爬升趋势。行进在海拔2000米以下时，山间还能得见岫云，而上升至2000米以上后，则是浓雾。

于9点40分抵达妈姑镇天桥村湾子组，这里紧邻水塘堡彝族苗族乡水潮村一碗水组小哨口。天桥，史称"银厂沟"。20世纪80年代初，保存有清乾隆前已开采的银矿残存矿洞百余口，高约 1.5 至 3 米，宽约 2 米许。文物普查时作为"银厂沟银矿遗址"登录，收入《中国文物地图集——贵州分册》。

实际上，以天桥为代表的妈姑镇一带，史上以盛产铅闻名。据遵义府知府四十七（满洲人）所撰《开赤水河道说》记载，清乾隆十年（1745 年），因"滇黔铜铅，每岁由陆路转输，节节皆崇山峻岭，鸟路羊肠，驼载艰难，脚费浩大。且黔省不产盐，需从川肩挑背负运至猿猴转贩。议赤水河道疏凿开通，使入京之铜铅、客商之盐货俱由水运。上可节省国帑，下亦利济民生"。贵州巡抚张广泗具疏，经部议准，于清乾隆十年（1745 年）十月初一日至次年闰三月初一日，对赤水河道进行疏凿。据统计，乾隆十一年（1746 年）至十四年（1749 年）三月底，共顺水"运铅三百四十七万斤"。这些铅多为今赫章妈姑一带所出。滇铜黔铅，也皆由这条古道所运。因此，除作为驿道和茶马盐互市通道外，运送滇铜黔铅是该道最为大宗之货物。现古道仅天桥村湾子组北冲门口一段 200 余米坡道尚存，西南东北向，累计爬升 40 余米，路面保存一般。

中午 10 点离开天桥，原路返回至 G326 国道后西南行，在妈姑镇折转进通村公路后西北行。于 10 点 30 分到达上午要调查的最后一段古道，位于妈姑镇九股村黑泥组东的黑泥寨古道，"三普"登录为"黑泥寨奢香驿道遗址"。车辆停靠在石丫口南的通村公路旁，古道在路边。据介绍，该道由可乐经法都、三锅庄、熊数块、双大坪、垮岩、儿马冲、四方井、石丫口至妈姑。并非元明时期的驿道，仅为商道。古道东南向延伸至山梁，过二道山梁后在铅丰社区接我们刚才经过的通村公路，全长约 1.5 千米。现西北靠黑泥寨一段近 700 米古道保存较好。路面采用石灰石平砌，道宽 1.7～2 米不等。

于 11 点 20 分离开黑泥寨，继续沿通村公路西北行。沿途村落间，仍能见到许多据说是用五色矸和煤矸石制成的形似"炮弹"的用于炼铅锌的还原罐，被村民们捡拾回来垒筑为院

银厂沟古道残段

黑泥寨古道

乌江北源

辅处墓群所处环境

墙或隔栏，这是仅存的冶炼铅锌的记忆了。回想 30 多年前，举凡乘车经过赫章威宁间，沿途无处不是冶炼铅锌的所在，极目所见，白昼乌烟瘴气，黑夜炉火熊熊。

在九股村进入 X770 县道，西北经双坪彝族苗族乡后，于 12 点 20 分，在辅处彝族苗族乡兴旺村考察乌江北源，时刘婷副乡长一行也到。

想起 35 年前威宁文管所晏祖伦（已病故）所长带我考察乌江南源石缸洞时，印象最深的是几株核桃树下碗大个泉眼的水流，泉眼外的"石缸"也就几平方米大小。对比高达山梁腰间的乌江南源石缸洞，地处村落西侧，山体矮小得多的北源，如无"乌江源"3 字，让人感觉就是贵州常见的，村头寨尾一眼普通的泉井，分饮用、浣洗等功能，只是井池要大许多。南北二源，要到织金、大方和黔西交界处才得以相会，汇流后称鸭池河。至此，长江流域乌江水系南北 2 个源头活水均得以品尝，幸甚。

继续前行后，转经 Y715 乡道，于 12 点 50 分到达辅处彝族苗族乡，乡所在地系乌蒙山支脉，是长江流域乌江水系和横江水系的分水岭。横江也是赫章县和威宁彝族回族苗族自治县的界河，辅处隔横江与威宁羊街镇相望。

在镇府食堂用毕中餐后，调查组来到辅处村罗戈组南面，横江右岸山丘旁的"辅处汉墓"。1958 年在此山湾子出土石寨山式铜鼓与铁剑等器物，并有竖穴土坑、砖室、石室墓暴露。散见墓砖与墓石。砖有几何纹、车马纹及"富贵昌"等铭文。后调查发现在辅处、罗戈寨及威宁潘家寨、梨树寨河两岸土丘地带都有汉墓分布。一个比较奇特的现象是，横江右岸辅处汉墓分布较多，而左岸则史前遗存分布较多。辅处汉墓的考古发掘项目已获国家文物局批准，领队张合荣即将率队进行考古发掘，期待新的发现。

完成今日既定考察任务后，已到下午，2 点 05 分与志勇局长和刘婷副乡长等一行话别，继续沿 Y715 乡道，过横江向威宁方向，取道威宁北枢纽，上 G7611 都香高速（都匀至香格里拉）前往六枝特区。

路上打盹时，被手机提示音唤醒，一看，是六枝杨荣建小朋友发来的"民国以前六枝的古道交通脉络"，时为 2 点 40 分。

晚上，荣建自费请调查组一行吃柴火鸡，还带了 2 瓶自制的杨梅酒，醇香馥郁。

五十五、六枝二塘古道

2022年5月19日，阴有阵雨。

调查计划：重点是昨晚杨荣建根据我们在六枝的行程而特别推荐的二塘古道。

因昨晚早早睡下，今晨5点即醒。打开荣建昨天发的"民国以前六枝的古道交通脉络"，提前熟悉一下。据民国《郎岱县访稿》（以下简称《访稿》）卷一"道路"记载，除驿路外，一条重要的支路是"由城（按：指郎岱厅城）至岩脚九十里，由岩脚至梭戛为盐路，多未修理，冬季行旅尤难"。

见提及盐路，便调阅清光绪三年，四川总督丁宝桢以商运疲敝，奏准革除引商，改官运商销而颁发的《盐法志》。此法先于运销贵州的黔边岸推行。运销今六枝一带的食盐，皆从永岸起运，其中一路至瓢儿井（今贵州省大方县瓢井镇）后走大定府（今大方县）分行，一经兔场、鸡场（今织金县鸡场苗族彝族布依族乡）至崖脚（今六枝特区岩脚镇）。所记与《访稿》所载吻合。一经茶店（今织金县茶店布依族苗族彝族乡）、平远州（今织金县）至三岔河（今普定县马场镇三岔村）再分行后，有一路经郎岱厅（今六枝特区郎岱镇）至贞丰州（今贞丰县）的。

从荣建梳理的资料看，岩脚至郎岱道路所经，为冬青树、二道水桥、高桥（又名仙人桥，在岩脚镇高桥村）、代翁、撑腰岩、锅厂林场、倒马坎（新窑镇联盟村）、店子上（新窑镇鸭塘村）、六枝、靛山、戛那坡（新窑镇马路村）、二塘（新窑镇马路村）、塘房上（新窑镇马路村）、地坝（新窑镇那秀村）、滕家寨（月亮河彝族布依族苗族乡月亮河村）、三塘（月亮河彝族布依族苗族乡牧场村）、牧场村（月亮河彝族布依族苗族乡牧场村）、落马洞、青龙村（郎岱镇青龙村）。且沿线残存古道，均于2015年公布为市县级文物保护单位。二

六枝二塘古道分布卫星影像图

道水桥和高桥，曾经在编撰《贵州的桥》时，前往实地调查过，也是市县级文物保护单位。

于上午8点荣建已到达酒店，背着摄影包，还挂着户外用手杖。因入住酒店不含早餐，我们只得等大家到齐退房后，就近在旁边一牛肉粉店"嗦粉"了。

8点50分许，调查组在荣建带领下，驱车自六枝城区过望城坡后沿X006县道转X003县道至新窑镇桥良村，在村北转入村道西北行，最终在新窑镇马路村二塘组，小地名塘房上停车，这里是今日考察的古道起点。

因荣建伤后初愈，尚未完全康复，平地行动尚且不便，更别说起伏较大的山路。原计划安排他随驾驶员开车到终点月亮河村等我们，谁知他执拗地要与我们一同前行。无奈之下，我们只得尊重他的决定。只是安排几乎与他同龄的邓义镔沿途多加照顾。

在荣建将目的地定位发给驾驶员后，调查组于9点25分开始对二塘古道进行徒步考察。

西南上行，初始路段，古道路面因村民为便于行驶摩托而用水泥砂浆硬化。到寨子西南山垭口，海拔1487米。古道沿山坳间的沟谷平缓下行，道旁立有不同时间的数通"指路碑"，道路起伏不大，路面铺筑的石块保存尚好。不几步，路西又有数通"指路碑"，立在土地庙两侧。

山势整体为西北东南走向，两山岭间的谷地则东北西南走向，古道分布在西侧山岭下，东南山体较平缓，山顶呈锥状，谷地尚未荒废，均有耕种。

中午10点，行走近700米处，古道西侧与山体岩石间有一汪积水，据说终年不涸，但水质浑浊，饮马尚可。10余米后，古道随沟谷转向西下行，坡度渐大，前方河谷地貌已隐约可见。自此前行，古道路面保存完好。从卫星影像图观察，东南山体标注为"马鞍山"。看来古道所经还不是鞍座，两侧山体也不是鞍桥。

10点30分刚过，行走至1200米后，到达山岭间海拔1406米的西南垭口，豁然开朗。河谷对面的山峦也大多是西北东南走向，层层叠叠。实际上，我们今日二塘古道所行，以及往日打铁关古道所经，都是横亘在乌蒙山和苗岭之间的老王山山脉，它起于威宁，经水城达六枝往紫云，是珠江流域北盘江水系与长江流域乌江水系三岔河的分水岭。谷底即北盘江二级支流月亮河，其上游称花德河，中游称月亮河、闹河，下游称老洼河。荣建指引我们，河谷对岸远处一个聚落，那里就是"三塘"，属月亮河彝族布依族苗族乡牧场村。也就是清咸丰《安顺府志》卷十三关路津梁记载的"月亮河塘"，此"距郎岱二十五里"。

荣建在这里摔了一跤，看来是疲劳程度增加。因自此一路要下到月亮河，坡度会很大，决定让他一路增加休息频率，避免意外。

古道近西端，海拔1352米以上路面保存完好。自此向西，旋即折转，向南下行，道路曲折陡峻，至海拔1225米的山腰台地"地坝"，铺路石块缺失路段逐渐增多。

此时西南面的山雨逐渐在向我们靠拢，天色也逐渐灰暗起来，不一会，空气中的湿度明显增加。继而已明显感觉有细碎的雨滴。但仅此而已，似乎在等候我们过河。

剩余下山路段已很难觅见铺路石块，加之道路越往下越湿滑，大家小心翼翼前行，以确保荣建安全。临近河边路段皆是在揣摩中探索前行。在海拔1120米时，忽听铃儿响处，一妇女驱赶着一群足有百十来只毛色光鲜的黑山羊，从树丛间泥泞湿滑的小道上出现。看来我们对道路走向的判断没错。

下月亮河谷路段

我们从对面过河

于12点10分终于抵达海拔1111米的月亮河边,但却没有桥梁。

《访稿》卷一称,月亮河源出郎岱城北部之张家湾,至泛涨坡下始称月亮河。而"月亮河之桥,经四次修筑,因建筑不善,皆不成功。然此桥关系盐路,一遇水涨,往往有溺人之患,不能不从事修筑"。且"月朗平桥"为郎岱十景之一,"平桥数洞,横跨波心,明月当空,光芒四射"。而咸丰《安顺府志》卷十三关路津梁记载之万年桥,就是月亮河桥,称"雍正初年建,后圮。道光十三年重修"。

好在河床上密布有巨大的砂岩石,可借此过河。荣建准备继续沿河岸上行,在水浅处择机趟水过河,被我们劝阻。经商议,由领队石斌和邓义镔先行过河,将相机和背包等放置于南岸河滩上,然后折返。邓义镔还为我带回一根赶牛鞭,可作支撑。

待荣建充分休息后,二人前后相互牵引和挽扶着荣建,缓慢行进,终得安全抵达对岸。真为荣建的敬业和坚韧感动。邓义镔还再次折返接即将到岸的我,发现他的鞋子已被河水浸透。遗憾的是,我只顾及提醒和自己过河,未能拍下他们过河的场景。南岸是2015年由陇脚布依族乡等合并后新建的月亮河彝族布依族苗族乡月亮河村地界。

此行全程徒步路段3.14千米,耗时3小时15分,累计下降366米,20多米的爬升几乎可以忽略不计。

调查组于12点40分出发,沿Y130乡道转S214省道返程,在公路边一狗肉店吃饭时已是下午1点30分。饭后结账时发现早在饭前荣建已经结过。看来他是怕如昨晚一样被我们抢了先。随即继续沿S214省道转X003县道前往六枝南站。我将暂时离队,乘坐下午3点19分六盘水至成都东的C5988次城际列车返筑。

于下午4点21分顺利抵达贵阳北站。

五十六、册亨县八渡镇

2022年5月20日，阴间多云。

调查计划：册亨县南盘江畔八渡镇。

根据此前与领队石斌商定，我返筑办事，他们继续六枝和关岭调查，今日早上在普安高铁站会合。因秀成一同返回，便委托他一并订购今日7点12分最早一趟贵阳北至昆明南的G2981次高铁车票，在普安县下车。

候车时，秀成刚说多彩贵州网记者应腾今日加入调查组，小应就到了。高铁按时于上午8点15分抵达普安。3人依次扫健康码、行程码并进行健康状态登记报备后顺利出站，队伍汇合后在林家屋基路边吃早餐。这时发现，高铁车站虽命名"普安"，但其位置却设在盘州市英武镇林家屋基社区。社区西南就分布有全国重点文物保护单位茶马古道李子树古道、革纳铺古道和软桥哨古道（含迎宾桥）等。

于9点05分调查组向册亨县出发，一路在雨中行经G60沪昆高速、G7612纳兴高速、G78汕昆高速和S62余册高速，于中午11点40分抵达册亨中华布依博物馆，与等候在此的彭龙馆长见面。

中餐后，应石斌要求，先到博物馆展厅查看一副与黔西市钟山镇猫山村有关的"八阵图"。据说该村是比较有特色的布依族传统村寨，这也是"册亨中华布依博物馆"展示该图的原因。图上文字倒提供了一些历史信息。该图原绘制于"道光庚子年三月二十日"，也就是道光二十年（1840年），该图由王、李、郭三姓确定后"由衙门认定"。至光绪元年（乙亥年，1875年）正月，根据原图重新"经三大家族制定"。"八卦"我不懂，但从图上"子树湾""大石板"地名看，感觉该图的核心内容或绘制的主要目的是勘界。网搜了一下，猫山遗存有族谱，据称王、李、郭三姓于明崇祯三年（1630年）左右从江西入黔后定居于此。那该地的布依族身份应是后来明确的。

从展厅出来，在彭龙办公室稍事休息。下午2点，调查组一行在彭龙带领下出发，沿S312省道经者楼街道、秧坝镇前往八渡镇。

过秧坝镇，进入该镇宜哨村地界，公路一直上行，坡大湾急。

于3点15分在省道468千米公路桩附近道旁停车，这里已属八渡镇团丰村地界，小地名团协。彭龙向大家介绍了东西向出露于公路西侧路边的一块被称为"龙王石"的岩石，据路旁册亨县人民政府所立石碑介绍，为深灰色钙质石英砂岩，而周边均为灰色钙质泥岩。

"龙王石地层为三迭系中上统边阳组（T2-3BY），距今一亿余年。'龙王石'呈半圆柱状，直径3.8米，出露长度18米。延伸方向260度，为深灰色钙质石英砂岩组成，性坚硬，约6～7摩氏度。龙王石周围为灰色钙质泥岩。性软弱，约1～2摩氏度。龙王石身上有纵向张节理、横向张节理和斜向X形剪切节理三组，节理中都充填有白色的方解石脉"等，确实显得奇特。

网络检索一下"摩氏度"得知，实际上就是"摩氏硬度表"，系德国矿物学家摩氏制定

"龙王石"

八渡渡口

河口江渚

八达村

的鉴定矿物硬度的标准。取滑石、石膏、方解石、萤石、磷灰石、长石、石英、黄玉、刚石、金刚石十种常见矿物，按软硬程度排列，其他矿物可以和这些矿物比较，以决定硬度。

公路下行至谷底的八渡镇属之乃言村，村落建在河边，河因村名。由此转为西行后在尾奬又折向东南，一路爬升。于3点45分至伟南丫口。该丫口东北西南向分布，是该道在八渡镇前的最后一个大山隘口，当年解放册亨时，这里曾是在剿匪战斗中牺牲烈士最多的地方。我们停车听彭龙讲述当年发生的故事。丫口东南有岔路，是新修之伟南丫口至八渡镇属伟东村的C455村道。

伟南丫口至南盘江河边，公路总体为南向下行，临近南盘江边，首先映入眼帘的是一座南昆铁路大桥。公路在山谷南端沿河床东南行。八渡镇渡口已不复旧貌，远无往日商贾往来的热闹景象，牵引过渡也改为轮渡。除货运列车穿行南盘江大桥时的汽笛声，河谷一片静谧。

这里是S312省道和民国间"沙八公路"的终点。实际上，册亨是贵州较早通公路的县。抗日战争时期的1938年，就着手修建联系滇黔桂三省的公路，并利用已经开通的"京（南京）滇（昆明）公路"，从晴隆县沙子分路，经兴义、安龙、册亨，从八渡过南盘江，全长267千米，因此该路习称"沙八公路"。经测算，由昆明运往广西的抗战军需物资，取道"沙八公路"至百色、田东，比经由安顺、贵阳、独山至田东缩短运程约500千米。但该道工程难度最大的"黔桂西路安（龙）八（渡）段"直至1945年春才得以竣工。当年即向广西运送抗战物资数千吨。也因为修建公路，许多穿行于沟谷坝子间的古道被公路路段取代。

很多学者认为，南宋时的大理国往横山寨的市马之路，其中一条线路就穿行过今兴义、安龙、册亨，并从册亨八渡过江。20世纪60年代，居住在八渡的人口数仅30余人，当时还属于乃言乡。1997年3月18日，南昆铁路全线铺通，1998年6月撤销乃言乡，设八渡镇。铁路和城镇化建设，加之龙滩电站建成蓄水，八渡的历史环境发生极大变化，原有古道、纤道、码头或渡口均淹没于龙滩电站的库区水下。

继续沿江边通村公路绕行约15千米是乃言河入注南盘江河口。十多公顷面积的河口江渚上，自古是两岸开展商贸活动的场所。公路沿河口北行，约2千米后是乃言河最后河段所经八渡镇属之八达村。自八达沿乃言河谷继续前行，不一会儿即到乃言村与S312省道交会。

十分纳闷的是当年修建"沙八公路"时为什么不选择沿乃言河谷至八达再沿南盘江河岸抵达八渡，远比绕行伟南丫口省时省力省钱。

返回册亨已是晚上7点15分。根据天气预报，明后两日均是中雨和大雨，田野调查工作无法开展，调查组决定改变计划，先行返程。后续调查则根据当是时天气状况相机开展。

今夜月朗星稀，很难想象明天下雨的状况。

五十七、经望谟到广顺

2022年5月21日，中雨转阴。

晨起，雨如预报说的那样开始下着。听着窗外越来越大的雨声，想着今日被迫放弃的安龙坡脚古道调查，甚是遗憾。毕竟这是贵州珠江流域各水系中我们计划调查的最后一段古道。

酒店早餐十分简单，很难与"国际大酒店"的名头相符，估计与新冠疫情长期以来没有结束相关。用餐后还不到7点30分，离约定的出发时间尚早，冲杯咖啡后，开始整理昨日所见所得，等待返程时间的到来。

上午8点30分石斌来电，想返程途中看看长顺的古道和牌坊，我觉得只要天气如愿就行。

于9点15分，调查组在雨中驶离酒店后上S62余安高速，在望谟转S55仁望高速，踏上回家之路。在快到边饶镇时，我想起20多年前在播东村见过的一个与红军长征相关的溶洞。

边饶镇在望谟县北部，与紫云苗族布依族自治县接壤。该镇历史沿革几经变化。1950年初设观文乡。1953年析设为扁袍、播东、翁道3个乡。1959年并为打易公社。1962年又析设为扁袍、播东、翁道3个公社。1984年改置坎边乡、翁道乡、打尖乡。1992年合并至坎边乡。2015年经省政府批复同意，将原坎边乡、岜饶乡设置为新的边饶镇。

中国工农红军一方面军长征期间，红一军团约1万人于1935年4月16日，分两路从紫云县进入望谟县境，其中一路由紫云纳寒、明喜进入望谟坡架、观文、播东、羊架、坎边一带，并在播东消水洞沙坝会师并宿营。另据费侃如《红一方面军长征日志》一书记载，当晚"军委纵队驻播东"。

还不到中午10点30分，正好雨住。征求大家意见后在边饶收费站下高速。驶离匝道后在高速公路桥脚岔道口咨询一村民后，车辆驶入X664县道后西向上坡并在消水洞南侧半坡

播东沙坝消水洞

停下，调查组在此利用施工便道前往消水洞。

洞口较20多年前没什么变化，但此时河流比较湍急，据说前一段刚有一次山洪发生。洞口东是河口，北面观文蜿蜒南来之水，与东面坎边河谷西来之水，于消水洞前不足300米处汇流后入消水洞，在消水洞西南约1千米许出露后西南流，又在羊架村西汇入北盘江支流红辣河，红辣河继续西南流，在龙头山坝郎村南坝岩注入北盘江。播东村在消水洞山体西侧，已是一派新农村景象。

极目所望，今时的河湾和洞口沙坝，以及红军行走的河谷间，均种植了芭蕉，颇具规模，红军所走步道上已修筑了宽阔的便于运输芭蕉的水泥路。消水洞洞口南侧正在修筑用以防洪的挡墙。从今日所见，我告知大家，开始担心起青山牌坊下古道的现状。

调查组自洞口向东行走1千米，穿行芭蕉园后于11点35分驱车离去，在边饶收费站上S55仁望高速公路继续前行。行经紫云火花镇的火花特大桥时，得见"贵州可以掉头的高速公路"，视觉上确实震撼。过大桥进出隧道后的山坳里就是火花收费站。通过卫星影像图观察发现，所谓"掉头"，是因为北行之车辆如要在火花收费站下站，可以在火花特大桥东南靠山体西侧的匝道进出隧道后下站，而南行的车辆受收费站地形限制，必须穿行隧道后在火花特大桥上利用"掉头匝道"掉头后，共用大桥东南靠山体西侧的匝道。不过，全长4075米的火花特大桥，还真是全国山区最长的特大桥之一，最高处有115米。现今的道路交通状况，与中国工农红军长征所经时，真是天壤之别。

于12点50分抵达长顺后，大家以一碗牛肉粉（面）果腹后直趋原马路乡的青山村，今统属广顺镇。

于1点50分将车停在村内水塘边，新建的S89花安高速公路东西向横亘在水塘北的坝子上。急切穿越公路下的涵洞，沿通村公路往牌坊走去。眼前所见，不幸被我言中，牌坊升为省保且得以维修，但古道却没了。

牌坊即朱明伦妻黄氏节孝坊，以"青山黄氏节孝坊"命名，公布为省级文物保护单位。是为旌表朱朝伦妻黄氏节孝而建的砖牌坊，西北东南向横跨于广顺州（今长顺县广顺镇）和定番州（今惠水）往安顺旧州的古道上。该道历为南宋以来形成的茶马互市通道。相传庄蹻入滇经此。原有古道依山就势沿坝子间的山体边缘而建，间或穿行于坝子中，均青石砌筑，宽约2.5米。只是全被水泥砂浆硬化。

黄氏节孝坊为一门三楼青砖牌坊，砖砌体没有明显柱式结构，宽10米，通高7米。正楼和边楼做法均从墙体上用卧砖叠涩三匝，挑承四坡顶屋面，屋面加盖青筒瓦，惜筒瓦几不存。正楼下为"圣旨牌"，西北向嵌竖向楷书阴刻"旌表"2字砖雕，东南向嵌竖向楷书阴刻"圣旨"2字砖雕。"圣旨牌"左右，上部嵌浮雕龙纹砖雕，下部嵌浮雕"八仙过海"砖雕。"圣旨牌"下部为字碑，双面均嵌楷书线刻"节孝之门"青石板，笔画间局部剔地。左右分别嵌对应造型的砖雕一块，西北向为浮雕仙鹤和寿桃，东南向为浮雕"野鹿唅芝"，寓意"鹿鹤同春"。字碑下双面均嵌楷书阳刻坊名"旌朱明伦妻黄氏节孝坊"10字砖雕。坊名中部，东南向嵌阳刻"日"砖雕，西北向则嵌浮雕"玉兔"砖雕，寓意与"日月同辉"。再下，为砖砌拱券门洞，门洞净高3.3米，门洞宽2.4米，拱券矢高1.1米。门洞两侧分别

当年拍摄的牌坊

今昔对比

遗址般存在的民居

嵌楷书阳刻砖雕对联,西北向为"贞操不朽精灵常在山水间;旌奖攸加骸骨应香泉石里"。东南向为"薇流彤管千秋矩范喜抡扬;节凛松筠一代纲常凭振□"。边楼下双面均分别嵌楷书阳刻"金石同心""松筠节操"砖雕,以及法螺、丹凤朝阳、双连环,暗八仙、犀牛、麒麟、方胜等砖雕吉祥图案。牌坊基础用青料石砌筑。

听说青山村水塘西侧仍存有一段古道,大家还是前往体验了一下。这是一段供村民们劳作所用的小道,但也大多铺有石块。绕行后进入村里发现,现在也因被住建部门定性为危房而无人居住,仅仅像遗址一般存在。大家抓紧拍照。

时近下午4点,决定回家。回家吧!

五十八、福泉卡龙桥和高石头石刻

2022年5月23日,阴有阵雨。

调查对象:福泉卡龙桥和高石头石刻。

接到通知,计划今天下午前往福泉市,就"卡龙桥水库工程"建设项目涉及卡龙桥文物本体保护事进行现场调查。利用上午时间,就相关资料进行一些案头准备。

卡龙桥水库工程的建设目的是满足区域性工业园区、城镇和灌溉供水,其供水范围包括双龙工业园区(因双龙村命名)、牛场镇及陆坪镇一带,用于自流灌溉的灌区规模2.34万亩。卡龙桥水库坝址选择在地处福泉市牛场镇双龙村境内的浪波河上游河段,不可移动文物卡龙桥下游不远处,也就是说,桥处于坝内水淹区范围。

根据福泉市第三次全国文物普查登录数据,位于福泉市牛场镇双龙村南的卡龙桥,西北东南向跨卡龙河。始建于清嘉庆初年。为三孔石拱桥,长33.2米,宽5.7米。由北向南,单孔净跨分别为5.6米、5.6米、6.4米。历为平越往来瓮安古道所经。1943年修筑马(场坪)瓮(安)公路,开通后用作公路桥。1982年,今S205省道改道,黔南州公路总段在桥东下游不远处新建钢筋混凝土双曲线拱桥一座,卡龙桥不再使用。

卡龙河是重安江上源河段鱼梁江左岸的一级支流浪波河上源河段,属于长江流域沅江水系。浪波河源头有三,一发源于福泉市牛场镇云雾山北海拔1400米处,一发源于该镇黄

卡龙桥

家湾村分水岭大坡西，一发源于该镇桂花村水头，由西北向东南流经谷汪至牛场，在三江村三江口汇合后南流至双龙又转东南流，该河段称卡龙河。再经天生桥、地松、陆坪，该河段称浪波河，最终于陆坪镇高梁营汇入重安江，河口海拔652米。浪波河呈树枝状发育，河长51.9千米，比降13.3‰。

清水江一级支流重安江，发源于黔东南苗族侗族自治州麻江县坝芒布依族乡，从源头分水岭东北流经坝芒后，转西北流向乐坪，再转东北入黔南布依族苗族自治州福泉市境后，经黄丝、鱼西、马场坪再转而向北至三江口时，围阻河（诸梁江）、沙河（后河）两支流来会，汇合后东南向至凤山镇与支流洗布河汇合，继而东北经新桥后，在高梁营接纳支流浪波河后，又东北流至与支流翁马河汇合处。至此，上述河段称鱼梁江，往下河段才称重安江。

既如此，决定将今日调查纳入长江流域暨南方"丝绸之路"不可移动文物保护现状调查工作一并进行。

因领队石斌临时有事，调查组将近下午3点才得以出发。出曦阳山庄进杨柳湾，转新添大道后走G210国道，在东站立交进入龙洞堡大道后，又在秦棋立交向北行，经G6002沪昆高速贵阳绕城段、S36玉盘高速，至S35安福高速的福泉牛场收费站下，再向南走S205省道，于4点40抵达卡龙桥头。

将车在桥北东侧宽敞处停放后，福泉的同志们还没到。等候中，发现西北桥头东侧，立有1通"卡龙桥事件"碑。这个信息在"三普"资料中未曾提及。

细读文字发现，事件发生时间与我们今日调查时间正好相同，都是5月23日，只是时隔72年。

1950年5月23日，李鸿道、李春发、卢瑞廷、滕永增、胡云松5位干校学员，郑必书、宋廷本、吴德华3位平越县（今福泉市）大队战士和牛场区政府崔厚德一行9人，奉命从牛场区回平越县城集中学习途中，在卡龙桥上遭遇土匪袭击，由于弹药不足和寡不敌众，李鸿道、李春发、卢瑞廷、滕永增、郑必书、宋廷本6人壮烈牺牲，胡云松、吴德华、崔厚德3人被土匪绑走。虽平越县公安局局长侯银安闻讯后立即率县大队赶往卡龙桥，但到达时土匪已经撤离。2天后，崔厚德在黄平县上塘乡大茅坡被土匪杀害。不久，这股土匪在剿匪斗争中被消灭，胡云松、吴德华2人最终在平越、瓮安、黄平3县交界的朱家山被解救。在卡龙桥遇难前，李鸿道、李春发、卢瑞廷、滕永增、胡云松5位干校学员，是受独山地委（今独山县）派往各县协助征粮工作的。向这些为中国人民解放斗争牺牲的先辈们致敬。

72年前，家父随中国人民解放军第二野战军入黔后，也在独山麻尾参与剿匪斗争。

卡龙桥水库工程项目业主单位和福泉市文保中心的同志抵达后，一起对卡龙桥文物本体现状进行踏勘，就水库建设情况和下一步文物本体保护工作进行交流，基本达成文物本体原址保护的共识。总体看，卡龙桥桥梁本体结构稳定，整体保存较好。

于5点10分告别业主单位的同志后，请市文保中心的同志带路，顺道让调查组的同志们考察一下1985年公布的省级文物保护单位"高石头石刻"。

石刻在牛场镇南龙昌镇史称"毛沟堡"的龙井村北，一处被村民们习称"石秀才"，高10余米之天然石柱南向崖壁上，在S205省道西侧数十米。从卡龙桥至此，仅15分钟车程。

高石头摩崖石刻

高石头所在环境

摩崖石刻离地 3.27 米。竖长方形，高 1.77 米，宽 1.13 米。竖向楷书阴刻，19 行，共计 134 字。镌刻于明万历二十八年（1600 年）。此前我曾结合摩崖石刻照片，以光绪《平越直隶厅志》卷五古迹志记载为底本，整理过石刻的文字内容。

正文记载，"高石头，在城北十二里，以石形酷肖人而有雅致，土人因呼为'石秀才'。高可数丈，特然独立。其石腰有刻文云：余奉命提兵四万，出平越征（缺'讨'）叛播杨应龙，渡江界河，破黄滩关，直抵（'捣'之误）贼穴（'囤'之误），因（'因'为多字，系'囤'之误）擒斩五千（缺'余'），招降二万（缺'余'），不出（'出'为多字）三月而去凶奏凯，还经此石，因纪其事而识之"。

（接七言一首，可惜文字漫漶难识，只"王师赫赫征播凯"可辨。）

款识：（缺"明"）万历庚子（缺"岁"）六月望（缺"日"），奉敕镇守贵州，（缺"兼"）提督湖川等处地方总兵官，中军（缺"都"）督府都督同知，楚人李应禄（"祥"之误）（缺"谨"）识。

还查询过李应祥的相关资料。

李应祥（1547—1617 年），湖南临澧县人，九溪卫指挥同知，是怀远将军李昆岗的孙子。万历十三年（1585 年）出任四川总兵。二十八年（1600 年），总督李化龙推荐李应祥任贵州总兵，统领八路大军进剿播州。六月后，令其镇守铜仁，次年改镇四川。

除了这方摩崖石刻，我还一直认为，现存遵义市凤冈县何坝街道何坝社区，G326 国道旁长安桥附近的"夜郎古甸"摩崖石刻，与其有关，或者说，系李应祥所为。"夜郎古甸"4 字，镌刻在约 3 平方米的摩崖上，款识为"万历丁亥岁秋九月""见田李将军过此书"。而万历十五年（1587 年）及此前，其任四川总兵期间曾调播州、酉阳等地兵征川西。

晚上 6 点 20 分在福泉市见到市文旅局肖清华局长，调查组一行向他汇报了卡龙桥项目涉及文物保护工作的情况和建议。饭后返回贵阳。

五十九、安顺西秀区肖曹祠

2022年5月27日，小雨转阴。

调查对象：安顺西秀区肖曹祠。

昨天秀成通知，计划今日赴安顺西秀区，就崇真寺修缮工程进行调研。"崇真寺住户终于全部搬迁了？"我问。"哦，没有，应该是肖曹祠"，他答。

肖曹祠，一处被张冠李戴为"崇真寺"的省级文物保护单位。

早在11年前的5月下旬，因中心接受西秀区文体广电局委托，编制包括"崇真寺修缮工程"和"猪儿庙抢险工程"的《崇真寺古建筑群修缮工程勘察设计方案》，我首次接触崇真寺。

据清咸丰《安顺府志》和民国《续修安顺府志》记载，崇真寺，原名崇真观，在城内西南隅，安顺府署左侧，门临府前街。始建于明洪武二十九年（1396年），初为道观。60余年后，景泰末天顺初，卫指挥使王斌进行了一次大规模的整修、扩建。崇祯五年（1632年）僧增兴重修，改名崇真寺，十二年（1639年）修灵官殿。清乾隆五十六年（1791年）重修灵官殿，道光十六年（1836年）修玉皇阁观音殿，于阁内底层供奉观音大士。而咸丰《安顺府志》记载的嘉庆二十五年（1820年）所修大佛殿和道光元年（1821年）所修真武殿，民国《续修安顺府志》未见记录，存疑。其形制，有寺门五间，二层灵官殿三间。再进为祖师殿五间。殿后大院为三清殿五间。两庑各三间，东曰三官殿，西曰三仙殿。院中基址及所铺石块，整齐划一。最后为玉皇阁，三层供玉皇，一层供观音大士。"其建筑之精实，局势之宏敞，则与圆通寺、东岳庙鼎立而三，为城中之大寺院"。

但是，第四批省级文物保护单位申报文本的描述与文献记载出入较大，规模、体量也不相符。例如山门，文献记载"五间"，现存"三间"，且戏楼是文献里未曾提及的。另外，申报文本自相矛盾。既称"近代以来，崇真寺少有修葺"，又说"新中国成立以来，崇真寺产权多有变更，现为西秀区政府宿舍"，"其总体布局、建筑物形制与结构多次遭到人为改造或自然的损害，现存建筑中大部分被改造使用，失去了原有风貌特征"。而《中国文物地图集贵州分册》和第三次全国文物普查登录数据库均称该寺占地面积约4000平方米，建筑面积约520平方米。现存门楼、三清殿、玉皇阁及部分台基。三清殿面阔五间，通面阔21米，进深三间，通进深11米，抬梁穿斗混合结构歇山青瓦顶。隔扇门窗。又不似申报文本那般惨不忍睹。

带着疑惑前往现场。面对崇真寺建筑布局、规模和体量的现状，疑惑更甚。好在转机很快出现。在与崇真寺相隔不远，同期进行勘察工作的"猪儿庙"。该庙规模已不完整，仅存前后两殿各五间，左右两庑各三间，四合之庭院保存相对完好。这些特征，反倒符合文献关于崇真寺的描述。于是，我改变思路，从"猪儿庙"着手调查。

首先需要确定"猪儿庙"名称的由来及含义。经过几天走访当地老住户和年长者后，获得重大突破。"猪儿庙"得名于历史上用于祭祀的"牺牲"，每年农历正月初九，该庙都有一次当地全城规模最大的祭祀活动，参与祭祀活动的家庭所用牺牲均为猪，供奉牺牲的队伍从庙内沿府前街一直排到大街上，久而久之，便以"猪儿庙"称之。而农历正月初九正是玉皇大帝诞辰（天公生）。经再次访问调查确认，"猪儿庙"后面原来确实有玉皇阁，后被拆毁。而文献记载，安顺历史上仅有的二处玉皇阁，"一在旧州，一在崇真寺内"。调查结果意味着"猪儿庙"才应该是崇真寺。我再次仔细查阅文献，将其中记载的"寺后玉皇阁，前与西秀山石塔相对，后与大十字钟鼓楼相望"。既然玉皇阁"前与西秀山石塔相对"，那么在玉皇阁前的崇真寺也应该一样。通过利用1∶5000地形图和谷歌地球卫星影像图所展示的"猪儿庙"中轴线与西秀山石塔进行比对，完全符合文献记载的描述。因此可以得出结论，"猪儿庙"就是"崇真寺"，现存建筑应该是崇真寺的祖师殿、三清殿及左右三官殿、三仙殿等遗存。

那么，公布的省级文物保护单位崇真寺又应该是什么建筑呢？我们利用在建筑群后面发现的"汉相肖曹祠"门匾这一重要线索，重新通过文献，将崇真寺、肖曹祠与府署三者的关系进行研究。

"汉相肖曹祠"是奉祀西汉开国功臣，第一任相国萧何和第二任相国曹参的专祠，因名。据民国《续修安顺府志》记载，"在城内西南隅七星街下崇真寺右"的安顺府署，"民国后改为安顺县政府"，其"左为升官祠，再左偏为汉相祠"，且建于清光绪时的汉相祠，"民国后初设劝学所，后设教育局于其内"。从出土的"汉相肖曹祠"门匾看，文献中的"汉相祠"应为简称。也就是说，肖曹祠在府署左、崇真寺右，如此明确的定位，使我们完全可以得出公布为省级文物保护单位的崇真寺，实际应该是肖曹祠的结论。幸亏申报材料将"猪儿庙"这个真正的崇真寺也纳入其中，只是"三普"登录数据中，崇真寺完全使用的是肖曹祠的照片，未选用一张"猪儿庙"的。

在11年后终得以修缮，也是幸事。于上午8点50分，得唐秀成通知租赁的汉兰达已到中心篮球场等候，我9点准时上车，但直到9点半石斌来才出发。在金阳新世界临金阳大道旁接上秀成后，走G60沪昆高速往安顺，抵达西秀区肖曹祠修缮工程工地时，已近中午11点30分。

身陷现代楼盘大工地中的肖曹祠自身也成为一个工地，遗存的大门、戏楼、穿堂、享堂除却遮挡后整体得以呈现，院墙除南面东西两侧石墙外已拆除完毕，以围挡作临时围护。

肖曹祠坐西北向东南。面阔三间的大门和戏楼是一个整体，平面布局呈凸形，凸出部分为戏楼。因戏台体量所需，明间开间加大，石砌大门中间圆弧形门洞的高宽尺寸，因此比左右两个门洞更大。大门上部镶嵌门匾处残缺，是否为原来安置出土的"汉相肖曹祠"门匾位置，意见不统一，我认为是。但民国年间改扩建时为什么耗费许多人力，将该匾移至肖曹祠院落的北墙外，尚不得

修缮中的肖曹祠戏楼

修缮中的肖曹祠享堂

"汉相肖曹祠"门匾

而知。大门左右后期加建的耳房也已拆除。

原为面阔三间的穿堂，民国年间左右各加一间后为五开间，屋顶也由硬山顶改为歇山顶，但原前后带有墀头的砖石砌筑山墙仍然保留，并在明间前檐外增加抱厦一间。穿斗式木结构构架用料较小，包括明间两榀仿抬梁式的穿斗排架也一样。从穿堂增加的梢间前檐楼层的雕花栏杆（板），结合此次经过工程清理出来的庭院铺地石板分析，戏楼与穿堂间，以前确是没有耳房和厢房等建筑的。

享堂及左右两厢损毁最为严重。享堂如穿堂一般，将三开间扩建为五开间，用料也很小。其中享堂明间以左改建为一楼一底砖混结构。从此次修缮工程看，享堂及左右两厢仅仅靠揭顶维修已无意义，基本上得重建了。

中饭后，在等待石斌与市局的石局商借谢开然、李翠，协助贵州长江流域暨南方"丝绸之路"不可移动文物调查工作专班工作时，我与秀成到全国重点文物保护单位安顺武庙，查看"汉相肖曹祠"门匾。石匾竖长型，高近2米，周边镂空雕五龙拱卫图。面对这上吨重的石匾，很期待其能够归之于原位。寻求秀成意见，他认为很难，也没必要，因为修缮工程的设计方案已经批复，如该匾要复位，属于重大变更，必须重新报批。

感谢张歆安排，我们可以借武庙之地品茶静候石斌的消息。虽然结果不尽如人意，但很愉快地与谢开然、李翠就贵州长江流域暨南方"丝绸之路"不可移动文物调查工作达成共识，在共进晚餐后返回贵阳。

六十、务川瓮溪桥

2022年5月30日，阴有阵雨。

因车辆安排信息沟通问题，调查组于中午10点40左右才得以出发。此行除上次已经参与的多彩贵州网应腾外，新增了总台央广网的赵丹丹。

11点53分在G7521渝筑高速公路过乌江楠木渡大桥进入遵义市播州界，只能在虾子吃羊肉粉了。于12点30分进入"中国辣椒城"虾子镇，凭记忆找到老G326国道旁"闵家"的店，喜欢的羊杂粉依旧是原来的味儿，已经十几年没吃了。

饭后再沿G56杭瑞高速又经S25沿蓉高速和S10德务高速绕行，于下午2点50分抵达"务川仡佬民族文化博物馆"，根据疫情防控规定扫码测温后进入，馆长张雨杨等已经久候。

于4点10分抵达1985年公布的第二批省级文物保护单位"瓮溪桥"西南坡顶台地上，准备就该桥保护与环境整治项目的启动进行现场复勘，为技术交底做准备。

第一次到瓮溪桥是1987年，唐永禄老师带我们去的。2000年和恩师巴娄（吴正光先生）编《贵州的桥》时从遵义地区老文物工作者谢尊修老师那儿对该桥有了比较深入的了解。2006年我还在考古所工作时，邹进扬又带我来过一次。

瓮溪桥位于今务川仡佬族苗族自治县大坪街道龙潭村西南不足2千米的瓮溪河上。实际上是相距50余米的两座石拱桥的统称。瓮溪河上游东南一座始建于明万历十四年（1586年）。这一年，播州的杨应龙因从调有功和向朝廷进献大木美材七十棵，受赐飞鱼服，升任都指挥使职，加封为骠骑将军。

为下到桥底做准备

2006年5月9日拍摄的瓮溪桥　　　同日拍摄的瓮溪桥建桥碑记

　　桥西北约150米左右的下游左岸山湾西北麓，尚存建桥碑记2通。查阅当年参与编辑的《中国文物地图集贵州分册》简介，其中1通，青石质，方首，有碑帽，高1.5米，宽0.75米，厚0.15米。两侧竖立碑柱，其中右侧碑柱已倒覆。碑额2行，上部一行横向镌刻"南无阿弥陀佛"6字，下部一行横向镌刻"瓮溪桥路碑记"6字。碑文楷书阴刻，14行，满行25字，共计250余字。从碑文内容得知，该桥于明万历十六年（1588年）建成。捐资修建该桥的是举家徙居板场下寨（时属贵州思南府婺川县）的陕西西安府兴平县"秦商"陈均仁，因三坑司经由小黄坝、龙井坡、三潮水、细砂溪、瓮溪湾、鲁牙溪、黄茅井至县城"道路崎岖，桥梁缺修，往来艰难病涉"，于是夫妇俩决心"自备己财"，鸠工庀材，"桥成路就，便益行人"。同时祈望"祈保合室眷缘清泰""家外嗣续繁昌""桥镇溪流巩固""路通场邑无疆"。当然，也便利其所经营朱砂、水银的运输。

　　另1通，谢老师认为是清嘉庆年间维修明代桥梁所留。还曾介绍，万历年间的桥梁因1972年突发巨大山洪导致垮塌。但据该碑简介，额题为"重修瓮溪桥碑记"7字，在"瓮溪桥路碑记"旁，由2块青石组成，其中右碑残缺，高0.93米，宽0.7米，厚0.06米。左碑青石质，方首，高1.52米，宽0.7米，厚0.14米。碑文楷书阴刻，记重建瓮溪桥事，立于清嘉庆四年（1799年）。

　　西北下游一座，即今存之桥。据谢老师介绍，该桥"跨度约12米，高约20米，面宽8米"始建年代不详。但据我几次到访观察并参照碑刻简介认为，明万历十六年（1588年）建成的瓮溪桥，至迟在清嘉庆前已经垮塌。而今存之瓮溪桥应该建于清嘉庆四年（1799年）。1972年突发之巨大山洪，是导致现存桥梁西北侧桥身半幅坍塌的原因。只是一直没机会对2通建桥碑记进行捶拓，导致现存桥梁的历史沿革之谜长期未解。

　　实际上，瓮溪桥所经，应该是一条千年古道。

　　文献记载方面，《太平寰宇记》载，"唐都长安，自牂牁而外通交桂"，认为黔州（今重庆市彭水苗族土家族自治县郁山镇）都督府也可西南行至南宁州（今贵州惠水东南）。嘉靖《思南府志》也将古代乌江下游沿洪渡河经思州通往贵州（今贵阳）的道路称"牂牁要冲"。道路既可沿洪渡河右岸行经洪渡，由乌江下涪陵，也可经桃符、镇南、濯水，由芙蓉江与乌江汇合之江口往涪陵，再经荔枝道至长安。

出土文物方面，大坪一带，早在20世纪60年代，村民们就常在此区域拾获铜矛、箭镞和残损的陶器、陶片。70年代末至80年代初的文物普查工作中，确认系汉墓群。1982年2月，贵州省人民政府核定公布为省级文物保护单位。从村民处征集有国家一级文物蒜头壶等青铜器。截至2008年，今贵州省文物考古研究所先后4次在此发掘汉墓43座、窑址2座，出土文物400余件（套）。墓葬形制有土坑墓、岩坑墓、石室墓、砖室墓等。出土有提梁鼎、甑、鍪、釜、瓶、盘、洗、钵、耳杯、印、钱币及钱树佛像等青铜器，罐、钵、釜、俑、房屋模型等陶器。且40%以上墓葬出土有产自当地的粉末状或颗粒状朱砂，多者达百余粒，该发现改写了贵州矿产资源开发史。记得是2007年冬至日，我刚调考古所任副所长一年余，因洪渡河是彭水水电站建成后的水淹区，考古所承担了包括今大坪街道龙潭村洪渡河两岸团堡、长坳、朱砂井、中寨、赶子元等区域的考古发掘任务。作为所里分管基本建设项目文物考古调查工作的职责所系，陪同省文物局分管副局长吴建伟，到大坪汉墓调研考古发掘进度，并慰问长时间在野外从事考古发掘工作的同志们。当时对大坪汉墓留下了深刻的印象。记得李飞说过，务川大坪汉墓的形成与秦汉时期黔中地区朱砂采冶有着密切的关系，对研究黔中地区的行政建置、乌江流域的古代开发史等有着重要的价值。现今，务川大坪汉墓群已是全国重点文物保护单位。

盛产朱砂的板场、老虎沟一带，听说经考古所同仁的努力，有新的发现，十分期待他们后续能有更多收获。迄今，有确切记载的，是隋大业十年（614年）在婺川大坪开设有水银、朱砂二厂。唐开元年间至宋代，思州的婺川贡有朱砂。如果有汉代采冶遗存的发现将是一个新的突破，虽然此前于汉墓中出土了不少朱砂。

即使张馆他们已经安排对古道所经路段进行了清理，但通往瓮溪桥一段下行古道仍然难行，远无"溪桥柳细"的景致。

初次参与我们调查的丹丹就摔了一跤，幸无大碍，算是入伙的"杀威棒"。在桥头，有过攀岩训练经验的小应倒是跃跃欲试，想下到桥台下部石斌与施工方小李他们所在的观察点，但出于安全考虑还是劝阻了。

雨再次下起，调查组在雨中折返。回到博物馆就项目实施进行技术交底后，结束一天的工作任务。

期待此次保护与环境整治项目能清理出瓮溪桥往龙潭村方向的古道。

六十一、务川龙潭村和桃符社区

2022年5月31日上午，阵雨转多云。

早餐是在务川老城南门品尝的豆浆粉。将雪白的卷粉和翠绿的绿豆粉混合放入滚开的大锅豆浆内，旋即捞起装碗，加入豆浆后再放几块大小如遵义蛋糕状的油炸粑，撒入少许葱花即成，油辣椒、食盐、味精等自行添加。油炸粑是以磨制豆浆后的豆渣和浓稠的米糊混合后油煎而成，感觉很棒，无愧非物质文化遗产的称号。

于上午9点出发前往第五批中国历史文化名村、省级文物保护单位龙潭村。此前因上述2个项目的评估工作曾经来过。此次完全是陪调查组一众从未到过的队员们而重访。

在龙潭村东北较高台地上，作为省保"龙潭村古建筑群"保护对象的那些宅院，已经纳入景区管理，原住村民也已迁出，缺乏人气。这样下去，建筑的维护周期会缩短，导致维护成本增加，建筑寿命缩减，令人担忧。

让人感觉更失望的是，已然成为4A级景区的龙潭村正走在通往5A的路上，村外建筑规模越来越大，还对应修建了申祐广场和不符规制的申祐祠堂，不伦不类。

申祐（1403-1449年），字天锡，贵州省思南府婺川县（今务川）龙潭村人。祖籍吴会（今绍兴），因其曾祖申世隆，协助蒋廷瓒察勘思州宣慰使田仁智子田琛、思南宣慰使田茂安子田宗鼎，为争"沙坑"（即朱砂矿坑）仇杀不止事，在建立贵州，并以廷瓒为首任贵州布政使后，申世隆遂以官居婺川。至此世居龙潭村。

龙潭村一隅

到申祐父辈，不知是否有继续为官者，至少其父务农。文献记载有，申祐"常从父之田，父为虎衔去，祐挺身持杖奋击之，虎逸，父免咥焉"。看来龙潭村西南老虎岩不是山体形似老虎，而是老虎出没之处。

但申祐是读书人，年少"为诸生时，读书思州府，裹粮徒步"，其徒步读书所经，应该走的是瓮溪经婺川、丰乐坝、楠杆子一线向南之路。后举正统三年（1438年）乡试，十年（1445年）成进士，除四川道监察御史。十四年（1449年）在土木堡之变中代帝殉难。可悲的是，申祐的壮举也无法改变时局，英宗皇帝依旧未能摆脱被俘的厄运。景泰元年（1450年）诰敕申祐时称"尔四川道监察御史申祐，发身科第，授职于斯。比以随征，陷于战阵，劳古可悯。今特进赠尔文林郎职如故，赐之敕命，以示褒嘉"。

嘉靖十年（1531年）巡抚御史郭弘化令思南府（今思南县）为申祐立祠祀之。次年，婺川亦立"申忠节公祠"，建在城北波罗山麓。清道光间，婺川知事见申祐祠破瓦颓垣，便号召申氏子孙捐资维修，完工后，俞作序并题诗刻石嵌于祠门左侧，以志此事，昭示后人。1920年，务川创办公立女子小学时，该祠作为校址。1939年改作为县卫生院使用。现为省级文物保护单位，但却疏于保养和修缮，无语。

不过，也还是有新的收获。在龙潭村中部偏南路边，见一民居保存尚好，便走进一探。该宅四榀三间，穿斗式木结构悬山青瓦顶。由土衬石、陡板石和阶条石组成的台明，做法比较规范，特别是中间一块台阶石下，放置有与土衬石等高的砚窝石。明间堂屋大门由檐柱退二步架，门外为吞口。吞口左右不开房门。大门做法，在额枋下，居中做门框，双开五抹头隔扇门，上绦环板为镂空雕，中绦环板为浮雕，隔扇芯装板，门槛高于两侧。两侧各在额枋和门槛间装双开五抹头隔扇门，上绦环板为镂空雕，中绦环板为浮雕，隔扇芯雕刻较精美。两次间外檐均装六合五抹头隔扇门，做法与大门两侧同。房门主要选择在大门内左右两侧开启，后期又选择外檐靠近角柱一侧加开一道，并将隔扇改为单扇板门。

在堂屋内发现一奇特现象，香火壁前雕刻精美的香火柜，被主人家悬挂在壁上，下部还以木棍作支撑。询问申姓房东得知，主要是因为地面潮湿而不得已为之。确实，香火壁下脚枋底部已糟朽严重。见香火壁上还供奉有鲁班及师承关系的内容，其中最后一位是被尊为"父

龙潭村民居

与申师父交流

师"的申裕修。原来房东就是木匠，可称申师父了。他还向我们展示了其常用的一些家伙事。询问开财门事，其言，按传统"大门做来三尺三，白日开来夜晚关"，而启闭的目的则是"白日开启进财宝，夜晚关了避小人"。邓义镔说，这与德江楠杆的师父所言相同。看来，至少在原思南府地区，建造房屋的手法大致相当。在靠近路边的左次间角柱旁，一扇门上留有两个非正常的孔洞，房东称系盗贼所为，小偷是用艾草将门闩旁边的板缝逐渐烧大后，再伸手将门闩打开后入户，幸亏盗贼未曾得手。

石斌称准备下次就木作技艺过来对申师父专门进行访谈，申师父调侃道，"何必下次，今天就不走了嘛"。

中餐后原打算直接前往我心心念念20余年的沈家坝，张馆则极力推荐马拱坡，我们应允前往并于1点左右抵达。

不期，在务川丹砂街道桃符社区马拱坡组再次获得意外收获。只是马滚坡改马拱坡毫无道理。马滚坡能够感知道路的陡险，行旅的艰辛。马拱坡呢？只听说过猪拱箐、马刨井，无语。

马滚坡居者，同样以申姓为主。在一户人家调查时，发现大门外有残存的夹杆石和牌坊构件，十分好奇。遂进入屋内，又在堂屋香火上发现一个木主。请下来后打开细看，楷书十分工整。中间书"皇清敕赐文林郎福建德化县知县显考申公讳允继老大人慈妣申母诰授安氏孺人位"，两侧分别书写"考生于乾隆十三年戊辰岁十二月十九日亥时，没于嘉庆二十年乙亥岁正月初五日巳时""妣生于乾隆三十一年丙戌岁二月二十一日亥时，没于嘉庆九

马拱坡申允继宅

民居建筑前的通道边上设置的坐凳

桃符牌坊

年甲子岁十月十二日寅时"。遗憾的是，因房屋主人不在，未能获得家谱一窥究竟，很想弄明白马滚坡申氏与龙潭村申氏之间的关系。道光《思南府续志》卷六选举志记载有其人，系乾隆甲午科举人，"中式三十名。官福建德化县知县"。据张馆他们介绍，门前那些残存的牌坊构件就是申允继原配安氏的牌坊所留。桃符那个则是申允继的继室张氏的牌坊。所幸这里的不可移动文物得以"马滚坡古建筑群"命名公布为市县级文物保护单位。

从马滚坡传统民居前皆设置有石坐凳看，不似居家者所用，倒像是为行者提供的休憩之所。记得桃符场坝临街商铺或民居前廊外檐就是这般，只是桃符那里是木坐凳。调查得知，马滚坡系龙潭村官路分走老虎岩过渡到江边后往官学坝走桃符、镇南、濯水所必经，想申祐当年赴京会试，也许走的就是该道。

从马滚坡到桃符，车行也就15分钟，调查组在下午2点45分来到县级文物保护单位"桃符牌坊"处。牌坊东北西南向，为四柱三间冲天式石牌坊，柱顶不似其他冲天牌坊那样装置"天吼"，而是寿桃。高6.5米，宽5.7米。建于清咸丰二年（1852年）。二中柱间有上中下三块额枋，上部为圣旨牌，下部为字碑。两面字碑分别横向楷书阴刻"节同金石""性凛冰霜"4字，每字0.3米见方。上额枋为净面，不施雕刻。中额枋高浮雕"八仙"图。下额枋阴刻"福建德化县知县申允继之继室张氏坊"。中柱与边柱间有上下花枋，枋间装花板。西南面花板镌刻"申母老孺人节孝坊序"，系王崑山所题，高元□书丹。

在桃符场坝沿古街走了一段，周边环境有了很大改变，但临街商铺或民居前廊外檐的木坐凳，仍保留有数处，调查组在木坐凳上合影留念后辞别张馆一行。

六十二、务川沈家坝古建筑群

2022年5月31日下午,多云。

调查组于下午3点10分离开桃符,沿X350县道、S303省道和X354县道行进70千米,至5点才到沈家坝。

在路上查阅了一下务川西南,与正安、凤冈毗连的黄都镇及沈家坝的基本情况。选址于北东向槽谷地貌西南山麓的沈家坝,东南为两水汇流处,史称"天池",20世纪50年代以后,作为天池大队一直隶属涪洋区丝棉公社。1984年为丝棉乡的白合村。1994年撤并建后为黄都镇丝棉管理区白合村。2003年将丝棉、白合、联星三村合并后,属黄都镇丝棉村沈家坝组。今为黄都镇丝棉社区沈家坝组。但贵州省地名与行政区划网则将沈家坝作为行政村单列。

车辆先停在村西口一貌似祠堂类的合院式建筑前,卫星影像图显示地名有陈家祠堂。祠堂坐西北向东南,因年久失修而破败不堪,仅享堂构造保存完整。拱形门洞上"天官赐福"等2个灰塑人物和门洞左侧的6块人物砖雕得以幸存。

丝绵社区文化中心站的陈红同志,在村口悬挂有黄都镇政府制作的"文物保护尊重历史造福今天开创未来"横幅下等候我们,看来当地文物保护的意识不错。会面后便引领我们直奔该村民居的精华,陈瑞亮和陈瑞银的宅院。

先到的是陈瑞银宅,系一正两厢合院式布局,坐北向南,偏东约10°。正房面阔三间,穿斗式木结构悬山青瓦顶。台明做法与上午龙潭村所见同,但更精致,大致在明间两榀屋架轴线对应位置的斗板石上,还有浮雕吉祥图案。从使用二块台阶石看,高度已经僭越礼制。明间堂屋大门装在由檐柱退二步架的金柱之间,门外为吞口,两侧开房门,由于门槛较高,

陈瑞银宅

房门外还安放有两步高活动木梯。大门做法，在下部加随枋的额枋下，居中做门框，门扇为双开板门。两侧各在额枋和门槛间装双开五抹头隔扇门，上绦环板为镂空雕，中绦环板为浮雕，隔扇芯雕刻较精美但有残损。与之相比，门簪和连楹的雕刻倒显得朴素了。额枋的随枋上悬挂"耕读传家"匾，无款识。次间呆窗三扇，居中为圆窗，圆窗两侧为方窗。窗芯以"龙凤呈祥"拐子花饰形成骨架，连接骨架的卡子花主要雕饰寓意"福寿双全""多子多福"的蝙蝠、寿桃、石榴等。其中六只蝙蝠组成的"六福"很少见，据说是在"五福"的基础上加"子孝"福。

额枋上走马板做法为编竹夹泥，但右次间却装的是木制栏杆，说明设有楼层。遗憾的是，因右厢楼已改造为砖混结构，二者之间的连接关系无法缕清。左厢楼尚存，看面为一楼一底两开间，穿斗式木结构歇山青瓦顶。楼层前面和南面外挑为廊，装木制栏杆。底层为六合五抹头隔扇门，而楼层中间两扇为双开板门。厢楼的台明高约尺许，倒是符合礼制。石板铺墁的庭院南面为院墙，今墙已不存，但墙基石料还在，与厢楼台明等高。

穿过建筑右侧通道，来到陈瑞亮宅院。不曾想两个宅院如此之近，陈瑞银宅的后檐几乎靠近陈瑞亮宅的外墙。我们是从陈瑞亮宅外墙后开的一个豁口进入的。据陈红介绍，相传陈氏两兄弟不和，陈瑞银后期修建宅子时故意紧邻其兄的宅院修建，以破坏其风水。但其说应该不成立，山地建筑中，这种布局常见，此说姑妄听之。

在陈瑞亮宅的庭院中观察了一下，两组宅院的定位轴线和朝向基本一致，只是陈瑞亮宅的正房体量过大，这是一组明显僭越礼制，超规格修建的宅院。

该宅同为一正两厢，穿斗式木结构悬山青瓦顶。正房前为通廊。此前对"面阔五间，通面阔29.3米，进深四间，通进深8.3米"的"三普"登录数据一直存疑，今日亲见，所言非虚。从开间看，前檐廊柱布局给人的感觉确是五间，中间超过7米，其余各间近5.5米。但作为堂屋的明间，在金柱（老檐柱）内又分隔为左中右三间，中间约3米。进深方面，前后檐柱间8个步架，加上挑檐共10个步架，每个步架1米左右。

陈瑞亮宅局部

陈瑞亮宅屏风

陈瑞亮宅前廊

  该宅堂屋布局为贵州目前已知所仅见。前檐廊柱间加挂落支承看梁，因开间过宽，看梁用料硕大。看梁上为双拼檐檩。挑檐檩的直径估计大于 0.18 米。前金柱（老檐柱）分隔后不设大门。中间额枋下加挂落，枋上木质走马板前挂无款识的"林泉山水"横匾。左右做法大致与中间同，只是两侧挂落略低于中间，挂落与额枋间有垫枋。左侧挂落下柱间，置双面镂空雕木屏，因嵌于柱础间而不可移动。右侧因后期住户改造且未见木屏遗存，是未做还是移走不得而知。改造部位还有"学正品端"木匾。后金柱分隔后，柱间以肥梁状材料作联系枋，区别在于中间枋下有雀替，两侧没有。香火壁设在分隔后的后檐住中间，壁前放香火柜，柜上壁面贴神位。香火枋上悬无款识的"国恩家庆"横匾。香火壁右侧的后檐柱与后金柱间，置双面镶板净面木屏，而左侧又未见。

  从屋架结构上看，满架，均为五柱四瓜十檩穿斗式，头穿在廊部做成拱形呈"月梁"状，穿枋下加挂落。而明间堂屋增加的两榀屋架，除没有前檐廊部，后檐与其他屋架做法相同外，区别在于前后金柱间。中柱不落地，插于金柱间头穿上部的驼峰中，头穿呈肥梁状，下有雀替。中柱前后的上瓜柱，插于二穿上的驼峰中。明间双拼檩之间搭设木质望板，望板下的檩子看面抹角。

  正房次间为居室，前金柱间装六合五抹头隔扇门。室内前部为起居空间，后部分为左右两间卧室。卧室架空，从四步上下的木质楼梯看，架空高度约 0.8 米。因正房次间外侧前檐柱与厢楼内侧前檐金柱共用，次间外侧前檐柱与金柱间装有圆形漏窗的隔墙，墙内安置上下厢楼的木梯。加之梢间屋主不在，未能一探究竟。台明外中间有垂带踏跺，与堂屋分隔部分的中间等宽。

  东西厢楼均得以保存，左厢楼底层靠正房那间为进出通道。厢楼看面均为两开间，但中间檐柱不落地。上下层各间，中间门框内装双扇五抹头镶板门，左右各一扇五抹头隔扇，不开启。楼层廊外柱间装木栏杆。厢楼特殊之处是前檐柱柱头上未安放檩子，屋面椽皮由下

陈瑞亮宅梁架结构

陈瑞亮宅左厢

瓜柱柱头的檩子上直接搭接在挑檐檩上，其上盖青瓦。

除布局外，更让人惊叹的，是遍布门窗、柱枋、驼峰、雀替、挂落、栏杆、柱础、台明等建筑内外檐装修上的雕刻。这座陈氏"豪宅"给我的感觉真是"非常震撼"。自1996年收到沈家坝在务川工作的陈姓老师的来信和随信的几张照片，就留下深刻印象。只是不久我由厅文物处调到省博物馆工作后，几经辗转调动，信件找不到了。几次往来务川，却总失之交臂，今日终于得了夙愿。这幸得务川仡佬族苗族自治县和遵义市人民政府先后将沈家坝古建筑群公布为市县级文物保护单位，沈家坝也因此成为第四批中国传统村落。

文启阁

居住在正房左次间的屋主陈洋老哥十分热情，除以热茶款待大家，还帮忙抬木梯协助大家拍照。在院内周遭观察并拍照后，利用其他队员拍摄照片之机，得以端着热茶，慢慢识读院墙内侧两口太平缸正面上镌刻的文字。从"南春主人自志"的内容看，这个叫"沈家坝"的地方，却是陈氏"世居故址"。咸丰六年（1856年），与贵州其他地方一样遭遇动乱，家破人亡。为了自卫，其操办团练"十有余年"，至同治七年（1868年）方得享太平，于是"修我墙垣，复我庐舍"。落成后"种花养鱼，而山林泉石间，颇得桑者之闲"，并在光绪十一年（1885年）"勒石以志巅末"。看来"三普"资料所言该宅系陈南春建，源出于此。就算"南春主人"是陈南春，那陈瑞亮和陈瑞银与其是什么关系？还有现住户陈洋呢？

已过晚上6点，催促大家赶紧。从厢楼通道出去后回望，陈瑞银宅厢楼的屋脊与正房悬山顶山花板齐，而正房后檐封檐板位置与厢楼悬山顶山花板齐。其厢楼悬山顶山花板靠近陈瑞亮宅的厢楼挑楼部位，还局部适度减少瓦垄。而陈瑞亮宅，则是厢楼后檐封檐板位置与正房悬山顶山花板齐。在陈瑞亮宅东数十米偏南处有座门楼,陈红介绍说是陈瑞亮宅的龙门。草草查看,门楼主体为一间四柱,各柱斜向延出,相当水平一个步架,呈"八字"状,以雕花枋代八字墙。门的做法与厢楼之门略同。

过龙门后东南向下坡,坡脚是文启阁,远处河流边还有回龙寺,二者做法相当,均是由底层的穿斗式木结构悬山顶的中间抬升后建三层四角攒尖顶阁楼,其中文启阁从修建碑记看,始建于清嘉庆五年(1800年)。只是时间已近6点半,两处阁楼已无时间调查。辞别陈红,并根据他的指引,调查组利用通村公路东北向又东南向经风动石后进入X354县道,过土溪镇后走X350县道,过绥阳镇后沿S205省道往凤冈县,抵达凤冈县时已过8点。

附:南春主人自志

　　婺州之北天池塘者,余世居故址也。咸丰丙辰遭教团之变,伤我薪木,毁我室家。累余办团者十有余年。同治戊辰季,清始复我邦族,修我墙垣,复我庐舍,虽无松竹之盛,亦免风雨之忧,依然烟火成村矣。落成后,种花养鱼,而山林泉石间,颇得桑者之闲。闲将歌杓斯,乐于斯,聚族于斯。是盖天故,安排桃源洞天以终老秦人也,岂偶然哉!爰赋七律四章,勒石以志巅末云。

　　寻得桃园岂避秦,桑麻鸡犬□□□。
　　植荆此后花成树,择里从先知处仁。
　　无事相羁真足乐,有书可读□为贫。
　　在山泉水清如许,香挹芝兰满院春。

　　营垒居持数十年,编联保田靖烽烟。
　　功名几许推身外,兴废更番过眼前。
　　气到平时分义利,理从纯处可方圆。
　　观思谁解予心乐,濠上原来有地仙。

　　于渊长与水为缘,活泼机□破浪先。
　　入我范围廉让地,戴他方大洞云天。
　　沉潜那肯随波泛,游泳端能养性全。
　　直待化龙飞跃跃,下强处士乐林泉。

　　不工耕凿不思盐,乘兴看书信手拈。
　　春到陵山方是富,人临让水自然廉。
　　用心克己防微谨,随意□诗怕律严。
　　本是吾庐吾自爱,林荫深处卧□□。

　　大清光绪十一年岁次乙酉十二月中浣大寒前三日,南春主人自志。

六十三、凤冈县天桥镇

2022年6月1日，阵雨间多云。

5点醒来，听见窗外鸟鸣声，不知是否被其唤醒。

昨晚从务川的沈家坝抵达凤冈时已是8点15分，让黄小青局长和老涂、小薛几人久等了。根据昨晚商定的调查计划，今日主要调查天桥镇乌江河闪渡一线。

据省保申报材料介绍，1934年10月16日至18日，中国工农红军六军团18师52团在当地人和船工的帮助下，先后数次从平头溪渡口、河闪渡、新渡口顺利渡过乌江进入凤冈或折返石阡境内，转战黔东北。其中一支约130名红军于10月18日晚上，在漆树坪乡乡长陈朝阳帮助下由新渡口附近渡过乌江，30余名伤员安置在旧寨庙湾的庙里，其余当晚到达漆树坪街上住宿。又从网上搜索到一篇"乌江河闪渡：从撑船摆渡到高速大桥飞渡"的文章，虽然讲述的是摆渡船夫文开富的事，但配有不少思林水电站建成蓄水前河闪渡的照片，截图保存，以便与今日现状进行对比。

突然大雨如注，间有雷鸣，时不到6点。

离约定上午9点的出发时间有近3个小时，便着手整理近日考察笔记，以不断充实和丰富"黔路纪行"。

昨日所行，内容丰富，经初步整理，文字量超过5千言，远远大于常日，得思考一下如何处理。利用早餐时间，通过手机浏览后初步决定将昨日所记分为上、下午各一篇。

太平缸文字尚未整理完成，约定时间已近。刚下到酒店大堂，老涂、小薛他们已到。调查组跟随他们，假道S32新玉高速湄潭至石阡段，在凤冈南收费站出高速沿Y266乡道抵达第一个目的地，天桥镇漆坪村旧寨组届湾红庙，时间是中午10点30分。这里是第六批省级文物保护单位"凤冈红六军团乌江战斗旧址"组成部分的红六军团旧寨驻地旧址。

老涂和小薛向调查组一行引荐了专门请来介绍情况的县委党研室的周君老师，幸会了。周老师详细为调查组的队员们介绍了红六军团在凤冈的活动情况，条理清晰、声情并茂。只是有一点，其称这支红军是在甘溪战斗后（因失散）过来的。但据我们此前在石阡县做甘溪和困牛山战斗遗址的保护利用项目得到的相关信息却是，甘溪战斗后的10月12日，18师52团复经走马坪向本庄界牌进军，击溃本庄区常练民团进占本庄，原计划从河闪渡过乌江，但遭遇黔军八团堵截，渡江未成。13日，在师长龙云率领下，从本庄三口坳等地向瓮溪司（今思南县瓮溪镇）进发。也就是说，这支红军应该是在困牛山留下田海清团长阻敌后由师长龙云率领的52团一部分先期脱困后过来的。

本应从漆树坪沿古道直下河闪渡的，因古道路段已不完整，加之耗时过长，镇领导便决定只走新渡口一段，然后乘船沿乌江下行河闪渡。

利用联系船只间隙，观察一下眼前红军居住过的小庙。从立于该庙西南的2通碑记判断，该庙始建年代至迟在清嘉庆十年（1805年）。现存建筑已经维修，面阔三间，五柱两瓜穿斗式木结构悬山青瓦顶，因明间抬升呈重檐状。庙湾因该庙得名，该庙又因红军驻扎过而称"红庙"。

驱车沿村道蛇形般直下后，停车在"大岭"，自此徒步沿古道东南下到"半坡"水边时，已是11点50分。近750米古道，累计下降144米，古道整体保存尚可。半坡处已是思林水电站库区水面，水下百十来米，是原称新渡口的古渡，为私渡。5分钟后船到，登船后发现，船长竟然正是网文中介绍的文开富。

12点25分在小雷洞河道转向东北后，峡谷远处出现一座跨江大桥，这是湄（潭）石（阡）高速公路，即上午我们经过的S32新玉高速上的河闪渡乌江特大桥，也就是说，河闪渡已经不远了。据介绍，这座钢桁梁悬索桥是由贵州路桥集团承建的，长贵州人的志气。半小时后，船穿过大桥后靠左岸在河闪渡停泊，全程耗时1小时。

下船后直奔安置于码头上广场东南角山边的古碑而去，其中1通镌刻于清雍正八年，是2千里乌江上保存最早的古碑之一。望着古碑想当年，与家父同庚，仍健在的思南县文物管理所所长汪育江，沿乌江源头直至涪陵，一路捶拓沿岸摩崖石刻和碑刻，是何等艰辛，景仰之情油然而生。老爷子，祝您更加长寿。

中餐地点就在渡口南面台地上的公路边，久违的黔北"渣海椒"和炒鸡蛋，一个鲜红里透着金黄，一个鹅黄里点缀着翠绿，令人胃口大开。

饭后，先到河闪渡村院子村民组调查古道遗存和河闪渡战斗遗址，遗址整体保存较好。

"红庙"

半坡古道

俯瞰乌江

蓄水前，古渡东面右岸就是本庄河口，东南右岸河湾是对向古渡。院子头一段古道也在网文上图片表现。

河闪渡也是川盐入黔所经，据《四川盐法志》记载，从涪岸运销贵州，沿乌江经江口镇（今重庆市武隆县江口镇）、彭水县（今彭水苗族土家族自治县）、清溪场（今酉阳土家族苗族自治县清泉乡）、思渠关（今贵州省沿河土家族自治县思渠镇）、沿河司（今沿河土家族自治县）、新滩（今德江县桶井土家族乡新滩村）、潮砥场（今德江县潮砥镇）抵思南府（今思南县）至葛闪渡（今石阡县本庄镇与凤冈县天桥镇交界处）和乌江支流龙底河的塘头场（今思南县塘头镇）后，运至石阡府（今石阡县）、思州府（今岑巩县思旸镇）和镇远府（今镇远县）。但航运受汛期影响严重，大量食盐长期依赖自江口镇走务川、凤冈的陆路运销。

于下午 2 点 15 分，继续乘船向北往平头溪。40 分钟后，远远地又看见一座桥，是在建的德（江）余（庆）高速公路乌江特大桥。目前正在吊装主拱，据说不久后即将实现合龙。据介绍，该桥是目前世界最大跨径的上承式钢管混凝土拱桥。运用装配式建造理念，借乌江水道将材料进行水上运输。材料存放在河闪渡，按工期适时运送到这里吊装，大大降低了现场施工对环境造成的影响。

在平头溪渡口下船时已近 3 点。感觉仅爬升几十米就到达平头溪中寨坪的街口，即平头溪村民组。在聆听周老师介绍并调查安永坤老宅和看了 2 处黔军修建的堡垒遗迹后，再度乘船返回河闪渡。至此，第六批省保"凤冈红六军团乌江战斗旧址"的各个文物点考察完毕。

返程时略感疲惫，在船舱里小睡了一会，靠岸的汽笛声将我唤醒，顿觉神清气爽，此时江面已起薄雾。

驱车赶往天桥镇，刚到镇上，准备参观"红军在凤冈陈列室"时，再次下起大雨，时晚上 6 点。

晚饭时得知，周君兄比我年长一岁，对红六军团在贵州特别是凤冈的活动情况十分熟悉，且著述颇丰，虽仅一日受教，但收获满满。

葛闪渡碑刻

黔军修建的堡垒遗迹

坪头溪"凤冈红六军团乌江战斗旧址"之一

附：河闪渡碑文

1. 义渡功德碑

额题"善缘普渡"4字。

碑文：

光绪十二年劝捐葛闪渡义渡首士吴道南、郑嘉谟、陈国望、安贞吉、黄大相、吴兰芳。黄大相、谢德仁、吴仕文、杨先学四人各捐银十两，刘明志助银六两，吴世顺、吴世岐各助银五两，安贞吉捐银四两，丁全贵、郑嘉谟、郑嘉猷三人各捐钱二十千文，陈祖荣、王德元二人各捐钱十二千文，川主庙、周氏阖族、游育连三款各捐钱十千文，佘宗碧、佘宗仙、熊绍扬、吴世才、陈朝辅五人各捐钱十千文，陈国尧捐钱八千文，吴世勇、李占有、王朝有、王锦德四人各捐钱六千文，杜应科、罗天知、黄藩、梁仕德、吴王二姓、李国贵、李学元、刘开元八人各助钱五千文，王仁元邹德明二人各捐钱五千文，罗尚金捐钱四千文，黄大奇捐钱二千文，王大铨捐钱一千文。光绪十九年捐输□款：余□□、李□芝共捐钱三十千文，王德昌捐钱十千文。

大清光绪十九年十二月二日，承办首事戴文元、陈国望、吴光德录刊，仝立。

2. "吴公义渡"碑

额题："郡伯德政"4字。

碑文：

吴公义渡

公讳寿龄，由鲁选进士，考授京官，历任监察御史。光绪十七年以刑科给事中□守斯郡。越明年，调守镇远。十九年复还本任，郡治皆政通人和，百废俱兴，穷乡僻壤无不戴其德泽。是年秋，因公造渡，所根究斯渡颠末，遂率□首事，协同团绅督成义举。奉公者奖之，妨善者惩之。□□□□望□之□抑□惠政济人之一斑云。

郡廪生吴永泽谨志

石工陈国海、彭□廷镌□

承办首事戴文元、陈国望、吴兰芳、吴光德阖众公立。

六十四、凤冈县的牌坊和古墓葬

2022年6月2日，阵雨转阴间多云。

一如昨日，鸟语声和雨滴声共同伴我清晨时光。

遵义是贵州保存古代牌坊最多的地区，凤冈和赤水又是遵义最多的县市，各有牌坊类文物保护单位5处。根据昨日商定，今日考察的是位于原石径乡的"大坪石牌坊"和"木耳厂石牌坊"2处市县级保护单位。

出发时间较昨日更晚些。上午9点40分，老涂、小薛、小黄和熊师傅在酒店门口，引领已经等候多时的调查组一行，驱车出发。北东向经茶海之心大道、龙凤大道、迎新大道、G326国道，在洋溪口附近东南转入S304省道，沿龙潭河左岸行，在六里村北桥头，在村委会的同志带领下，继续往两河口村前行。两河口村因龙潭河在此汇入六池河得名。原属花坪镇，2008年后并入石径乡，当时该乡包括乡政府所在宏丰社区、两河口村、青滩村，青滩原来也是乡的建制。

在地名余桥村处过龙潭河沿右岸行不远，右向走通村公路，开始爬山。道路虽为水泥砂浆路面，但十分陡峻。记得与良福兄在2008年3月底调查这一区域的3座牌坊时，雨后道路泥泞，我们的切洛基Jeep加挂四轮驱动模式后才得以前行。上山后一路盘旋，绕经石盆盆、老屋基、王家山、杨家湾、大土、岩门，于10点30分在马家组所在马家寨西南的南草湾附近停车，"大坪石牌坊"就在车前不远的公路边。

下车伊始，向村干部打听牌坊现在的行政区划，得知牌坊所在，今为凤岭街道两河口村马家组。

"大坪石牌坊"是公布为市县级文物保护单位的名称，因牌坊行政区划所在为石径乡岩门村大坪组而命名。该坊于1982年结束的全省文物普查工作中发现，登记为"'彤管遗后'坊"。我2000年底开始参与《中国文物地图集·贵州分册》编写工作时，承担的就是石质不可移动文物部分，对凤冈的牌坊有了初步的了解。2008年实地调查中发现，应为"彤管遗徽"4字，只是《地图集》书稿已于2007年秋交出版社。本想图书校对时修改，不想迄今无任何消息，估计"流产"了。第三次全国文物普查工作期间，行政区划有新的调整，1984年以石径、青滩、岩门3个乡，合建石径乡，辖宏丰、独溪沟、黄阳、万光、岩角、岩门等村。2009年并入两河口村后，划归该村。后又改属花坪镇。今凤岭街道辖原龙泉街道文峰社区、柏梓村、六里村，原花坪镇宏丰社区、两河口村，原永和镇青滩村，再改属凤岭街道。2位陪同的村干部就是六里村的，他们戏称到这里是越界服务，真的感谢他们。

抓紧用手机对牌坊的文字部分重点拍照，在等待领队石斌对牌坊进行全面拍摄期间，认真观察牌坊。该坊东南西北向跨古道而立。形制是四柱三门冲天式石牌坊，通高6.1米，宽6.5米。建于清咸丰五年（1855年）。

冲天柱头未置"朝天吼"，而是安置中柱三重、边柱二重的宝瓶。中柱间以上中下三块

大坪石牌坊

额枋联系，额枋间夹板。上额枋为净面，中额枋两面剔地浅浮雕四组，纹样不清晰，下额枋两面横向阴刻楷书"业儒杨昌瑜之妻恩荣茂槐之母欧阳氏节孝坊"19字，这是牌坊的全称。如当年命名为"杨昌瑜妻欧阳氏节孝坊"或"欧阳氏节孝坊"似乎更妥些。

上部夹板居中嵌"圣旨牌"，"圣旨"2字周边为高浮雕"二龙抢宝"。"圣旨牌"两侧，前后两面剔地浅浮雕四组，纹样不清晰。下部夹板为"字碑"，两面均横向行楷阴刻"彤管遗徽"4字。下额枋下部不用雀替，而是加做半圆形拱券，龙门石上皮与下额枋下皮接。

两旁中柱与边柱间，以上中下三块花枋联系，花枋间夹花板。上花枋为净面，枋与中柱间置石质角背。中花枋线刻如意卷草、下花枋两面分别横向阴刻楷书"处士欧阳炽之长女""增生秀□、秀彩、秀彬之祖母"。上花板西北面分别横向楷书阴刻"钦命贵州巡抚部院贺题奏""大清咸丰五年岁在乙卯仲冬月谷旦建修"，东南面分别竖向楷书阴刻欧阳氏生平事迹，但字迹漫漶难识。下花板西北面分别横向行书阴刻"柏操松龄""冰清玉润"，东南面分别横向楷书阴刻"大清咸丰五年岁在乙卯仲冬月谷旦建修""钦命贵州巡抚部院贺题奏"。虽然为欧阳氏生平未能识读感到遗憾，但其中也提供了一些碎片化信息。如文中提到"三纲四维"。这是中国古道儒家的基本道德原则和行为规范，其中"四维"指的是礼、义、廉、耻。还记载有，当时的凤冈，全郡"闺阃中有士女子之行，宜乎德与寿兼□，无愧圣天子之□□也"等。

牌坊立柱上镌刻对联多副。西北面中柱为"署龙泉县事玉屏县正堂□世鑣"题赠的"割股亦寻常，六十载养老抚孤，人称大义；□心差慰藉，两三行褒贞表寿，天与荣名"。边柱为"拣选知县李祖□顿首拜题"的"盛世□□□□，冰心长映龙泉泉中月；□朝人瑞九旬，劲节高标凤岭岭头松"。东南面中柱为"截取知县特授定番州儒学正堂任顿首拜题"的"□□四朝雨露，想苍松翠柏，历尽风雪冰霜，弥征节操；寿越九秩春秋，似彩凤文鸾，高出云霞烟雾，持见精神"。边柱为"道光壬午科□□□恩科大挑一等选授清平县儒学截取知县吴巨拜题"的"柏质松姿，劲节偕凤岭永固；冰心玉骨，贞操并龙泉长流"。中柱间内侧分别镌刻对联各一副，分别是"□□□□□□欧阳光民敬□"的"节劲冰霜，□□□耀乾坤里；名传竹帛，赫□飞腾宇宙中"和"□□□族内弟欧阳家麟拜撰"的"想生前，□□饮药□茹一片，幽贞扶助乾坤正气；喜殁后，□可入志可登无□，今闻褒□闺阃完人"。中柱和边柱间内侧镌刻对联分别是"□选进士陈煊拜撰"的"苦节忆熊丸，抚四代儿孙，真不愧女中男子；贞操膺凤诏，享九旬寿考，本算得阃内完人"和"龙邑庠生内侄欧阳□□顿首拜题"的"□沉古井，春永北堂，美矣，寿由节茂；□□皇都，神游仙岛，休哉，报以德□"。

前后夹柱石为须弥座抱鼓石，抱鼓石鼓面雕刻以浅浮雕为主的吉祥图案。

牌坊西南古道上有跨小溪单孔石拱桥一座。奇特之处是桥面两侧，桥拱龙门石上方对应生长的2株柏树。小桥单薄如斯，却能承载参天大树。据"凤冈县古大树保护牌"显示，树龄300年。如此说来，小桥至迟建于清康熙年间，而古道应该更早。柏树在长达300多年的生长周期中还能够确保古桥的稳定，实属难见。站在桥头回顾牌坊，回想起2008年的考察线路，当年我们是从杨家湾的大土过来，在岩门下车后经此条古道上行，考察后再往西南的文昌考察另一座牌坊。

木耳厂石牌坊

而立于杨家湾组南面大土的"木耳厂石牌坊"，也是公布为市县级文物保护单位的名称，同为1982年结束的全省文物普查工作中发现，登记为"李氏节孝坊"。到达牌坊后得知，原来的"木耳厂"已不存，不远处以彩钢板搭建的板房用以养蚕。

于11点10分抵达该坊，百余米未硬化的道路因为泥泞难行，走了近十分钟。

牌坊西南东北向，立于杨氏祖坟区域东南隅。14年前曾看过其中3座杨氏"昌"字辈的坟墓。该坊形制是四柱三门冲天式石牌坊，通高5.6米、宽6.9米。建于清道光十七年（1837年）。

与"欧阳氏节孝坊"不同，冲天柱头安置"朝天吼"位置，中柱以石狮、边柱以大象相对而立。中柱间以上下2块额枋联系，额枋间夹板。上额枋为净面，下额枋两面横向阴刻楷书"龙邑庠生杨昌达之妻节孝坊"12字。夹板为"字碑"，只是镌刻文字实在难以识读。下额枋下部同为半圆形拱券，龙门石上镌刻"李氏"2字。很难说此举是因为镌刻坊名时忽略而后补刻，还是专门突出"李氏"其人。"圣旨牌"独立于上额枋上，上额枋与中柱间置石质角背。

两旁中柱与边柱间，以上下二块花枋联系，花枋间夹花板。上下花枋均为净面，其中西北侧下花枋早年断裂后脱落，残留段与14年前所见无变化。花板两面均分别横向楷书阴刻"贵州巡抚部院嵩题请""道光十七年岁在丁酉□□月立"。

立柱镌刻有对联。前后夹柱石为须弥座抱鼓石，抱鼓石鼓面雕刻以浅浮雕为主的吉祥图案。

因为时间关系，放弃认真识读牌坊上隐藏于石质纹理间的文字。难以识读的原因，除了自然原因，跟选用当地称为"花石"的石灰岩有关，这种石材含泥较重，密度较低，所含泥质风化后形成大面积不规则纹理。位于凤冈县东部，今日所见2坊及文昌"潘氏节孝坊"、花坪彰教坝"吴氏节孝坊"均使用这种材质的石料，且"李氏节孝坊"附近地面仍露出有大面积的这种岩石面，据此，除可以判定牌坊建造为就地取材外，还能判断这类岩石的分布情况。

时近正午，调查组来到柏香坪西北五头山西南麓的，属于六里村境的马灵光，考察一株已生长1200年的光皮桦木。该树生长在一岩溶洞穴的洞口，被人们作为神树供奉。洞口有碑刻4通，可识读的年代包括清宣统、民国等，很晚。俗称"马灵光"的光皮桦木确实生长奇特，但我还是更为此前古桥上的那对柏树称奇。

鉴于我们考察后要返回贵阳，小薛征求调查组意见，可否在花坪再看一座古墓葬，那里可以直接上高速。我们欣然应允。

　　沿村道经黄家，于岩底下西转翻越金家坡，在六里村村口辞别村干部后，折回 S304 省道、G326 国道往花坪街道。12 点 50 分，车辆停靠在鱼跳村客店湾南隅的"傅氏宗祠"前，依山西南向布局的祠堂仅存封火山墙，且后墙已经改为水泥砖砌筑。"傅佐友夫妇合葬墓"在祠堂东南隅，一临街建筑的背后。

　　该墓全称"清故上寿待赠傅公讳佐友老大人、待诰傅婆氏何老孺人之墓"，其中，疑为"婆"字者，上下结构，上"浦"下"女"，系本人初次所见。墓葬土封石围，"艮山坤向"，也就是坐东北向西南。前置六柱五间三层五楼石牌楼，雕刻精美。初识碑文，傅佐友七十而故时，妻何氏仍健在，那么所谓百岁以上的"上寿"者，应指其妻何氏。同为县级文物保护单位，"傅佐友夫妇合葬墓"远比"傅氏宗祠"的价值要高。委托小薛事后帮忙找一下傅氏族谱。

　　1 点 30 分得以在镇上吃中餐。餐后雨又下起，且越来越大。老"图"代表他们一行用电话与调查组告辞后，转向县城，调查组驱车直行进入高速公路返筑。

俗称"马灵光"的光皮栎木

傅佐友夫妇合葬墓

表明方位的匾额

墓葬石雕（局部）

过乌江楠木渡进入开阳后遇暴雨，今年的"端午水"周期与雨量均较往年多许多。值此端午，愿大家"安康"。想想蛮郁闷的，自古致以快乐的节日，至今反而被公知们忽悠得只能祈求"安康"，无语。

附："傅佐友夫妇合葬墓"碑文

刊碑以述往事，没后皆然。往往有徒尚铺张，而究其生平，初无片长之足录岂不过情哉。若我先祖佐友公者，素号端人也。其处事，则和约谦厚，品望堪钦。其立身，则正直刚强，威仪可畏。自咸丰世乱，致和蜂起，公荷戈矛，雁锋敌，与贼抗衡十余年间，无时不以保卫地方为事。迨承平后，凡一切善后事宜，罔不竭力支持，捐资成就。其有功于地方者，非浅鲜也。而公又清高自矢，虽有宝德可徵，究未尝沽名邀誉，固宠希荣，惟以一片孤忠，质鬼神而对天地，此岂寻常所能及其万一哉！公事稍暇，经营家务，颇费辛勤。所可慨者，男婚女嫁，未偷驹隙之闲。教子训孙，空负鹏程之望耳。然使侥人之幸，假以永年，得与祖母享偕老之福，岂不幸甚。无如年方七旬，竟弃不肖等而长逝矣。然犹幸祖母犹存，虽当桑榆之景，而精神如故，耳目依然，足徵厚福，斯亦不幸中之一幸也。试思我祖，先年百忧感心，万事劳形，吾家之所由兴，其得祖母内助之力大半焉。迄今家业颇丰，孙支繁衍，谓非祖母之乐事乎？我祖有知，当亦欣然喜耳。呜呼！皇天无亲，惟德是辅，盖诚然也。爰述颠末，勒诸贞珉，俾后起者，知我祖二老之苦心而继序不忘焉。可矣！谨叙。

外批所有大新田、水田二丘，永作拜扫之资，后世子孙未可分受，特嘱。

龙邑优附生员何朝相撰并书。

大清光绪二十有二年丙申冬月中旬立。

六十五、清镇骆家桥和明威武所遗址

2022年6月10日，阴间多云。

调查内容：清镇市骆家桥和明威武所遗址。

昨天接到秀成通知，今日将应海英邀请，就清镇市市县级文物保护单位骆家桥的保护事宜进行现场调查。但中心组织贵州银行今天上午9点开始统一为有意愿的职工更换第三代社保卡，因此调查组决定先行办卡后再出发。

于早晨7点左右便赶到单位，抓紧调阅《中国文物地图集·贵州分册》和"三普"数据中关于骆家桥的相关信息。调出后发现，骆家桥只是俗称，在上述资料中，均同样登录为"西清桥"，为市县级文物保护单位。从地图集简介说在"站街镇骆家桥村"，而"三普"数据则称"位于红枫湖镇骆家桥村"看，据此分析，骆家桥村的行政归属已经发生变化。

细看之下还不仅此。历史沿革上，因"始建于明万历四十一年（1613年）。雍正十一年（1733年）重修"，地图集简介定位在清代，还提及"1997年扩建"。而"三普"数据仅言"明代所建"。从地图集简介言及"桥头立有'西清桥'碑"看，依据较为可靠。"三普"数据并未提及建桥碑记，估计该碑命运堪忧。文物本体形制描述更是不同。地图集简介称"东西向，跨公固河。三孔石拱桥。长40米，宽8米，单孔净跨7米，矢高2米"。而"三普"数据为"桥跨南北两岸，河水由西向东从桥下过。桥为四孔石拱桥，青石垒砌，长30米，宽3米，高10米，净跨22米，占地90平方米"。差距如此之大是我之前从未遇见过的，看来只能留待现场调研时再说吧。

骆家桥

又查询完相关水文资料后，到食堂用早餐。餐后我排队率先办卡，但到调查组成员办好卡得以从单位出发之时，已经是中午 11 点 40 分。出曦阳山庄走杨柳湾、新添大道南段、观山东路中心环线后上高速，经 G6002 绕城高速、G60 沪昆高速，在清镇下高速后沿百鸟大道转 G320 国道西南行，又在民乐村附近右转进入乡村公路西北行，于 1 点 10 分抵达骆家桥桥头。

与海英和她们分管局长黄涌会面，海英还向我们引见了红枫湖镇和交通运输部门的相关领导，以及骆家桥村李政伦支书（主任）。从随后的介绍中得知，清镇市为骆家桥村从乡村公路危改项目申报中获得一笔数额并不多的资金，但道路所经涉及老百姓习称"骆家桥"的文物保护单位"西清桥"，我们此行的目的，就是为如何花更少的钱对该桥进行有效保护。

村支书李政伦说，现在的骆家桥，1991 年被洪水冲垮，仅存河中桥墩和两岸桥台，1997 年重建时，为增强泄洪能力，在桥北增加一孔，桥就由三孔石拱桥改为四孔石拱桥。也就是说，骆家桥除了南岸桥台及其相邻两个桥墩是历史遗物外，其余部分都是 1997 年重修并扩建的。看来，地图集简介和"三普"数据描述均不完整，只不过前者较比后者信息略多一些。至于桥梁尺寸，桥长因测点不同不足为凭，桥宽远没有 8 米，但也不止 3 米。我的疑惑是，这座在民国《清镇县志稿》卷三"道路桥渡"中仅见"骆家桥，在城西南三十里公固河上"十数言记载，最具价值的建桥碑记已经不存，且水毁后重建不久的桥梁，凭什么突出的价值被公布为市县级文物保护单位。

问及桥梁周边河道和农田情况，李支书介绍，周边除道路和宅基地外均是基本农田，骆家桥村现在还是"高标准蔬菜保供基地"。他还是河长，对他管辖的骆家桥村自该村一组到同镇右七村偏山组 9.8 千米河段非常熟悉。言及河流，他说，穿纲河（麦翁河）从西南来，由西向东过骆家桥后往东北方向流，在偏山入红枫湖，是贵阳主要水源地之一，目前已经达到二类水质标准。

我只知原有资料称为"公固河"。贵州人民出版社 1991 出版清镇县地方志编纂委员会编的《清镇县志》中未见记载，反倒是该社 2004 年出版的平坝县志编委会所编之《平坝县志》有记，称乐平河，旧称公固河，狗桥河，于今平坝区乐平镇岩脚寨入平坝境，西南东北向流经乐平镇凤凰村、大屯村后入十字回族苗族乡十字村，于该乡麦翁村入清镇洪枫湖镇境。在平坝境内河长 37.28 千米，支流多达 21 条。水质同样达到二类标准。

基本农田和水源河道均不能占用，文物保护又必须遵循不改变原状和最小干预的原则，看来，骆家桥所在公路改造和古桥保护上会有不可避免的冲突。鉴于此，我提议，如果必须确保道路和桥梁宽度，清镇市交通运输部门应率先获得基本农田和河道行政管理部门的行政许可，再考虑提出整体保留原桥，桥梁东西两侧局部加宽的方案，获文物保护行政管理部门行政许可后实施。

回到清镇市区已是下午 2 点 30 分，食堂早关了，便选择在附近一火锅店吃卫城辣子鸡。饭后本计划返程，海英又要求就保护范围和建控地带划定事，去一趟威武所遗址，以提出一些建设性意见。看时间还早，调查组便应允前往。继续由海英他们引领西北走云站路再转站南路，路上用手机调阅相关资料看了看。于 4 点 20 分抵达遗址所在的站街镇，小地名老城村。

古道

威武所城遗址（局部）

此时下起了阵雨，背包里的雨伞正好派上用场。记得这还是全国石窟寺含摩崖造像专项调查在赤水市两会水石窟寺以来首次在田野调查中遇雨。在雨中，大家开始向遗址所在的坡上行进。

该保护单位公布名称为"威武所城遗址"，但"三普"数据登录为"威武所城垣遗址"。据海英介绍，威武所城原来的平面布局呈不规则椭圆形，周长约4500米，设有东、南、西、北四门。现在残存坐东向西的西门及一段城墙遗址。但我们行经的古道正是原来进出所城的道路，虽路面铺装多处改做水泥砂浆硬化，但道路线形保存完整。我觉得公布为市县级文物保护单位所用名称更准确一些，只是从现状看，建于临近山顶处的威武所城遗址，用残垣断壁描述遗址面貌一点不为过，但局部地段保留的墙体，规模和风貌依然清晰可辨。

至于其保护范围和建控地带划定，首先得摸清遗址文物本体的总量，除城墙和城门遗存外，建议将古道一并纳入保护。划定前应准确掌握文物本体所在的土地用地属性。如是永久性基本农田或林地的，只划定保护范围，不划定建设控制地带。划定保护范围主要是表明履行文物保护工作的权利和责任，而永久性基本农田或林地是禁建区，因此不能划定建设控制地带。建设控制地带应划定在与文物本体相邻的宅基地区域，主要是控制宅基地建筑的体量和风貌。

下到村里，刚过5点。辞别海英和黄局后返回贵阳。途中再次查阅威武所资料时发现，历史沿革又有不同，地图集简介称"建于崇祯三年（1630年）"，而"三普"数据则谓"始建于明崇祯元年（1628年）"。无奈只得再次查阅民国《清镇县志稿》。在其卷三"建设述要"中有"明威武所城。在今干沟坡上。考之《督黔善后事宜疏》，建于崇祯三年，周九里三分，高二丈。然历年已久，虽尚有住户，未加培修"的记载，还提及威武所和赫声所一道，在清康熙二十六年（1687年）随威清、镇西两卫一并拆撤后改为清镇县。有趣的是，"清镇新城尚呼站街，干沟亦有站街"。清镇城南的"站街"，因明洪武间所设"清镇站"得名。那么，干沟坡上威武所下的今站街镇，因名何来？

六十六、前往仁怀

2022年6月20日，阴有阵雨。

原以为本周雨水较多，田野调查工作会根据天气适当延期，未曾想上班伊始就接到准备中午出发的通知。

上午在办公室做些准备，中午在食堂用餐后回家带上换洗衣服。行前还争取时间赶到景云山，向周六不幸离世的韦太均告别，他是1987年到当时我供职的省文化出版厅文物处的，成为同事以来，已35年了。

于中午1点30分出发。途中在开阳、息烽路段二度遭遇暴雨。

于下午5点抵达仁怀市，雨住。在仁怀市入住酒店后，与市文保中心主任张霖商量在仁期间的调查计划。

张霖的安排计划是，第一天调查五马镇永安寺、三洞桥和坛厂街道鲁班场红军战斗指挥所旧址、明广寺碑记、水渡河摩崖石刻、怀阳洞摩崖石刻、怀阳洞古道。第二天调查茅坝镇川主庙、天堂塔、水利判决碑、黎明总兵衙署遗址、烟灯山营盘遗址、王辅松墓及嘉靖古钟、鄢家渡渡口、芭竹沟古道、生生桥、悬空寺、崇文字藏碑、刚家寨墓群等。第三天调查九仓镇龚氏墓、排沙坎陈正芳墓和鲁班街道岩桑溪古村落。

面对铺展开的地图，发现仁怀市行政区划宛如新月的"峨眉月"月相，西侧月面部分隔赤水河为四川古蔺县境，北东南三面分别是遵义市习水县、桐梓县、汇川区、播州区和毕节市金沙县地。而我们即将开展调查的区域主要分布仁怀西南部，其中坛厂街道、鲁班街道和五马镇以前针对具体不可移动文物进行过调查，相对熟悉一些，但地处赤水河和金沙境之间相连的茅坝镇和九仓镇，赤水河上游金沙清池至仁怀茅台镇的赤水河河段，则是此前未曾涉足过的区域，可填补空白。鉴于此，调查组决定对调查计划进行必要调整，明日先期调查赤水河右岸九仓、茅坝一线，如果条件允许，明日住宿安排在不可移动文物藏量比较丰富的茅坝镇，以免往返城区而浪费时间。

晚上将此前整理过的嘉庆《仁怀县草志》、道光《仁怀直隶厅志》、道光《遵义府志》和光绪《增修仁怀直隶厅志》文本，节选出与此次调查区域相关部分。还阅读了民国《续修遵义府志》与仁怀相关部分。对明天即将开始的调查很是期待。

商量调查工作的日程安排

六十七、仁怀九仓镇和茅坝镇

2022年6月21日，阵雨转多云。

今日夏至，但仍未体会到夏天的味道，晨起后体感还很凉爽。

早餐时张霖已到酒店，一起在酒店用餐。得知餐厅咖啡已加糖，只好放弃。于上午9点从酒店出发，先后接上他们中心副主任肖瑜和茅坝镇文化站站长莫论章老师后出城，沿G212国道转X392县道，于中午10点30分抵达九仓镇小湾村西北的牌楼组。小湾历史上开设场市，称"小婉场"。镇村干部已经先期到达等候，调查工作自此开始。

一栋面阔三间木结构悬山青瓦顶的典型黔西北民居，坐东北向西南，在拱形挑檐枋的加持下，显得出檐深远，现为"汝南世第"周氏所居。当地习称"奢王坟"的古墓葬就在周宅东北隅，不几步就到。

民国《续修遵义府志》古迹三记载，该墓应为明奢宣谕墓，称墓"在仁怀县南一百三十里之排楼。墓碑缺其半，仅见'孝男奢书'四字。墓前石狮一对，高八尺。石坊已圮，仅存石柱。墓室四片，厚尺余，熔铁铸其外，土人以铁坟呼之，亦谓之奢宣谕墓"。想茅坝、九仓一带，明中期后属永宁宣抚司辖地，清雍正五年（1727年）随遵义府改属贵州布政司，奢氏葬于此实属正常，何况文献记载与现有实物遗存吻合，只是目前仅存散落在周宅东南山墙旁和坡下的一对石狮（基座均不存），而根据文献分析应为方形或长方形石室墓的墓葬本体，已被堆积其上的耕土覆盖，土上种植玉米。根据镇村干部介绍并结合地形分析，地处九仓河右岸的墓葬，其朝向应为南向。据说该墓虽出现几次险情，但至今未被盗掘，希望与"铁坟"的构筑方式有关。

据随行一人称，当地还有传"奢王坟"为奢崇明墓的，此不足信。因明崇祯二年（1629年）八月十七日，奢崇明在进攻永宁时被朱燮元部包围，力战不脱，全军覆没而死。其尸首须多方勘验，确认后还是请功的要件，会移葬于此？几不可能。

于11点西北行至杜包村西北的排沙组，小地名排沙坎。杜包历史上也开设场市，称"渡包场"。

墓葬在九仓河左岸坝子中一独立山体北麓筑台建造，墓园平面布局呈"U"形，面宽大于进深。墓葬本体取"巽山乾向"，也就是坐正东南向正西北。居中为陈正芳墓，土封石围，平面主体为圆形，尾部与靠山连。墓碑高大厚实，碑座为须弥座，碑帽为四阿顶，未见脊端部分。碑阳竖向楷书阴刻"皇清例授宣德郎五十一寿显考陈公讳正芳字春园老大人之墓"。陈正芳墓左，另有一土封墓，

"奢王坟"遗物

未见墓碑。据陈氏后人，市人社局和公务局介绍，该墓为陈正芳子陈焕章墓。墓园前端左右分别设门，其中西南之门已垮塌，构件残存。东北之门里外均镌刻对联，分别为"有月即登台，无论春秋冬夏；是风皆入座，不分南北西东""天水扬清，以外山川皆有致；排沙耸翠，此间风月信无边"，款识为"仁邑增生乡世弟胡□云拜题"。这是一处第三次全国文物普查后新发现的墓葬，可命名为陈正芳父子墓。

返回途经王宗炎宅时，发现其居住房屋与其他民居手法不同，外檐挑檐枋未用拱形，断面呈"T"形，感觉应是公共建筑。问其建造和居住年代，直言是清乾隆三年，他们是土改后居住在此的。细问得知，是其10余年前返修房屋时，在底瓦上发现有"乾隆三年"字样，只是时间长了，不知那块瓦放哪去了，甚为遗憾。

在绕向东北筲箕湾村铁匠坪组，于12点25分调查已经破败不堪的陈氏宗祠时，此前的疑惑得到印证，王宗炎宅应为祠堂类公共建筑，二者建造手法相当。

在告别陈氏后人折向西北，沿联户公路于1点30分抵达仁和村谢联组（原谢厂坡村），调查市县级文物保护单位"谢长坡龚氏坟"。

这是一处家族墓地。其中"龚正纲夫妇合葬墓"与陈正芳父子墓布局大体相当，只是墓园大门的位置和墓碑的形式不同。该墓在第三次全国文物普查中被列为重要新发现。另一座"龚余氏墓"未建墓园。上述墓葬雕刻均十分精美。此处墓葬，如命名为"龚氏墓群"或"龚氏墓葬石刻"更为贴切，而小地名是"谢长坡"还是"谢厂坡"则应予核实，力求准确。通往墓葬的步道不得不吐槽一下，以砖长距离铺设的坡道，十分湿滑，我穿解放鞋都行走困难，真不知为啥不铺设为梯步。

一路西南下至九仓河畔九仓坝的九仓镇后，于下午2点15分，才在九仓镇政府食堂就餐。

因九仓镇人大杨主席和文化站小赵下午均有会，改由九仓中学邹老师陪同我们。一行于3点抵达下棋坳东北一处新的墓葬。在下棋坳附近可俯瞰九仓镇。快到墓地爬土埂时，脚下土埂夹杂的砂岩因松动而坍塌，导致我摔了一跤。经识读碑文得知，该墓为"邹绍禄夫妇三人合葬墓"，所见不多。后从墓志得解疑惑。原来，邹绍禄"克勤克俭，丕振家声"，但因原配王氏至其五十岁后仍未有生育，遂"继娶"贾氏，"愿启后昆"。该墓也有墓园，前面墓园大门和围栏已经倒塌。墓葬坐北向南，主体土封石围，平面呈圆形，后尾与靠山相连。

陈正芳父子墓

龚正刚夫妇合葬墓

九仓龚余氏墓　　　　　　　　　　　九仓邹绍禄夫妇三人合葬墓

四柱三门五楼牌楼式墓碑紧贴墓葬。墓园东南角外为其子的墓葬。

　　至此，九仓镇的调查告一段落，收获比预期的多。今日所见墓葬均为砂岩石构造，虽奢宣谕墓本体被耕土覆盖，但从残存石狮看，墓葬也应该是砂岩石的。辞别邹老师后，调查组驱车赶往茅坝。得知市文保中心另一位副主任李正伟已经接到邓义镔，此时已在茅坝调查"天堂塔"。

　　于4点抵达茅坝镇黎民村黎明小学，调查一口明代铁钟。根据新冠疫情防控规定，佩戴口罩、扫码、测温并登记后进入校园。

茅坝字库塔碑记

　　钟悬挂在校园大门内西南角一钟亭内。据简介得知，钟高1.25米，口径1米。所铸铭文主要有"永宁宣抚司抚主奢，龙吟寺皇明嘉靖三十三"等关键信息。但该钟铸造年代与民国《续修遵义府志》古迹二所载不同，该志曰"嘉靖时钟（存），按：在仁怀黎民镇普光寺，上有'嘉靖四年铸'五字"。寺庙中也只提及"黎民镇有五显庙、乐山司、普光寺"，未见龙吟寺。看来是文献记载有误。

　　于4点30分东南行至Y326乡道茅坝镇杨柳村东南隅，调查位于道路东北侧的1通字库塔修建碑记。碑为四棱碑，有四角攒尖顶碑帽。东北面竖向双钩线刻楷书"崇文字藏"4字。东南面镌刻胡文湛撰写的碑序，其余两面镌刻"募化首人"和捐资者姓名。据莫站长介绍，字库塔和碑记原来都在马路对面，后塔毁碑存，修建乡道时将碑移至现址。

　　于4点50分在茅坝镇文化站与邓义镔们会合时，得以冲杯自带的挂耳咖啡。在此获赠莫论章站长任执行主编的《黎民村志》。

　　天色尚早，调查组稍事休息后前往茅坝镇西的官院村后坝组，在调查1通碑刻后，又先后调查了大龙井和乌龟井。

于6点10分在新建的川主庙内调查建于清道光十四年（1834年），供奉南海观世音的石塔和修建碑记。

于6点30分来到今日最后一个调查点，位于在官院村官院子组，据说是因明代永宁奢氏所居得名。民国《续修遵义府志》卷三公署卷记载，"官院子，在毛坝上流，距场二里，土人相传昔为屯官公署"。赵刘氏墓在四湾子两栋民居间，坐西北向东南。该墓以石灰岩建造。墓园布局与今日所见之多处墓葬相仿，只是墓园未设大门。于6点50分结束一天的调查工作时，天空出现七彩祥云，大家一通狂拍后，于7点15分入住茅坝镇内的舒然酒店。

调查茅坝水利判决碑

茅坝乌龟井

茅坝大龙井

茅坝川主庙观音阁

茅坝官院子赵刘氏墓

经历了一天实实在在的酷热后，大家决定先行洗澡，歇口气再吃晚饭。我借机将全身衣裤都洗了。

今日最大收获是清代晚期的古墓葬。陈正芳父子墓、龚正刚夫妇合葬墓、龚余氏墓、邹绍禄夫妻三人合葬墓、赵刘氏墓等，不论材质是砂岩还是石灰岩，其形制和工艺都与金沙石场和清池的全国重点文物保护单位"敖氏和罗氏墓葬石刻"相仿，而茅坝和九仓二镇与其毗连，据此可作为墓葬习俗分布的参考。

此前怀疑当地70岁即为"上寿"之说，从碑文"七十岁上寿"之待诰孺人赵刘氏墓得到印证。

9点才相约出去晚餐，喝点水后休息。

六十八、仁怀茅坝镇

2022年6月22日，多云。

于上午8点，大家已在酒店大堂集中，石斌下来后集体前往茅坝镇政府食堂，莫论章站长已在食堂等候。

早餐后，还未出发，接酒店电话，询问我们一行是否错拿别人的包。果然，是邓义镔帮我把背包装车时整错了。赶紧安排送回后，调查组沿Y326乡道西北行，经杨柳村、望龙坪过黎民村后向北，于9点25分在跃进村东南安家坡Y326乡道旁停靠，道旁一村民家，还是莫站长的亲戚。

自此，调查组将沿芭竹沟一路向下，前往赤水河畔的鄢家渡。

芭竹沟因盛产芭竹（即棘竹）得名，赤水河沿岸多用以造纸，成品除主要作为酒或食盐的包装用纸外，也有专门用以祭祀的"香纸"。

出发地海拔690米。西南行700余米，古道在芭竹沟左岸上部，可见溪流。自此向下百十来米古道靠山体岩厦下呈蛇形走向，铺路石相对完整且保存较好，岩厦下道旁立有残碑。

行走至1千米许，古道在绕行一山湾后折而向北。从一处供奉观音的遗址继续前行300多米，西侧山体雄峻，峭壁高耸。壁下"龙洞"内有山泉涌出，过古道上的"龙洞桥"下后，直坠芭竹沟。

从卫星影像图看，古道西侧雄峻的山体称立岩，东面隔芭竹沟，半山的寨子称马家寨。过桥后道路转向东北。

该路段最具代表性的遗存，是沿途留下的无数个表面直径22毫米左右、深40毫米左右的小洞，有的一块铺路石上就有3或4个。这是行盐古道上背夫们背运食盐歇气时，用一种称"拐箱子"或"拐爬耙"的拐杖作支撑留下的印迹。

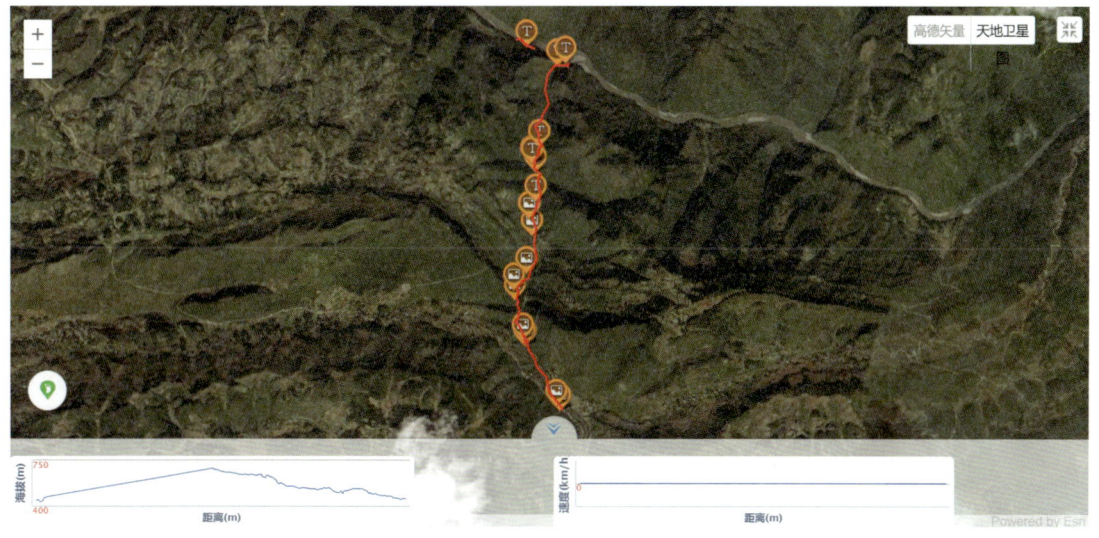

芭竹沟古道分布卫星影像图

行至1.5千米处，道路被新建的水泵房隔断。路旁告示，作为饮用水源保护区，禁止在芭竹沟溶洞上游1千米内从事种植、放养畜禽等污染水源的生产活动。

自水泵房下行路段，因被修建泵房时遗留的建筑废弃物和泥土覆盖，泥泞湿滑，十分难行。而100米后保存完好的供奉观音的遗存，是此行规模最大的一处。上部利用山体岩石空隙安置青石砌筑的神龛，看面镌刻"□□山险惟望仙家度；□□石硖俯□观世音"对联1副。下部以三块青石架构为供桌。旁有修建碑记2通，圆首者文字几不可识，方首者也风化严重，不过额题"万善同缘"和款识的"大清光绪二十六年"尚能识读。看来民国《续修遵义府志》记载的观音庙太多，如岗家寨、九仓坝等，凡乡镇都"有观音堂"，确实所言不虚。

此后的古道越发让人感觉人迹罕至，估计与前述的环保要求相关。在标注为黄连树的地方，残存一栋糟朽过于严重的民房，莫站长介绍，历史上这里曾是为行旅提供服务的场所。再往下，除了几处有山泉出现之处，略感凉爽外，总体上湿热难耐，且许多路段因植被过密，不时得猫腰前行。越往下行瘴气越重，突然想起芦媛送我的那支吸入式雾化器，吸后感觉蛮爽。

于中午12点15分，终于抵达芭竹沟水汇入赤水河河口，4.08千米路段耗时近3小时，总体下降250米。河口离上游鄢家渡渡口还有400多米，调查组一众合影后继续向鄢家渡走

古道旁遗存的"观音堂"

"拐爬耙"留下的印迹　　　　　　　　　　　　芭竹沟古道（局部）

鄢家渡

茅坝悬空寺

去。终于到达鄢家渡渡口，渡船仍在，功能仍存，只是，芭竹沟河口与鄢家渡之间正在修建鄢家渡大桥，不日通车后，古渡将何去何从。眺望镌刻在古道山体石壁上的"公渡"等幸存的摩崖石刻，脑海浮现的是民国《续修遵义府志》中的片言只语。

鄢家渡，文献称仙家渡，"在治南一百里。本私渡，邑绅陈天爵以钟姓绝产数十石禀县立案作渡夫口粮，改作官渡"。刚才所经，在卷六关梁中称为"笆竹沟隘""距治城九十里。两山壁立。邑人陈焕章凿路通行，自黎民镇至河十五里，为通蜀要道"。据莫站长介绍，由陈焕章出资整修的道路已经修到熊家台，自熊家台翻越山岭后就是金沙的岩孔。过赤水河后可通往石宝镇。石宝镇地处川黔要冲，自古以来商贸发达，是古蔺最南端的商贸中心和物资集散地。

于12点50分从鄢家渡爬升80余米到乡村公路上，车辆早已在此等候。沿联户公路由河谷向山顶返回。途经立岩路段时停车，张霖安排我们仰望悬空寺。原来寺庙所在即立岩近山顶处。立岩自芭竹沟高高隆起，"龙洞"所在峭壁为第一重，近山顶还有峭壁二重，而悬空寺选址在最高一重峭壁的缝隙间，为穿斗式木结构重檐悬山青瓦顶，底层架空。悬空寺太过险峻，此行只得放弃。

经莫站长联系，决定中午在其亲戚家吃饭。于下午1点30分，车辆转过立岩，在跃进村并入Y326乡道后不久，再次在上午的停靠处停车。据此东南1千米就是烟墩山。烟墩即烽燧，文献称烟墩山"在黎民镇。卓峰四望可数十里。凡有警，在此举放烽烟，以其高易传远也"。那"笆竹沟隘"的隘口应该在其西侧山脚。隘口是否与《遵义府志》赋税二记载的遵义厘金局所设"黎民镇分卡"同地，得进一步调查后研判。

下午2点终于得食拌合自制胡豆酱的挂面，十分可口。饭前加了莫论章老师"莫老爷"的微信，便于以后随时请教。

于2点50分在烟墩山西麓跨过芭竹沟，东北绕行至位于茅坝镇北面的岗家村岗家寨组，

鄢家渡古道旁的"公渡"摩崖石刻

茅坝岗家寨刘氏墓群（局部）

茅坝岗家寨刘氏墓群雕刻

调查刘氏墓群。岗家寨已无岗家人居住。据调查，明万历后期刘氏徙居茅坝一带，逐渐发展壮大。当地民谚有"刘家的定子（指拳头，意指人多）、柯家的银子、吴家的顶子、康家的谷子"之说。墓群内之墓葬均为砂岩石质建造，也都没有墓园，墓碑有四棱碑和牌楼式两种。其中清光绪七年（1881年）刘永岫墓正脊上的五级石塔雕刻、光绪十三年（1887年）刘王氏墓"乳姑奉亲"或称"乳姑不怠"等二十四孝图的雕刻，令人印象深刻。

于下午3点45分，辞别这两日辛苦陪同我们调查的莫论章老师"莫老爷"，经X392县道、Y323乡道后进入G212国道赶往五马。于4点45分，石斌和修成得以在永安寺处理修缮工程的技术交底事。

当晚返回仁怀市。入住酒店提供的24小时免费自助洗衣服务很暖心，比在茅坝自己操持省心不少。

六十九、仁怀鲁班街道和坛厂街道

2022年6月23日，阴有阵雨。

于5点30分起床，不一会儿窗外生风，旋即雨来。

出发前，市文保中心主任张霖与李、肖2位班子成员向调查组赠送了《少师朱襄毅公督蜀疏草》《少师朱襄毅公督黔疏草》《赤水河盐运史话10》等图书资料共7册。这是此行的重要收获。

于上午8点30分出发，经G212国道转Y321乡道，至猫儿沟附近海拔1009米处转入联户公路，顺庙儿湾直下，于10点抵达海拔476米的鲁班街道星河村岩桑溪组。

这里高出赤水河河面约40米。据民国《续修遵义府志》卷六关梁志记载，称岩桑溪隘，"在县治南，距城九十里。两山高压，石径崎岖，为黔川大道"。河边渡口称"岩桑溪渡"。赤水河流域，茅台及以下相对熟悉，茅台以上，如道光《遵义府志》卷五赤水河水道考记载的，马蹄滩后"至鱼塘，一水自毕节经龙场营，又一水由辫子关经清水塘合，西南来注之"。经龙场营之水即二道河，发源于毕节市大方县凤山彝族蒙古族乡，在金沙县清池镇渔河村匡里岩附近入赤水河。附近的七星关区龙场营镇、大屯彝族乡、田坎彝族乡、金沙县清池镇、

鲁班岩桑溪

马路彝族苗族乡、石场苗族彝族乡有过多次调查。再下"至蜡坡渡,一水由黔西平定里入仁怀之九仓坝、流五十里来注之"。该水即九仓河,发源于仁怀市后山乡田心村的岩湾,在仁怀市龙井镇立英村纳坡渡入赤水河。前日对九仓镇一带进行了调查。又东至鄢家渡后"入仁怀县界黎民镇北"。昨日对黎民村经笆竹沟至鄢家渡一线进行了重点调查。至于沙坝河,即五马河,河口至天生桥称沙坝河。河口在我们现在所处上游约6千米处。

经访谈村民得知,这里古称岩湘溪,李姓于万历二十九年(1601年)最早徙居于此,最初务农,因盐运兴盛,期间长期为背夫们提供食宿。经过这里的川盐,多从茅台过来,主要运经茅坝、后山、岩孔、打鼓(今金沙),直至黔西。从卫星影像图看,盐道翻越猫儿沟后大致沿沙坝河一线西南向上行,过天生桥后至茅坝。而该段与昨日鄢家渡经笆竹沟东南至茅坝的行盐道路,在丁宝桢《四川盐法志》中均未见记载。

造纸则是岩桑溪村民们的主要副业,生产的香纸也都销往茅坝。至今仍保存有34栋传统民居建筑,悬山顶脊檩檩头多样的"悬鱼"装饰,用于插入门簪且不落地的"海窝"做法令人印象深刻。

险象环生地查看了1通原立于古道旁的四棱碑残碑后,在寨子东北隅半坡台地上调查一座古庙。该庙今称"卫民寺",坐东南向西北,面阔三间带前廊,穿斗式木结构悬山青瓦顶。在明间檐檩和金檩之间的"看梁"上,题记有"庙成之功是神根本永垂千古也""清之光绪九年癸未岁斗柄建亥小阳月廿九良期竖□□"等文字。查了一下,"斗柄"是北斗七星中玉衡、开阳、摇光三星。"建亥""小阳月"都是指阴历或农历十月。

村民们从附近搬了2通与该庙有关的残碑,但风化严重。仅从其中1通残碑上得到"嘉庆二十一年岁在丙子二十□□"等信息。于1点15分在地处岩桑溪南面的星河村村委会吃饭。

下午2点30分,经停坛厂街道樟柏社区,在王氏宗祠内考察明广寺碑记。碑原在明广寺,因该寺不存,其旧址辟为"鲁班场红军战斗指挥所陈列馆"。

嘉庆《仁怀县草志》寺观志记载,"明光寺,在李博里,据城三十里。初名'明广',知府赵遵律更"。而民国《续修遵义府志》记载,明广寺于"明隆、万间建,崇祯时檀越王

岩桑溪民居大门做法(局部)

民居建筑悬山"悬鱼"做法之一

国统培修。及国朝雍正庚戌,僧为修葺。同治甲子,贼毁,僧了凤偕徒性芳递有培修。寺有碑,记其事"。碑即《建明广寺叙》,因张霖已提供王银撰之"贵州仁怀明代勒碑《明广碑记》略考",里面附有碑文,为节约时间计,定位并拍照后离去。

于3点抵达地处坛厂街道怀阳洞社区的怀阳洞,这里既是仁怀往来遵义的大道,也是川盐入黔仁岸主要的行盐古道所经,还是摩崖石刻和碑刻藏量丰富的一个岩溶洞穴。

嘉庆《仁怀县草志》山川记载,"怀阳洞在城南二十里,高六七丈,深广如之。多旧刻。仁怀第一胜处也"。而《遵义府志》卷四山川志所记怀阳洞,在此基础上,还有"奇嵌怪石,蜜曲玲珑,琉囊贮秋,炎景在外。自更生界旧路,由遵往仁,道经洞中,停舆息担,顷刻思卧"。难怪古道上盐运背夫们歇气时拐杖留下的遗迹只分布在洞外岩厦处,洞内则未见。这一个奇特的现象大概是缘于背夫们的地位低下之故。

民国《续修遵义府志》古迹二的怀阳洞石刻(存)收录的10方摩崖石刻相关文字中,清乾隆五十一年(1786年)知县陈正坤的"怀阳洞""别有康庄"、道光十七年(1837年)陈治习的"诗景天开"、光绪二十八年(1902年)蔺征的"怀阳锁钥"、光绪三十三年(1907年)知县朱朝琛的"虚怀若谷"仍存,但"道光庚子年知县郎石珊""道光甲辰少府蒯关保""道光二十四年少府陈心舟"以及光绪江艮醇题诗等未见,倒是未见记载的道光十五年(1835年)代理县尉黄绥卿的"天然妙景"、光绪九年(1883年)"合邑士民"为崔曔德政镌刻的"恭敬惠义"、光绪

坛厂"明广碑记"碑

怀阳洞

乾隆"别有康庄"摩崖石刻　　　　　　　　　怀阳洞摩崖石刻（局部）

十二年（1886年）"定番州学训导邑人周仁乡"和崔崃诗并记其德政的摩崖石刻，以及以后民国年间的增加不少。而所记"光绪十二年知县崔晦贞崃题诗一首并绘武侯像"，本人虽多次到过怀阳洞，但从未发现。这一次时间从容，可慢慢找寻，终发现其所在。原来，该方摩崖石刻，隐藏在1935年3月16日红军长征过怀阳洞时书写的"实行'耕者有其田'！枪口对外，不大□□兄弟"红色标语之下。也因这幅描绘的武侯像，被民国《续修遵义府志》收录在卷四"坛庙（寺观附）"中，称"武侯祠，在怀阳洞石壁，知县崔崃摹刻侯像"。

下午4点，洞外天空乌云密布，雨滴渐次加密，调查组与张霖3人话别上车后，大雨如注，像是为我们洗尘，只是我们得按计划离别仁怀了，虽恋恋不舍。

七十、桐梓天门河水电厂旧址

2022年8月19日，晴间多云。

贵州省文物保护研究中心承办的"贵州省2022年文物行业职业技能选拔赛"重要赛事之一的木作、泥瓦作修复项目，于2022年8月17日在中心启动。为办好此次赛事，我协助组委会特别邀请了故宫博物院李永革、曲阜文物局徐会臣、北京文物局焦占红三位地面不可移动文物保护领域的资深专家，对来自全省文物古建施工单位的22位选手参赛学员进行理论考核及实际操作指导，并担任赛事评委。

昨日，选拔赛经过2小时理论考核及6小时现场实际操作后圆满结束。永革老哥哥计划于今日应邀赴息烽集中营旧址指导保护修缮工程后乘机返京。会臣老哥因与桐梓陈平兄是东南大学时的同学，应邀于今日与占红一道赴桐梓考察天门河水电厂并指导即将启动的保护修缮工程。

于上午9点，队伍自中心大院出发，前往息烽。于10点15分抵达息烽集中营革命历史纪念馆时，张伟娟馆长与施工单位负责人等已经等候。我们一行在参观纪念馆基本陈列和旧址遗存后，永革老哥哥等专家就保护修缮工程进行了具体的指导。

时近下午2点30分，在与永革老哥哥话别后，我们启程前往桐梓。路上，我向会臣老哥与占红介绍了天门河水电厂旧址的情况。

之所以熟悉桐梓天门河水电厂旧址，除前往调查的次数较多外，更得益于受陈平兄所托，在编写该旧址申报第八批全国重点文物保护单位的申报文本期间，对旧址有了全面了解。

抗日战争时期，国民政府兵工企业纷纷内迁。1938年春，广东石林兵工厂先迁广西融县，旋即又迁桐梓县东九坝沟魁岩山东麓傅家龙洞，搭简易工棚生产。后沈阳兵工厂、江陵兵工厂、河南巩县兵工厂、汉阳兵工厂等相继迁入，合并更名为四十一兵工厂，隶属于军政部兵工总署西南分署管理，时包括职工和家属将近两万人。

四十一兵工厂承担着沉重的生产任务，为确保抗战前线武器所需，主要生产"七九"步枪（又名中正枪）、捷克式轻机枪和弹药。日产步枪两百多支，轻机枪八十九挺。最初的生产动力是两台柴油机，为保障生产急需，专门成立由12辆汽车组成的车队，往返重庆运输柴油。由于沿海各贸易港口全部沦陷，兵工厂因柴油供应稀缺而动力告急。兵工厂厂长钟道昌少将与兵工总署俞大维，决定利用天门河的水力资源建造水电厂。委任中国工程学会会员及水利工程学会会员陈祖东担任总工程师。

陈祖东，1912年生，浙江湖州人。1935年毕业于清华大学，曾到美国、印度考察工程，抗战时期在贵州主持天门河水电厂设计和建设工作。1949年任上海龙华飞机场总工程师，1956年到清华大学水利系任教，三级教授。

临危受命的陈祖东，通过老同学、老朋友、老乡关系聘请清华大学、浙江大学、东北大学、西北大学、工业大学五所高校的专业技术人员，共同参与电厂土木工程设计。

自1941年动工，1943年命名为"中正坝"的混凝土重力溢流坝等"坝渠、机房诸工先

小西湖"三潭印月"

后告成"。坝体落成蓄水后，形成水面百余亩、蓄水40多万立方米的山间湖泊。为抚慰当时来自江南的员工的思乡情结，仿西湖格局在湖中修了几处景点，有"三潭印月""柳浪闻莺""望湖亭""湖心亭""放鹤亭"等，"小西湖"因此而得名。

1944年，水电厂定购于1939年，总容量720千伏安（576千瓦），总重百余吨的两台美国奇异（通用）公司产的发电机，和两台美国勒菲尔公司出品的水轮机，总马力1000匹等发电、配电设备，交由盟军军官卡尔（美国）少校亲自护送，沿"驼峰航线"，从印度起飞运抵昆明，此行创造了当时中印空运重件纪录。再经由被称为"抗战公路"的滇黔和川黔公路运至贵州桐梓。同年底，建造难度超乎想象的电厂厂区压力管道、发电机房、电气控制机房、尾水渠全面竣工，进入设备安装调试阶段。此时，抗日爱国将领张学良将军几经辗转，移至"小西湖"囚禁两年多。这是其在大陆的最后囚禁地。

天门河发电厂于1945年4月15日正式开机发电。

1946年，陈祖东与他人合作撰文，在当年第四期的《水利》会刊上详细介绍了天门河水电厂设计、建造的全过程，在文章的序言中，特别对美国厂商生产的机器设备的坚

中正坝

固合用表达了感佩之意，尤其对美国空运部门不避艰难，飞越喜马拉雅山，将全部机件，包括三吨重的电机轴心等运送到我国，表达了由衷的谢意。

天门河水电厂旧址包括中正坝、引水渠、压力管道、发电机房、电气控制机房、尾水渠、石工纪念塔等不可移动文物和发电机、碑刻等附属文物。

中正坝，南北向分布，由混凝土重力溢流坝、夯土坝和取水口、溢洪口、冲沙闸共同组成。主河道段为混凝土重力溢流坝，坝高4.8米，长37.2米，底宽11.0米，顶宽3.5米，坝顶高程970.092米，库容40万立方米。北侧为夯土坝，长70米，坝顶高程975.3米；大坝南端为取水口，设取水闸，用于水电厂动力取水，每秒取水量不小于3.0立方米。闸为螺旋拉杆升降钢制阀闸，取水口前置围网，进口面置滤网。其上建管理房；夯土坝北段设溢洪口和冲沙闸。溢洪口用于汛期排洪。坝后建有溢洪闸，闸为螺旋拉杆升降钢制阀闸，取水口前置滤网。其上建简易棚。其后建溢洪道，口宽6米，底宽3米，深4.5米。冲沙闸用于冲刷、清理河道淤泥、积沙。坝前建有取水闸，闸为螺旋拉杆升降钢制阀闸，取水口前置滤网。其上建简易棚。北段夯土坝因1972年特大山洪冲毁，随即修复。现坝体整体保存完好。

引水渠位于河道南岸接取水口，通压力前池。总长463米，由两段明渠及两段隧洞组成，隧洞用料石砌筑。设计水头30.97米，工作水头28.0米，最大引水流量每秒3.0立方米，保存完好。

压力管道，连接压力前池与两组水轮机。上部压力前池位于厂房东北约60米山腰，料石砌筑，呈八边形，深10米，容量230立方米。压力管道全部置于人工利用岩溶洞穴开凿的工程隧洞之中。管道系直径1.0米钢管，全长63米，安装倾角60度，管口高差19.5米。管道中段设伸缩接头一个，末段作"裤裆状"分叉，将出水分至两组水轮机。管道钢管局部锈蚀，隧洞砌体保存完好。

发电机房，位于水轮机组上部。上层为发电机室，平面布局呈长方形，长10米，宽6米。顶部采用拱券结构，拱券矢高3米，空间净高7.5米，室内使用面积56平方米。置发电机2组、桁车吊装系统、空气压缩系统。机房下部为水轮机室，层高2.0米，面积20平方米，安装有水轮机两组、调速系统、来水系统、排水控制系统。机房现存交流发电机2台，1942年美国GENERAL ELECTRIC（奇异公司，今译"通用电气"），类型"V"形，电压360千伏安。每分钟转速500/600转。单机功率288千瓦，频率50赫兹。整体保存完好。

电气控制机房，即现配电室。位于发电机房

发电机房外立面（上部）

水轮机室水轮机

压力管道

上部，砖混结构平顶，面阔一间，通面阔 7.2 米，进深一间，通进深 6.0 米，建筑面积 43.2 平方米。内置电气控制系统设备、吊扇、警示标志皆原物。正立面大门上方灰塑"天门河水电厂"6 字。

尾水渠，起于水轮机室抽水系统西端，设吸出管，通尾水隧道，长 276 米，直径 1.5 米。伸入上、下天门洞之间河段河床中心。保存完好。

石工纪念塔，位于混凝土重力坝与夯土坝之间。建于 1944 年，系总工程师陈祖东为水电站建设者修建的记功塔。青石砌筑，平面呈方形，通高 5.8 米。塔基分三段，高 1.4 米。塔身为四棱柱体，略有收分。纪念塔南侧塔座嵌原镶嵌有陈祖东撰写的《石工歌》碑刻，周承彦书丹，该碑 1964 年被破坏。塔整体保存完好。

碑刻，共 7 通。包括"天门河水电厂"碑、厂徽碑、校徽碑、"入天门而夺天工"碑、"发动天然"碑、"兵工策源"碑、建厂记事碑。

"天门河水电厂"碑，嵌于电机房竖井东壁、拱券顶龙门石上方 0.3 米处。黑色大理石质，横长方形，高 0.9 米，宽 1.8 米，横向行书阴刻"天门河水电厂"6 字，每字 0.2 米见方。款识为"中华民国三十一年三月立""军政部兵工署第四十一工厂厂长钟道昌题"。镌刻于 1942 年。

厂徽碑，嵌于电机房竖井东壁"天门河水电厂"碑上方 0.3 米处。黑色大理石质，正方形，边长 0.5 米，阴刻 24 齿轮，轮内刻弓箭纹，弓与箭沿正方形对角线呈正交叉。镌刻于 1942 年 3 月。

校徽碑，嵌于地下水轮机室门额上。黑色大理石质，横长形，高 0.4 米，宽 0.9 米，碑身从左至右依次镌刻：西北大学、东北大学、清华大学、浙江大学、工业大学校徽，镌刻于 1946 年。

"入天门而夺天工"碑，嵌于地下机房通道入口拱券顶壁上，离地 3.0 米。黑色大理石质，横长形，高 0.32 米，宽 0.74 米，竖向转行 4 列行书阴刻"入天门而夺天工"7 字，每字 0.12 米见方。时任国民政协委员、教育部部长陈立夫题，镌刻于 1942 年。

"发动天然"碑，嵌于通风井壁上。黑色大理石质，横长形，高 0.35 米，宽 0.60 米，横向行书阴刻"发动天然"4 字，每字 0.1 米见方。时任国民政府军政部参事李华英题，镌刻于 1942 年。

合影（自左起：石斌、陈平、焦占红、徐会臣、娄清、邓义镔）。

"兵工策源"碑，嵌于后山腰压力前池壁上。黑色大理石质，横长形，高0.30米，宽0.68米，横向行书阴刻"兵工策源"4字，每字0.1米见方。时任国民政府军政部兵工署署长杨继曾题，镌刻于1942年。

建厂记事碑，嵌于电机房门前地下通道西壁，离地1.3米。黑色大理石质，长方形，高0.82米，宽0.58米，竖向楷书阴刻，凡18行，满行26字，共计460余字。记天门河水力电厂"聘中国工程师学会及中国水利工程学会会员陈君祖东总司工程之事。三十年兴建，越两载而坝渠、机房诸工先后告成。全部机件为美国陈最新出品"，且"机房工程深入地下，凿镂砌结，极具匠心"，以及驻印美军空运发电机组"破中印空运重件最高纪录"等事，时任军政部兵工署第四十一兵工厂厂长刘守愚撰文。镌刻于1945年。

天门河水电厂为中国第一个利用岩溶洞穴改造建成压力管道和地下机房的发电厂，是中国第一个地下水电站。完全由中国人自主设计和建造，从选址、建筑和设计都遵循了实用、保密、防空等原则。依山而建，主体工程全在新开凿的隧洞内。利用天门河水资源和喀斯特地貌形成的岩溶洞穴，在工程施工中扬长避短、物尽其用，建设质量上乘，经受了历史和时间的检验，对研究我国20世纪40年代初水利电力和科学技术发展史有着重要意义，被美国著名水电专家伊文思誉为"建造完善"，是其"所见水电厂中最不平常之一处"。也为山区发展中小型水电厂提供了完整的成功的范例。天门河水电厂旧址整体保持了1945年建成发电以来的格局，且功能保存完整。现存中正坝、引水渠、压力管道、发电机房、电气控制机房、尾水渠、石工纪念塔等不可移动文物，其建筑形制、工艺特点、外部装饰、使用功能等方面，基本保留建成时期的历史风貌。

于下午5点15分抵达位于桐梓县娄山关街道独石村上天门洞西侧天门河水电厂旧址。陈平与刘健陪同我们一行参观完厂区并留影后又前往库区，晚上6点30分已过才回到县城。

参考文献

[1]《续修四库全书》编纂委员会.续修四库全书：史部·地理类[M].上海：上海古籍出版社，1996.

[2] 陈子龙，等.明经世文编（一至六册卷之一百二十一）[M].北京：中华书局，1962.

[3] 程国政，路秉杰.中国古代建筑文献集要（明代）修订本[M].上海：同济大学出版社，2016.

[4] 丁宝桢.《四川盐法志》整理校注[M].曾凡英，李树民，孙祥伟，校注.成都：西南交通大学出版社，2019.

[5] 范同寿.贵州历史笔记[M].贵阳：贵州人民出版社，2008.

[6] 谷应泰.明史纪事本末[M].上海：商务印书馆，1937.

[7] 顾祖禹.读史方舆纪要[M].贺次君，施和金，点校.北京：中华书局，2005.

[8] 周作楫，朱德璲.贵阳府志[M].贵阳市方志编纂委员会办公室，校注.贵阳：贵州人民出版社，2005.

[9] 贵州地方志编纂委员会.贵州省志：城乡建设志[M].北京：方志出版社，1998.

[10] 贵州地方志编纂委员会.贵州省志：地理志[M].贵阳：贵州人民出版社，1985.

[11] 贵州地方志编纂委员会.贵州省志：交通志[M].贵阳：贵州人民出版社，1991.

[12] 贵州交通厅交通史志编审委员会.贵州公路史：第一册 古代道路交通 近代公路[M].北京：人民交通出版社，1989.

[13] 贵州民族研究所.明实录：贵州资料辑录[M].贵阳：贵州人民出版社，1983.

[14] 贵州省地方志编纂委员会.贵州省志（1978—2010）：第十六卷水利[M].贵阳：贵州人民出版社，2010.

[15] 贵州省施秉县地方志编纂委员会.施秉县志[M].北京：方志出版社，1997.

[16] 贵州省文史研究馆.贵州通志·前事志（第2册）[M].贵阳：贵州人民出版社，1987.

[17] 贵州省文史研究馆古籍整理委员会.贵州通志：金石志·古迹志·秩祀志[M].贵阳：贵州大学出版社，2010.

[18] 贵州省长顺县地方志编纂委员会.长顺县志[M].贵阳：贵州人民出版社，1998.

[19] 贵州省自然资源厅.贵州省自然资源地图集[M].北京：中国地图出版社，2010.

[20] 何仁仲.贵州通史[M].北京：当代中国出版社，2003.

[21] 黄家服，段志洪.中国地方志集成：贵州府县志辑（26 光绪平越直隶州志）[M].成都：巴蜀书社，2006.

[22] 黄家服.中国地方志集成：贵州府县志辑（第27辑）[M].成都：巴蜀书社，2016.

[23] 黄彰健.明史贵州土司传记霭翠奢香事失实辨[J].大陆杂志，1984，68（2）：4-11.

[24] 金沙县地方志编纂委员会.金沙县志（1993—2013）上册[M].北京：方志出版社，2016.

[25] 梁于涘，扶纲.铁桥志书[Z].紫阳书院，1665（清康熙四年）.

[26] 林超民，等.西南稀见方志文献[M].兰州：兰州大学出版社，2003.

[27] 娄清，彭银，吴晓秋，等.贵州古代驿道线形文化遗产保护研究[M].贵阳：贵州科技出版社，

2014.

[28] 娄清. 触摸贵州文化遗产[M]. 贵阳：贵州科技出版社，2014.

[29] 茅以升. 中国古桥技术史[M]. 北京：北京出版社，1986.

[30] 唐寰澄. 中国古代桥梁[M]. 北京：文物出版社，1987.

[31] 田汝成. 炎徼纪闻[M]. 北京：文物出版社，1982.

[32] 王士性. 广志绎[M]. 吕景琳，点校. 北京：中华书局，1981.

[33] 王世贞. 弇山堂别集[M]. 北京：中华书局，1985.

[34] 吴晓秋，陈顺祥，娄清. 不断拓展的保护视野：西南地区线性文化遗产保护研究[M]. 杭州：浙江大学出版社，2019.

[35] 吴正光，娄清，杨信. 贵州的桥[M]. 贵阳：贵州科技出版社，2004.

[36] 赵永康. 奢香和她的龙场九驿[J]. 文史杂志，2019（1）：85-90.

[37] 中国科学院自然科学史研究所. 中国古代建筑技术史[M]. 北京：科学出版社，1985.

后记

在田野调查工作期间,晚上休息前会喝点小酒解乏,酒后洗洗睡了,一般睡眠不到6个小时即起床,这样的起居习惯,是我出门在外的生活常态。起床后我会开始整理前日拍摄照片,梳理前日所行轨迹,撰写田野调查笔记。早餐后再根据当日调查计划,查阅相关电子文献,对获取信息作出标记,随后整理行头后出发。

本书遴选的5年间数十万余字田野调查笔记,就得益于田野调查前有文献可"读",田野调查中能轻便出"行"。

但在以前,历史文献的查阅是非常困难的事。好在21世纪初贵州省图书馆数字资源建设启动不久,已能通过其官网获取《中国地方志集成贵州府县志辑》(50册)等历史文献,且能全文下载。2009年,贵州数字图书馆正式运营,只要在贵州省IP范围内,登录账号就可免费获取数字资源,十分便捷。后来,可检索约304万种古籍,以所有四库全书、四部丛刊、丛书集成等为主的"国学大师网",成为我的最爱。截至目前,已拥有超过4T容量的电子文献资源,且常用文献存储于"云端",可以随时调阅,基本解决了每日田野调查前有文献可"读"的问题。

随着数字相机普及,只要电池有电,田野调查工作中可以任性拍照,加之智能手机功能日趋丰富,不但使得依靠携带指南针和海拔仪确定方位和高程成为过去式,而且可以利用"两步路"户外助手、奥维互动地图等应用程序(App),进行轨迹记录、控制点位实时拍照和云端存储等功能,还可以利用国家地理信息公共服务平台"天地图"进行地名核实,利用博雅地名网对贵州省地名与行政区划进行实时查询,因此,田野调查工作中所需"行头"日趋简化,基本解决了田野调查中轻便出"行"的问题。

5年来,正是贵州省脱贫攻坚取得全面胜利后全面推进乡村振兴之际,在田野调查工作期间,均得到奋战在脱贫攻坚以及乡村振兴第一线的基层文物保护工作者和乡村干部的大力支持与配合,感谢他们。